세계지도를 펼치면

돈의 흐름이 보인다

일러두기

- 원/달러 환율은 1,300원, 원/위안 환율은 180원으로 통일했습니다.

- 중국 인명의 경우 신해혁명을 기준으로 이전은 한자음을, 이후는 중국식 표기법을 사용하는 것이 원칙이나 주윤발, 오우삼 등 한자음이 익숙한 인물은 그대로 표기하고 중국식 표기법을 함께 달아두었습니다.

돈의 흐름이 보인다

박정호 지음

WORLDMAP X ECONOMY

반니

최근 국제 사회를 움직이는 게임의 규칙이 바뀌고 있다. 냉전 이후 미국이 주도하던 국제 정세의 흐름이 크게 변하기 시작한 것이다. 과거 미국이 교역 및 통상 협정, 우주개발 정책, 특허 및 기술에 관련한 국제 규격 등을 정할 때는 G7 회의 등을 거쳐 소수의 최상위 국가와 조율하는 것만으로 충분했다. 하지만 이제는 이들 국가와 의견을 조율하는 것만으로 '국제 사회가 모두 동의했다'는 평가를 받기는 어려워졌다. 자연스럽게 G7 회의는 G11, G20 회의로 규모가 커졌고, 과거에 비해 더 많은 국가의 동의와 협조가 필요하게 되었다. 이제 이들 국가의 협조를 이끌어내기 위해서는 국가들이 서로 어떤 상황에 놓여 있는지, 또 무엇을 원하는지를 알아야만 한다.

2000년 이후 중국의 부상에 의존해 성장해왔던 국가들은 이제 새로운 대안을 모색해야 한다. 중국 경제의 급성장은 많은 국가에 커다란 기회 요인이었던 게 사실이다. 중국의 값싼 노동자와 인프라를 활용해 제품과 서비스의 가격 경쟁력을 되찾은 기업들이 많았다. 중국에서 나오는 저가의 제품과 서비스는 2000년 이후 국제 사회가 저물가 기조를 이어갈 수 있는 쾌적한 환경을 조성했다. 저물가 기조는 국제 경제가 지속적으로 성장할 수 있는 발판이 되었음은 물론이다.

중국의 급부상은 중국발 소비 증가도 촉발했다. 단기간에 막대한 부를 축척한 중국의 기업과 소비자들이 전 세계로 밀려나와 흥청망청 투자와 소비를 이어나갔다. 중국 기업들은 국제적으로 경쟁력 있는 기업들을 인수합병으로 수집하기 시작했고, 중국 소비자들 역시 세계 최대 규모의 관광 수요를 일으켰으며, 명품을 비롯한 다양한 물건을 거침없이 소비했다. 결국 중국 경제의 급부상은 수요와 공급 관점에서 모두 세계 경제의 기회 요인이었다.

하지만 최근 들어 중국 경제가 과거와는 다른 양상을 보이고 있다. 미중 갈등이 불거지면서 중국에 투자하려는 외국 자본이 점차 줄어들기 시작했다. 중국 내의 현지 공장을 해외로 이전하려는 기업들도 점차 늘어나는 추세다. 중국은 대부분의 국가들에 제1 또는 제2의 교역국이었다. 다시 말해 중국 시장의 위축으로 세계는 중국을 대체할 새로운 시장을 개척해야 할 상황에 놓였다.

새로운 교역 파트너를 찾아야 하는 것은 중국도 마찬가지다. 미국을 중심으로 한 서방 국가들이 이제는 과거처럼 중국 제품을 대거 수입하지 않을 가능성이 높기 때문이다. 특히 앞으로 전개될 미래 신산업 부문에서는 산업 초기 과정부터 중국을 배제하고 공급망을 구축할 가능성이 높다.

중동 지역의 고민도 나날이 깊어지고 있다. 코로나19 이후 탈석유 기조가 한층 강화되었기 때문이다. 아직 중동 지역 어디에도 석유를 배제한 채 자립할 기반을 완벽히 갖춘 나라는 없다. 이러한 상황에서 중동의 많은 국가가 지금까지 확보한 자금을 기반으로 미래 먹거리 산업 발굴에 적극 투자 중이다. 이들 국가 중 어느 하나라도 새로운 산업 기반을 조성할 경우 중동의 모습은 지금과 전혀 다른 양상을 보이게 될 것이다.

미래 사회의 석유는 이제 리튬이 될 가능성이 높다. 2차 전지 중심의 세상이 본격화되면서 전 세계적으로 리튬을 확보할 수 있는 지역이 어디인지, 리튬의 개발 권한을 누가 확보했는지를 두고 관심이 커지고 있다. 리튬 매장량이 많은 중남미 국가들과 아프리카 국가들은 졸지에 국제 사회로부터 다양한 러브콜을 받는 중이다.

변화는 국가 단위에서만 일어나는 것이 아니다. 이상기후 현상, 종교적 분쟁 등으로 난민 숫자도 급격히 늘고 있다. 이러한 변화는 난민이 유입된 국가들로 하여금 새로운 사회 문제를 야기하고 있으며, 난민으로 불거진 사회 문제는 국제 사회의 새로운 동인으로 작용하고 있다. 유엔난민기구UNHCR가 공개한 〈글로벌 동향 보고서〉에 따르면 전 세계 난민은 2022년에 1억 명을 돌파했는데, 전체 난민의 약 60%는 모국에서 다른 지역으로 피신한 국제 실향민이다. 더 큰 문제는 향후 난민이 더더욱 가파르게 늘어날 것으로 보인다는 점이다. 지금 난민이 느는 가장 큰 이유는 전쟁도 종교도 아닌 이상기후 현상 때문이다. 이상기후 현상은 점점 그 변화의 폭이 커지고 있으며 이를 피해 떠나는 난민이 걷잡을 수 없게 늘어나는 환경이 되고 있다.

이제 새로운 판을 짜야 할 시기가 가까워지고 있다. 어떤 의미에서는 이미 도래했다고 해도 과언이 아니다. 그리고 앞서 열거한 현상들은 우리나라와 무관한 일이 아니다. 우리는 전 세계에서 가장 높은 수준의 대외 의존도를 보이는 국가로, 먹거리부터 에너지 부문까지 거의 전량을 해외에 의존하고 있다. 최근에는 노동력마저 외국인 근로자 의존도가 점점 커지는 추세다. 이러한 상황에서 지금 우리에게 꼭 필요한 건 국제적인 변화의 흐름을 읽고 대응하는 작업이다. 이를 위해서는 그간 우리가 좀처럼 교류해오지 않았던 국가들을 먼저 면밀하게 살펴야 한다. 새로운 국가들과 새로운 형태의 파트너십을 맺기 위해서는 그 나라에 가장 필요한 것이 무엇인지, 해당 국가가 어떤 이유로 지금의 모습을 갖추게 되었는지, 급변하는 정세에서 그들이 고민하는 부분은 무엇인지 등 다양한 방면에서 그들을 이해해야 한다.

국책연구원으로 재직하던 시절부터 다양한 프로젝트로 여러 나라를 방문할 기회가 많았다. 당시의 경험으로 한 국가의 상황을 이해하려면 그들의 역사, 지리, 문화적 배경을 배우는 것이 무엇보다 중요함을 알게 되었다. 예컨대 산유국의 경제를 이해하려면 국제적인 석유 이권이 어떻게 배분되는지, 미국과 영국의 정유사로부터 중동 국가들이 어떻게 석유 개발권을 돌려받게 되었는지를 알아야 했다. 그러면 중동의 지정학적 위험 요인들이 석유 개발 권한 때문이라거나, 두바이가 왜 세계 최고, 최대, 최초에 집착하는지 등 중동 지역의 절박함과 간절함을 이해할 수 있었다.

전 세계를 돌며 만났던 사람들과 직접 겪어본 환경은 그간의 궁금증을 하나씩 풀어주었다. 우리나라 반도체 산업의 숙원 분야인 파운드리 분야가 어떻게 탄생했는지, 그리고 파운드리 분야에서 대만이 두각을 나타내게 된 배경이 무엇인지를 대만 출신의 한 엔지니어로부터 들을 수 있었다. 또한 전 세계 영토의 5분의 1을 가졌음에도 러시아가 지속적으로 전쟁을 벌이며 영토 확장에 나서는 이유, 그런 러시아를 서방 국가들이 함부로 대하지 못하는 이유를 폴란드에서 스웨덴을 넘어가면서 우연히 방문했던 칼리닌그라드에서 그 힌트를 얻었다.

스마트팜 노하우를 배우기 위해 세계적인 농업 강국인 네덜란드에 방문하지 않았다면, 나는 아직도 네덜란드가 그 많은 농산물을 직접 생산해서 판매한다고 오해했을지 모른다. 이스라엘과 같은 작은 나라가 어떻게 징병 제도를 유지하면서도 신산업의 창업 허브 역할을 동시에 수행할 수 있는지는, 한 이스라엘 창업가가 자신의 창업 아이디어와 기술력을 군대에서 배웠다는 사실을 전해주지 않았다면 전혀 예상하지 못했을 것이다.

이집트에서 다음 일정을 기다리며 호텔 객실에서 TV를 보지 않았다면 이집트의 가장 큰 고민거리가 나일강을 사이에 둔 에티오피아와의 물 분쟁이라는 것을 몰랐을 것이다. 분쟁 지역에서 가장 중요한 자원은 '석유'가 아니라 '물'이었다. 나이지리아 상황을 보고 나서야 비트코인과 같은 암호화폐가 전 세계적으로 어떤 방식으로 활용되고 있는지 알 수 있었고, 인도네시아에서 엘리베이터를 타고 나서야 학창시절에 미얀마는 불교 국가, 인도네시아는 이슬람 국가로 암기했던 정보가 얼마나 잘못되었는지를 알 수 있었다. 직접 둘러본 홍콩은 선진적인 금융 산업이 무엇인지 보여주었고, 우리나라 부동산 정책을 되돌아보는 계기가 되었다.

이 책은 내가 해외 프로젝트를 수행하는 과정에서 혹은 개인적인 여행으로 알게 된 사실을 바탕으로 이를 재조사하고 분석해 구성했다. 어쩌면 직업병일지도 모른다. 만나는 사람마다, 마주치게 된 물건과 장소마다 경제적 프레임을 들이밀며, 상황이 이렇게 된 경제적 배경과 원인을 물어보기 바빴던 것 같다. 그리고 그간 내 머리 속에 맴돌던 궁금증의 실마리들이 어느 정도 모였기에 이 책을 출간할 수 있었다.

이 책은 사업을 하는 사람들이나 정책 입안자만을 위한 책은 결코 아니다. 가족이나 연인, 친구와 함께 해외여행을 떠나는 사람들에게도 현지의 상황을 보다 풍성하게 이해하고 여행의 재미를 배가할 수 있는 기회를 제공할 것이다. 경제적인 관점에서 풀어낸 해석과 설명은 현지 가이드보다 이 책이 더 풍성할 것으로 자부한다. 이 책이 우리와 가깝지만 잘 몰랐던 해외 국가들의 과거와 현재를 이해하는 데 작은 실마리가 되기를 기대한다.

명지대 연구실에서

박정호

CONTENTS

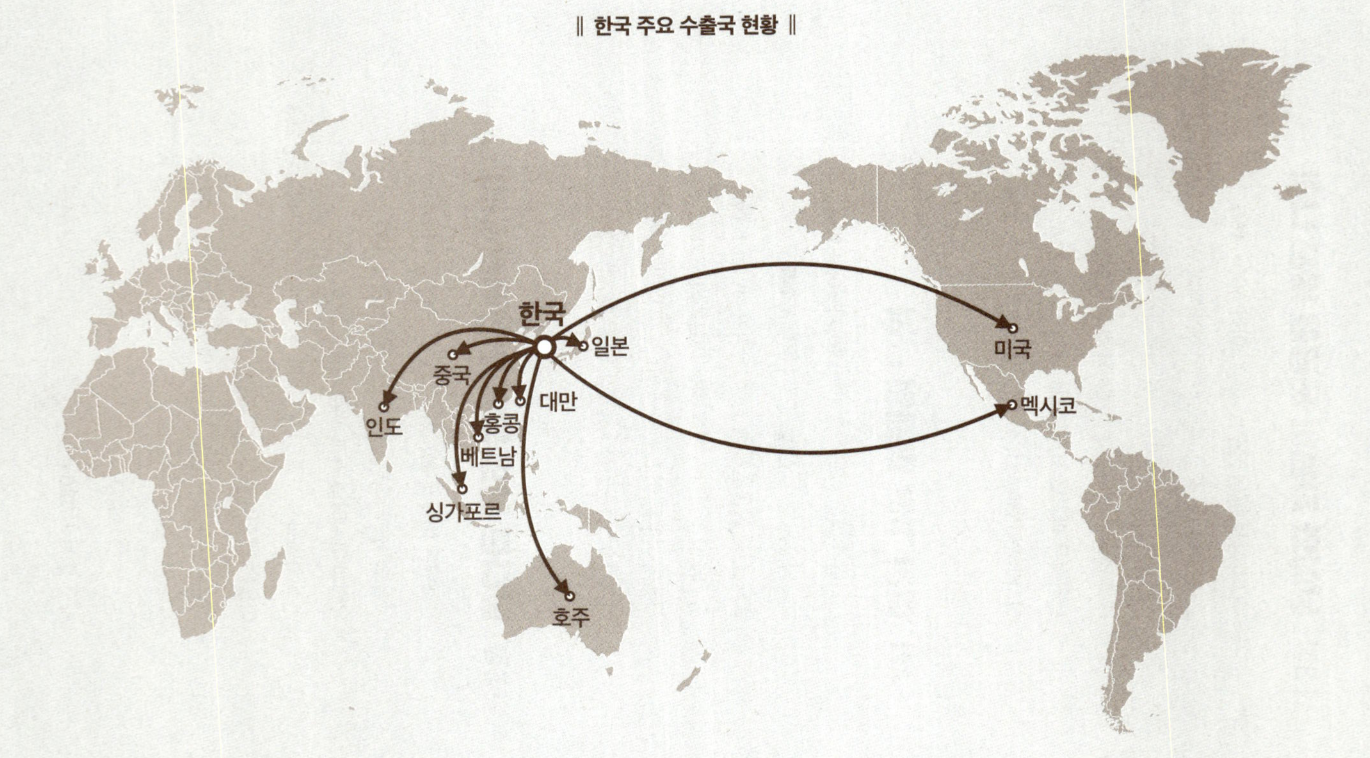
‖ 한국 주요 수출국 현황 ‖
한국
일본
미국
중국
대만
홍콩
베트남
인도
싱가포르
멕시코
호주

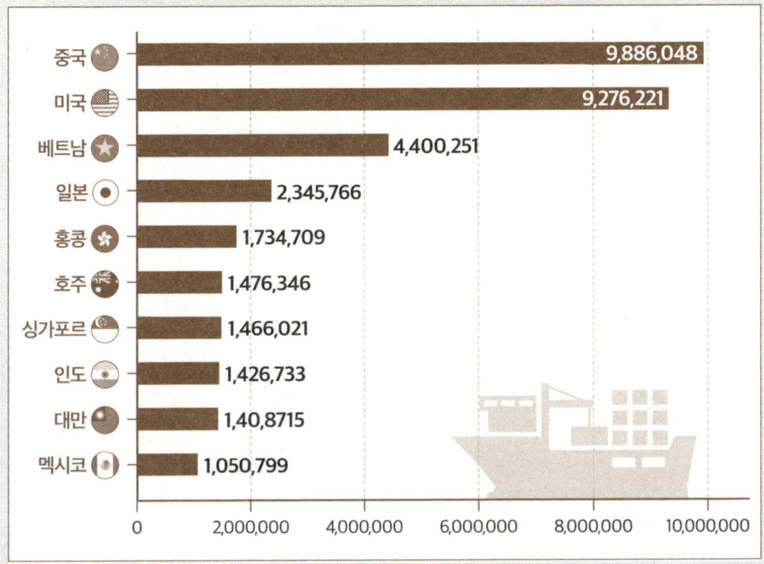

‖ 우리나라 10대 수출 지역(2023년 7월) ‖
한국수출액(단위: 1000달러)
중국 9,886,048
미국 9,276,221
베트남 4,400,251
일본 2,345,766
홍콩 1,734,709
호주 1,476,346
싱가포르 1,466,021
인도 1,426,733
대만 1,40,8715
멕시코 1,050,799
0
2,000,000
4,000,000
6,000,000
8,000,000
10,000,000

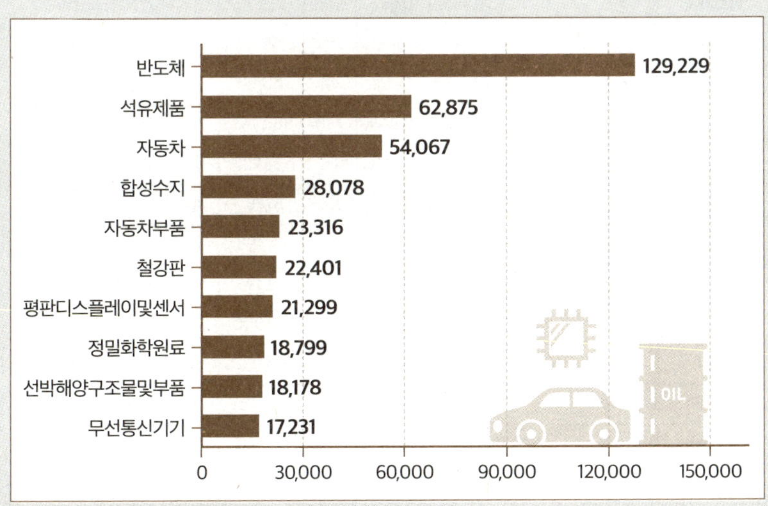

‖ 우리나라 10대 수출 품목(2022년) ‖
(단위: 100만 달러)
반도체 129,229
석유제품 62,875
자동차 54,067
합성수지 28,078
자동차부품 23,316
철강판 22,401
평판디스플레이및센서 21,299
정밀화학원료 18,799
선박해양구조물및부품 18,178
무선통신기기 17,231
0
30,000
60,000
90,000
120,000
150,000
OIL

‖ 국가별 인구 순위(2023년) ‖

순위	국가	인구수	연간 변화	밀도 (P/km²)	이민자 수	평균 나이	도시 인구	세계 점유율
1	인도	1,428,627,663	0.81%	481	-486,136	28	36%	17.76%
2	중국	1,425,671,352	-0.02%	152	-310,220	39	65%	17.72%
3	미국	339,996,563	0.50%	37	999,700	38	83%	4.23%
4	인도네시아	277,534,122	0.74%	153	-49,997	30	59%	3.45%
5	파키스탄	240,485,658	1.98%	312	-165,988	21	35%	2.99%
6	나이지리아	223,804,632	2.41%	246	-59,996	17	54%	2.78%
7	브라질	216,422,446	0.52%	26	6,000	34	88%	2.69%
8	방글라데시	172,954,319	1.03%	1,329	-309,977	27	41%	2.15%
9	러시아	144,444,359	-0.19%	9	-136,414	39	75%	1.80%
10	멕시코	128,455,567	0.75%	66	-50,239	30	88%	1.60%
11	에티오피아	126,527,060	2.55%	127	-11,999	19	22%	1.57%
12	일본	123,294,513	-0.53%	338	99,994	49	94%	1.53%
13	필리핀	117,337,368	1.54%	394	-69,996	25	47%	1.46%
14	이집트	112,716,598	1.56%	113	-29,998	24	41%	1.40%
15	콩고민주공화국	102,262,808	3.29%	45	-14,999	16	46%	1.27%
16	베트남	98,858,950	0.68%	319	-82,700	33	40%	1.23%
17	이란	89,172,767	0.70%	55	-39,998	33	74%	1.11%
18	튀르키예	85,816,199	0.56%	112	-318,067	32	77%	1.07%
19	독일	83,294,633	-0.09%	239	155,751	45	77%	1.04%
20	태국	71,801,279	0.15%	141	18,999	40	52%	0.89%
21	영국	67,736,802	0.34%	280	165,790	40	85%	0.84%
22	탄자니아	67,438,106	2.96%	76	-39,997	17	38%	0.84%
23	프랑스	64,756,584	0.20%	118	67,761	42	84%	0.80%
24	남아공	60,414,495	0.87%	50	58,496	28	69%	0.75%
25	이탈리아	58,870,762	-0.28%	200	58,496	48	72%	0.73%
26	케냐	55,100,586	1.99%	97	-10,000	20	31%	0.68%
27	미얀마	54,577,997	0.74%	84	-34,998	30	33%	0.68%
28	콜롬비아	52,085,168	0.41%	47	-175,051	32	81%	0.65%
29	대한민국	51,784,059	-0.06%	533	29,998	44	82%	0.64%
30	우간다	48,582,334	2.82%	243	-126,181	16	29%	0.60%

‖ **국가별 GDP 순위(2023년 4월)** ‖

순위	국가	대륙	GDP(단위: 10억 달러)
1	미국	아메리카	26,854.60
2	중국	아시아	19,373.59
3	일본	아시아	4,409.74
4	독일	유럽	4,308.85
5	인도	아시아	3,736.88
6	영국	유럽	3,158.94
7	프랑스	유럽	2,923.49
8	이탈리아	유럽	2,169.75
9	캐나다	아메리카	2,089.67
10	브라질	아메리카	2,081.24
11	러시아	유럽	2,062.65
12	대한민국	아시아	1,721.91
13	호주	오세아니아	1,707.55
14	멕시코	아메리카	1,663.16
15	스페인	유럽	1,492.43
16	인도네시아	아시아	1,391.78
17	네덜란드	유럽	1,080.88
18	사우디아라비아	아시아	1,061.90
19	튀르키예	아시아	1,029.30
20	스위스	유럽	869.601
21	대만	아시아	790.728
22	폴란드	유럽	748.887
23	아르헨티나	아메리카	641.102
24	벨기에	유럽	624.248
25	스웨덴	유럽	599.052
26	아일랜드	유럽	594.095
27	태국	아시아	574.231
28	노르웨이	유럽	554.105
29	이스라엘	아시아	539.223
30	싱가포르	아시아	515.548

"나는 결코 사업가가 되고 싶지 않았다.
단지 세상을 바꾸고 싶었을 뿐이다."

- 리처드 브랜슨, 버진 그룹 창업자

엔지니어와 비즈니스맨의 나라

한 엔지니어의 통찰이 만든 반도체 최강국, 대만

- 인구 ‖ 2,392만 3,276명(57위)
- 화폐 단위 ‖ 신 타이완 달러(TWD, NT$)
- **GDP(2023)** ‖ 7,907억 2,800만 달러(21위)
- GDP 성장률(2022) ‖ 2.43%
- 실업률(2023) ‖ 3.43%
- 물가상승률(2022) ‖ 2.9%
- 인터넷 사용 비율(인구 대비) ‖ 91%

대만은 한때 국제 사회에서 고립된 국가였다. 중국이 개혁개방 조치와 함께 국제 사회에 등장하기 시작하면서, 중국은 대만과 교류하고 있는 국가들을 압박했고, 이 과정에서 많은 국가가 대만과의 수교를 중단했다. 1971년에 중국이 유엔에 가입할 때 대만은 유엔 회원국 지위를 잃었으며, 1979년 미국과 중국이 수교를 하면서 미국과 단교하게 된다.

하루아침에 대만에 등을 돌린 것은 우리나라도 예외가 아니었다. 우리나라는 1992년 8월 24일 중국과 수교하면서, 같은 날 대만 정부에 단교를 통보했다. 명동의 대만 대사관 부지를 아무 조건 없이 중국에 양도했다는 소식이 대만에 전해지면서, 대만인들의 분노가 극에 달한 적도 있다. 이러한 일련의 과정들로 대만은 자연스럽게 국제 사회에서 변방의 위치에 놓이게 됐다.

미중 무역 갈등 이후 눈부시게 성장하는 대만 경제

대만의 뿌리인 국민당은 원래 중국 본토의 주인이었다. 하지만 국민당이 공산당과의 내전에서 패배하고 1949년에 대만 지역으로 이주하면서, 현재의 양안 관계兩岸關係가 형성됐다. 중국 본토에서 쫓겨난 국민당이 대만을 30년간 통치하면서 중국과는 대립 관계를 지속해왔다. 하지만 중국이 부상하면서 국제 사회에서 대만이 배제되자, 대만 내부에서도 중국과의 관계를 복원해야 한다는 목소리가 높아졌고, 1987년 이후 대만은 중국과의 관계 개선을 적극적으로 도모하기도 했다. 심지어 1992년 '9·2합의'를 통해 '하나의 중국'이라는 원칙 아래 각자 의견을 존중하자는 합의도 했다.

하지만 2000년대 들어 대만의 완전한 독립을 주장하는 민주진보당의 천수이볜陳水扁이 총통으로 당선되면서 양안 관계는 다시 갈등 상황에 놓인다. 중국 정부 역시 대만의 중국 의존도를 높이기 위해 중국인의 대만 단체 여행을 허용하는가 하면, 2011년부터는 개인 여행도 점차 허용하고 있는 추세였다. 그러다 천수이볜 당선 이후 중국은 대만 수교국들과 외교 관계를 수립하며 대만을 외교적으로 고립시켰다. 그 결과 엘살바도르, 파나마 등 대만과 수교 관계에 있는 6개 국가가 추가로 대만과 단교하면서 2023년 8월 기준으로 대만의 수교국은 불과 13개국에 불과하다.

하지만 최근 대만을 바라보는 국제 사회의 분위기가 완전히 달라졌다. 2021년 4월 런던에서 개최된 G7 외교장관 회의에서 '대만의 국제기구 가입 지지'가 발표된 것이다. 미국뿐 아니라, 영국, 독일 등 G7 국가들이 대만의 국제적 지위를 인정해주는 데 한목소리를 냈다. 참고로 미국은 2019년 발간된 '인도·태평양 전략 보고서'

에서 대만을 국가로 분류한 바 있고 미일 정상회담에서도 대만 문제가 공식적으로 언급되면서 중국의 거센 반발을 사기도 했다.

국제 사회가 대만을 향해 관심을 키우는 추세에 힘입어 대만 경제도 가파른 속도로 급부상하는 중이다. 대만 통계청에 따르면 대만의 2023년 1분기 실질 경제성장률은 전분기 대비 3.09%를 기록했다. 우리나라 1분기 성장률 1.6%의 두 배 가까운 수치다. 대만의 실질 경제성장률은 2019년 2.96%, 2020년 3.11%로 같은 기간 각각 2.0%, -1.0%를 기록한 한국을 넘어섰다.

대만의 경제성장률이 한국을 넘어선 것은 2022, 2023년만이 아니다. 대만의 경제성장률은 미중 무역 갈등이 본격화한 2017년 이후, 2018년 한 해를 제외하고는 꾸준히 우리나라의 경제성장률을 넘어서고 있다. 대만의 1인당 실질 국민총소득GNI은 2022년 기준

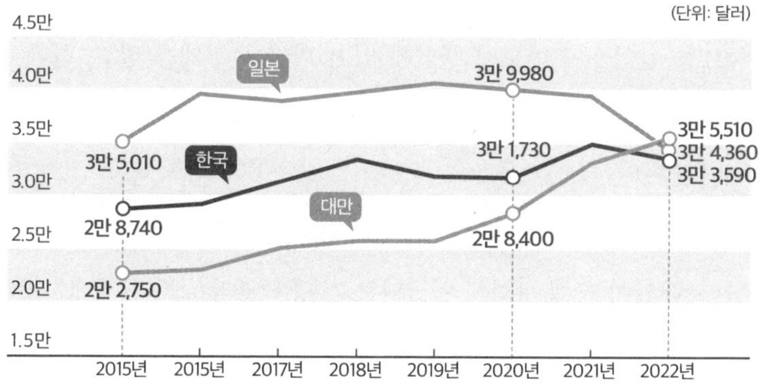

‖ 한국·대만·일본의 1인당 GDP 추이 ‖

3만 3,565달러로 우리나라(3만 2,661달러)를 넘어섰는데 이는 20년 만에 처음이다.

　이러한 전망치는 우리나라에는 커다란 고민거리가 아닐 수 없다. 사실 대만이 국제 사회에서 배제된 상황은 우리 경제에 적지 않은 기회 요인으로 작용했다. 여러 나라가 중국의 눈치를 보며 대만과의 국교를 단교했기에, 대만은 자유무역협정FTA과 같은 교역 활성화를 위한 조치를 전혀 추진할 수 없었다. 이런 환경에서 대만과 많은 분야에서 경쟁 관계에 놓인 우리 기업의 제품이 해외 시장에 수월하게 진출할 수 있었던 게 사실이다. 즉 최근 대만과 협력을 희망하는 국가가 늘어난다는 것은 그간 우리 기업과 제품이 누렸던 이점이 사라진다는 것을 의미한다.

대만을 반도체 강국으로 만든 TSMC

최근 산업 분야의 국제적 이슈는 '칩4 동맹'이다. 전 세계에서 가장 중요한 산업재인 반도체 생산에 있어 미국은 설계를 맡고, 한국·대만은 제조, 일본은 소재·설비를 담당하며 공급망을 구축하자는 제안이다.

　이런 논의를 보면 대만이 얼마나 반도체 강국인지 여실히 드러난다. 대만이 국제 사회에 언급되는 건 중국과의 갈등 이외에는 반도체 이슈가 유일하기 때문이다. 중국 때문에 외로운 섬이 되었던 대만이 과연 어떻게 반도체 강국이 됐고, 그 핵심에 선 반도체 회사 TSMC는 어떤 길을 걸어온 걸까?

1987년 설립된 TSMC는 반도체 위탁 생산 혹은 '파운드리'란 새로운 사업 구조를 제시한 회사다. 생산 시설이 없거나 생산 설비를 추가 확대하는 데 부담을 느낀 반도체 회사들을 대신해 제품을 만드는 외주 생산 방식으로 성장을 거듭해온 것이다. 이런 독특한 사업 구조를 가진 회사가 탄생하기까지 대만 정부는 각고의 노력을 기울였다.

대만 정부는 먼저 자국 기업의 기술력을 끌어올리기 위해 국책 연구 기관인 공업기술연구원ITRI을 설립했다. 그리고 이곳에서 쌓인 지식과 기술을 민간으로 이전해 벤처 기업 창업을 유도했다. 공업기술연구원을 진두지휘할 수장으로 텍사스 인스투르먼트Texas Instrument, TI에 입사해 25년 경력을 쌓고 부사장까지 지낸 모리스 창Morris Chang을 임명했다.

텍사스 인스트루먼트는 반도체 역사에 중요한 업적을 남긴 회사다. 초기에는 유전 탐사 회사였으나, 유전 탐사 과정에서 얻은 기술력을 바탕으로 군수 산업에 뛰어들었다. 1954년 세계에서 처음으로 실리콘 트랜지스터를 상용화했고, 최초로 트랜지스터 라디오도 내놨다. 1960년대 세상에 처음 모습을 드러낸 휴대용 계산기를 만든 것도 텍사스 인스트루먼트다. 초기 반도체의 발전을 주도해온 회사에서 부사장까지 지낸 모리스 창은 "반도체 산업 진흥에 도움을 달라"는 대만 정부의 요청을 수락해 1985년 귀국, 공업기술연구원장에 취임한다.

2018년 11월 12일, 제26회 APEC 경제 지도자 회의에 참석한 모리스 창.

대만 정부는 대만 경제가 지속가능한 성장을 하기 위해서는 IT 산업의 기술력을 확보하는 일이 최우선이 되어야 한다고 생각했다. 특히 1960년대부터 미국의 원조가 막히면서 대만 경제는 자립이 최우선 과제였다. 이를 위해 정부는 다양한 변화를 모색했다. 우선 수출 주도 경제 성장 모델을 선택했다. 외자 유치를 위해 수출 가공 지역 내 기업의 모든 제품에 대해 수출을 의무화하는 대신, 해외에서 들여온 원료와 중간재에 대해서는 관세와 화물세를 부과하지 않았다. 수출 가공 지역 내 공장 부지에 대해서도 세금 일체를 면제해줬다.

기업하기 좋은 환경이 만들어지자, 대만의 우수한 노동력을 활용할 목적으로 미국과 유럽, 일본계 회사가 대만에 대거 진출했다.

당시 대만의 전기·전자 부품 산업에서는 주로 트랜지스터 라디오와 흑백 TV를 생산했다. 이와 함께 대만의 많은 기업이 제2차 세계대전 이전에 세워진 일본 기업을 인수했다. 특히 1970년대 들어 일본 기업이 대거 전기·전자 부품 산업에 뛰어들자, 대만 기업도 경쟁력을 위해 관련 기술을 확보하는 게 중요해졌고, 이 과정에서 대만은 반도체의 중요성을 인식하게 된다.

반도체 설계와 생산을 분리하다

그중에서도 모리스 창은 반도체 시장에서 설계와 생산을 분리할 필요성이 크다는 점을 남들보다 빨리 파악했다. 당시 텍사스 인스트루먼트에서는 여러 인재들이 퇴사한 뒤 새로운 반도체 회사를 앞다투어 창업하던 때였다. 모리스 창은 더 많은 텍사스 인스트루먼트 소속 연구원이 회사를 그만두고 창업하고 싶어 했지만, 막대한 생산 설비 투자 비용 때문에 주저하고 있다는 점을 꿰뚫어 봤다. 반도체를 생산하기 위해서는 생산 설비에 막대한 규모의 자금 투자가 필요한데, 이 점이 반도체 사업의 신규 창업을 가로막는 최대 장애물임을 파악했던 것이다. 실제 반도체 성능이 점차 향상되면서 이를 생산하기 위해 필요한 장비도 더 많아졌고, 사양도 높아졌다.

반도체 산업이 급성장할 것으로 예상되자 미국뿐 아니라 일본과 유럽, 한국, 대만 등에서도 반도체 회사들이 쏟아지기 시작했다.

이들은 초기 시장 경쟁력을 높이기 위해 대규모 생산 설비를 갖추어나갔다. 막대한 시설 투자 비용을 충당할 대규모 수요처를 확보하지 못한 기업은 적자를 낼 수밖에 없는 상황이 된 것이다. 그렇게 당시 반도체 시장은 미국과 유럽, 일본 등 주요 국가에 속한 대규모 소재 회사들의 전쟁터로 바뀌어갔다.

하지만 대만 정부와 모리스 창은 달랐다. 이들은 반도체 산업에서 전통적 사업 구조의 틀을 깨는 방식으로 TSMC를 설립했다. 반도체 산업의 핵심 업무는 크게 반도체 설계와 생산·조립, 테스트로 구분된다. TSMC가 설립되기 전까지만 해도 모든 반도체 업체는 설계와 생산, 테스트까지 모든 업무를 수행해야 했다. 생산 설비를 갖추지 않은 기업이 반도체를 만드는 것은 상상하기 어려운 일이었다. TSMC는 바로 이 틀을 깼다. 생산 시설이 없거나 생산 설비 확장에 부담을 느낀 반도체 회사들의 제품을 대신 만들어주는 위탁 생산으로 승부를 걸었다. 반도체에 관심 있는 기업이 막대한 생산 설비 투자 없이도 반도체 사업을 할 수 있도록 해주겠다고 선언한 것이다.

TSMC의 새로운 사업 모델은 전 세계적으로 큰 호응을 얻었다. TSMC에 위탁 생산을 맡길 경우 수많은 위험 요인을 덜 수 있기 때문이다.

반도체 공장이나 IT 자산은 시간이 지나면 노후화하고, 신기술 개발로 빠르게 낙후된다. 이뿐만 아니라 반도체 시장은 가변성이 커 수요가 갑작스럽게 늘다가 급감할 수도 있다. 게다가 확보한 장비를 관리하는 비용도 만만치 않다. 이러한 위험 요인이 산적한 상황에서 막대한 자금이 요구되는 반도체 산업에 투자한다는 건 자칫 회사 자체의 존망을 결정하는 일이었던 것이다. 하지만 TSMC의 파운드리 사업 모델 덕에 반도체 기업들은 위험 부담이 큰 반도체 공장 및 설비에 막대한 투자를 하지 않고서도 사업을 계속할 수 있게 되었다.

생산 설비 투자와 같은 고정 비용이 늘어나는 건 그만큼 위험 관리가 어려워진다는 것을 뜻한다. 하지만 TSMC 설립 이후 많은 신생 기업이 생산은 TSMC에 위탁해 맡기고 자신들은 기존 반도체 기업의 제품과 차별화한 새로운 반도체 설계에만 집중할 수 있게 됐다. 이는 각 분야에서 전문 기업의 출현을 가속화했다. 새로운 제품을 설계하면 TSMC가 생산 서비스를 제공하기 때문에 설계에 재능이 있는 실리콘밸리의 기술자들이 너도나도 창업에 뛰어들기 시작했다. 이처럼 생산 설비 없이 반도체 사업을 하는 회사를 '팹리스Fabless 회사'라고 부른다.

TSMC가 반도체 제조 환경을 바꾼 덕분에 다양한 형태의 반도체 제품이 탄생할 수 있게 됐다. 오늘날 반도체 산업이 급성장한 배경에는 TSMC의 위탁 생산 모델이 있었기 때문이라고 평가하는 이유도 바로 여기에 있다.

미국은 왜 칩4 동맹을 제안했을까?

반도체 강국이 되기 위한 대만 정부의 노력은 TSMC 설립에만 국한되지 않는다. 반도체를 중심으로 안정적인 전후방 산업을 육성하기 위해 대만 정부는 신주과학공업단지新竹科學工業園區를 만들었다. 신주과학공업단지는 타오위안 국제공항에서 가깝고 주변에 공업 중심 대학인 국립칭화대와 교통대, 전자공업연구소ERSO 등의 연구 기관도 위치해 있다. 여기에 세제 혜택까지 주면서 많은 기업을 유치했다. 또한 미국 등 해외에서 학위를 받고 IT 산업에 종사하는 하이테크 인재와 미국에서 유학 중인 학생들을 스카우트하기 위해 실리콘 밸리에 사무소를 설치하고 적극적인 유치 활동도 전개했다. 그 결과 많은 우수한 인재가 신주과학공업단지에 모이게 되었다.

TSMC의 사업 모델은 미국의 반도체 제조 시장 점유율을 줄이는 결정적인 요인으로 작용했다. 1980년대만 해도 미국은 전 세계 반도체 제조량의 40%를 차지했지만 지금은 10%대 수준으로 크게 떨어졌다. 미국 내 신생 반도체 회사들이 TSMC 덕에 직접 생산 설비를 구축하지 않아도 되는 편리성을 갖게 되었지만, 이 과정에서 미국은 반도체 생산 기반을 잃어버린 것이다.

향후에도 반도체 시장은 매년 7% 이상의 고도 성장을 구가할 것으로 전망된다. 특히 국방 장비의 대부분에 반도체가 필요하게 되면서 반도체를 직접 생산할 수 있는 환경을 구축하는 일이 더욱 중요해졌다. 이로 인해 미국은 반도체를 자국 내에서 직접 생산할 수 있는 환경을 구축하고자 노력 중이며, 칩4 동맹 역시 이런 노력의 일환으로 평가된다. 최근 미국이 한국과 대만에 반도체 생산을 도와줄 것을 요청한 가장 결정적인 배경에는 TSMC의 부상이 있다.

탈중국, 고령화 극복 등 과제도 적지 않아

이처럼 반도체 같은 특정 분야에서 대만이 놀라운 성과를 내고 있는 것은 사실이지만, 현재의 모습을 유지하기 위해서는 해결해야 할 과제도 적지 않다.

첫 번째 과제는 중국 의존도를 줄여야 한다는 것이다. 대만은 전형적으로 대외 의존도가 높은 국가다. 무역 의존도(명목 GDP 대비 수출입 비율)가 100%를 넘는 국가이자, 수출 의존도(명목 GDP 대비 수출 비율)도 50%를 넘는다. 즉 대만 경제는 수출 없이는 지탱하기 어려운 구조다. 그런데 이러한 수출 내용을 좀 더 자세히 들여다보면, 중국이 차지하는 비중이 절대적임을 알 수 있다. 대만의 대중對中 수출 비중은 40%에 달한다. 대만 기업의 해외 직접 투자 역시 대부분 중국 본토에서 전개 중이다. 1991년 대중 직접 투자가 허용된 이래, 2020년까지 대만이 중국에 투자한 금액은 1,897억 달러 수준이다. 이는 같은 기간 대만이 중국 이외의 국가에 투자한 1,475억 달러보다 많다.

중국 입장에서도 대만은 중국의 세 번째 수입국이자 열한 번째 수출국의 지위를 차지하는 주요 교역 상대국이기에 상호 간 경제적 교류 협력의 수위는 꽤 높은 수준이다. 이 때문에 대만 정부가 무조건적으로 미국의 지원에 편승하기도 어려운 상황이며, 중국과 원만하게 관계를 설정하는 일도 무척 중요한 이슈임을 알 수 있다.

대만의 고민 중에는 우리나라와 마찬가지로 고령화 문제도 있다. 2018년 이미 고령 사회로 들어선 대만은 2025년에는 초고령 사회로 진입할 예정이다. 2019년 대만 인구는 2,360만 명으로 정점을 찍고 이미 감소 중이다. 2020년부터는 사망자가 출생아보다 많아 인구가 감소하기 시작했고, 2052년에는 인구 2,000만 명 선이 무너질 것으로 예측된다.

현재 대만 정부는 고령화 때문에 산업 인력이 부족해지는 문제를 해결하기 위해, 외국인 인력 유치를 적극적으로 추진 중이다. 대만은 외국인 근로자 및 외국 기업들이 대만 안에서 자유롭게 활동할 수 있는 환경을 만들고자 2019년부터 영어를 제2 공용어로 지정해, 전 국민의 영어 사용 수준을 높이려 노력하고 있다.

일부 산업군에 편향되어 있는 산업 구조 역시 대만이 뛰어넘어야 할 숙제다. 대만의 제조업 10대 기업 중 8개사가 전자 제품·부품 업체다. 대만 경제가 향후에도 견실한 성장세를 보이기 위해서는 정보통신 기술 이외의 새로운 산업군을 육성해야 할 상황이다.

대만에 이렇다 할 대기업이 부재한 것도 고민이다. 대만의 주요 기업들은 글로벌 브랜드 제품을 위탁받아 생산하는 구조로 돌아간다. 다시 말해 직접 소비자들에게 어필할 수 있는 대만 자체 브랜드가 잘 보이지 않는 상황이다.

대만이 해결해야 할 여러 난관이 있는 것은 분명하지만, 대만 입장에서는 요즘 국제 사회 분위기를 40년 만에 찾아온 새로운 기회로 보고 있다. 대만이 이 기회를 어떻게 살릴지, 그리고 우리나라는 대만의 부상에 어떻게 대응할지 주목해야 한다.

영국이 300년간 '세계 중심'으로 군림한 비결

- 인구 ‖ 6,773만 6,802명(21위)
- 화폐 단위 ‖ 파운드(GBP, £)
- GDP(2023) ‖ 3조 1,589억 4,000만 달러(6위)
- GDP 성장률(2022) ‖ 4.1%
- 실업률(2022) ‖ 3.6%
- 물가상승률(2022) ‖ 7.9%
- 인터넷 사용 비율(인구 대비) ‖ 97%

산업혁명의 초석이 된 특허 제도

영국은 '해가 지지 않는 나라'로 불린다. 세계 전역에 광대한 식민지를 보유하고 있기에 영국령의 영토 어딘가에서는 항상 해가 떠 있다는 의미다. 사실 영국의 식민지가 몇 나라나 되는지 정확히 세기도 어렵다. 어느 시기를 기준으로 하느냐에 따라 숫자가 달라지기 때문인데, 일례로 방글라데시와 파키스탄, 인도 등은 영국 식민지 시절에 모두 한 국가였다. 20세기 초를 기준으로 한다면 영국의 식민지로 있다가 독립한 국가는 60개국에 달한다. 20세기 이전까지 영국은 명실상부한 세계 최강의 국가였다.

영국은 어떻게 세계 최강 국가가 될 수 있었을까? 그 배경에는 '특허 제도'가 있다. 17세기까지 영국은 산업혁명을 이룰 만한 제조와 기술 여건이 없었다. 오히려 성숙한 제조 여건을 갖춘 곳은 유럽 대륙의 여러 국가들이었다. 유럽에서는 이미 시계 공업과 철 가공업 등 제조업이 크게 발달하고 있었다. 참고로 당시 시계는 오늘날 스마트폰에 비견할 만큼 주요한 도구이자 일상생활의 가장 커다란 변화를 가져다준 물건이었다.

　반면 영국은 농업 국가 수준에 머물러 있었기에 자국의 산업 경쟁력을 높이기 위해 1623년에 기술자의 기술에 대가를 지불하는 특허 제도를 전격 도입한다. 그러자 유럽 각지의 기술자들이 자신의 기술에 정당한 대가를 받을 수 있다는 소식을 듣고 영국으로 모여들기 시작했다. 이러한 기술자들의 역량이 결집되어 산업혁명이 촉발했고, 영국이 세계 최강국으로 발돋움하게 된 것이다. 산업혁명은 영국이 나라 밖의 힘을 성장 발판으로 활용한 첫 번째 사건이었다.

　영국이 특허 제도를 강화해 세계 최강 국가의 반열에 오른 것을 보고, 이를 벤치마킹한 나라들이 있다. 대표적인 나라가 '독일'과 '미국'이다. 독일은 전 세계에서 실용신안 제도를 처음 도입한 나라다. 특허가 이전까지는 없던 새로운 무언가를 만들어냈을 때 부여되는, 즉 무無에서 유有를 만들어냈을 때 부여되는 훈장이라면 실용신안은 이전에 존재하고 있던 대상을 개선하는 범주에 해당한다. 즉, 기존에 A라는 제품을 A′ 내지 A″ 정도로 개선하면 실용신안을 받을 수 있다. 독일은 유럽 각지의 수많은 엔지니어를 자국으로 끌어들이기 위해 그때까지 독자적인 창작물로 인정해주지 않았던 대상들을 '실용신안'이라는 이름으로 그 경제적 가치를 인정해준 것이다. 독일은 이러한 시도를 바탕으로 지금까지 세계 최고의 제조 강국 지위를 유지하고 있다.

　미국 역시 영국을 벤치마킹한 대표적인 나라다. 미국은 헌법 1조에 특허 보호를 담아 천명하고 있다. 헌법 1조는 해당 국가가 숭고하게 지켜야 할 가치를 담고 있는 것이 통상적인데, 그러한 헌법 1조 8절 8항에 특허 보호 제도를 명시한 것이다. 이는 아버지 나라 격인 영국이 특허 제도를 활용해 세계 최강 국가의 반열에 올라섰음을 인식하고 미국의 발전을 위해서는 유럽 각지의 역량 있는 기술자를 유치해야 한다는 판단에 기반하고 있다.

영국은 어떻게 세계 금융의 중심지가 되었을까?

산업혁명으로 경제력을 갖춘 영국은 여느 서구 열강 국가들처럼 식민지 점령에 본격적으로 나섰다. 하지만 영국의 식민지 경영 방식은 다른 국가와는 사뭇 달랐다. 예컨대 프랑스는 식민지를 직접 통치하는 방식을 선호했다. 식민지 현장에 프랑스 본국 인력을 직접 파견해 관리 감독을 했는데, 이런 방식은 식민지 원주민들이 프랑스를 향한 적개심을 품게 했다. 스페인은 신분제를 이용해 식민지를 경영했다. 스페인 본국 출신은 최상위층, 식민지에서 태어난 스페인 사람에게는 그다음 지위를, 스페인 사람과 원주민 사이에서 태어난 사람에게는 그 아래 지위를 부여하는 방식으로 각 지역의 식민지를 통치했다.

하지만 영국은 달랐다. 자신들이 식민지를 직접 통치하지 않고 식민지 원주민 중 우호 세력을 전면에 세웠다. 원주민 통치자를 뒤에서 지휘하는 간접적인 방식을 선호한 것이다. 식민지인 중에 우

수한 인력을 영국에서 교육해 고위 관직에 올리기도 했으며, 이러한 영국의 통치 방식은 식민지 국가들이 독립 후에도 영국과 우호적인 관계를 유지하는 원동력이 됐다.

그 결과 영국의 식민지 국가들은 신생 독립국이 된 후에도 영연방국가Commonwealth of Nations로 남아 긴밀하게 경제적·정치적 교류를 이어오고 있다. 심지어 4년마다 영연방 국가끼리 올림픽을 개최하며 돈독한 관계를 유지한다. 1980년대 후반까지 영연방 국가 간에는 여행이나 유학, 취업 시 비자가 면제되고, 많은 품목에 무관세가 적용됐는데, 이는 제2차 세계대전 이후에도 영국이 국제사회에서 지위를 유지할 수 있는 근거로 작용했다. 여전히 영국은 외부의 힘을 적절히 활용하고 있는 것이다.

영국에서 금융업이 발달한 배경도 같은 맥락에서 해석할 수 있다. 흔히 뉴욕을 세계 금융의 중심지라 부르지만, 정확하게 말하면 뉴욕은 미국 금융 시장의 중심지다. 자국 내 시장만으로도 충분한 기회를 창출할 수 있기 때문이다. 오히려 영국의 수도 런던이 진정한 국제 금융 중심지로 불릴 만하다. 영국은 세계 외환, 주식 및 기타 금융 파생 상품의 30~50% 정도가 거래되고 있으며, 런던 증시London Stock Exchange는 2015년까지 미국 뉴욕증권거래소NYSE를 제치고 세계 1위 증시였다.

영국에서 국제 금융 중심지 역할을 수행하는 거점 지역은 금융 특구인 시티 오브 런던City of London이다. 런던의 32개 구 중 독립적으로 운영되는 특구로, 시티 오브 런던에는 세계적인 기업과 부호들이 선호할 만한 느슨한 세제를 적용한다.

이러한 세제의 배경은 대영 제국 시절로 거슬러 올라간다. 당시 영국 기업인들은 대부분 식민지에 거주하며 그 지역에 기반해 수익을 거두고 있었는데, 식민지에서 거둬들인 수익을 영국으로 반입하기 어려운 경우가 많았다. 이에 영국은 식민지에 거주하던 영국인이 현지에서 벌어들인 수익에 대해 세금을 유예해주는 제도를 도입했고, 이 제도는 최근까지 비거주지 규정non domicile rule으로 이어졌다.

비거주지 규정은 영국에 주소를 두고 있더라도 실제 거주지를 영국 외 다른 나라로 신고하면 해당 지역에서 벌어들인 수익에 부과하는 세금을 유예해주는 제도다. 최근에는 영국 부유층들이 이법을 악용한다는 비판을 받기도 하는데, 집 대신 호텔에서 살며 해외에 거주하는 것처럼 속인 뒤 세금을 유예받는 사람들이 적지 않은 것이다. 이러한 부작용에도 불구하고 느슨한 세제는 영연방 국가들의 부호들을 비롯해 러시아 재벌, 일본과 중국 등 아시아 부호들까지 영국으로 끌어들여 전 세계 부유층의 돈을 유치하는 데 크게 기여했다.

기업에 부과하는 세금도 비슷하다. 스타벅스는 1998년 영국에 진출한 이후 30억 파운드, 약 4조 4,000억 원의 수익을 거두고 있지만 납세액은 150억 원에 불과하다. 대부분 수익을 조세피난처로 숨기고 적자를 본 것처럼 꾸며 세금을 내지 않는 해도 많았다. 이런 사실이 알려지면서 조세 제도가 점차 강화되고 있는 추세긴 하지만 여전히 영국은 느슨한 규제 환경으로 여러 기업의 유입을 독려하고 있다.

전 세계 문화재의 보고가 된 영국

영국이 전 세계에 식민지를 구축하고 대영 제국을 경영하면서 얻게 된 수혜는 여기서 그치지 않는다. 영국 런던은 전 세계에서 박물관과 미술관을 많이 보유한 도시 중 하나다. 2019년 기준으로 런던에 등록된 박물관 미술관 수가 215개소에 달한다. 그뿐만 아니라 영국은 이들 박물관과 미술관을 대부분 무료로 관람할 수 있도록 개방하고 있다. 이처럼 많은 박물관을 보유한 영국이 관광객에게 이를 무료로 개방할 수밖에 없는 이유는 전시품 대부분이 전세계 식민지로부터 약탈해온 물건이기 때문이다.

영국을 대표하는 박물관들의 역사를 살펴보면 이러한 사실을 바로 알 수 있다. 세계 3대 박물관으로 꼽히는 영국박물관은 원래 개인 소장품을 전시하는 작은 박물관이었다. 그러다 1753년 의사 한스 슬론Hans Sloane이 자신의 소장품 8만여 점을 국가에 기증하면서 세계 최초의 공공 박물관이 되었다. 이후 박물관에 세계 각지에서 약탈해온 소장품이 점점 들어차면서 회화를 중심으로 한 전시관이 필요해졌고, 사업가이자 수집가였던 줄리어스 앵거스틴John Julius Angerstein의 개인 소장품을 국가가 매입하면서 마침내 내셔널 갤러리를 개관하게 된다. 내셔널 갤러리는 현재 중세 말기부터 19세기말까지의 회화 작품 2,300여 점을 소장하고 있는 것으로 알려져 있다. 참고로 영국 자연사박물관에는 전 세계 멸종 동물과 토착 생물들을 박제해 전시하고 있다.

영국박물관에 전시 중인 자국 문화재를 돌려달라는 요청은 지금도 계속되고 있다. 영국이 유럽연합에서 탈퇴하면서부터는 유럽연합 회원국들까지 영국을 향해 문화재를 반환해달라는 목소리를 높이고 있다. 유럽연합은 영국과의 미래 관계를 재정립하기 위한 유럽연합 27개 회원국과의 협상문 내용에 "불법적으로 빼앗긴 문화재를 원래 위치했던 본국으로 되돌려 보내거나 배상해야 한다"는 내용을 포함했다. 물론 해당 협상문에는 구체적인 반환 품목이 제시되지는 않았지만, 고대 그리스 유물을 돌려받고 싶은 그리스

대영박물관에 전시된 엘긴 마블. 파르테논 신전의 동쪽 페디먼트에서 가져온 것이다.

와 로마 시대 유물들을 돌려받고 싶은 이탈리아의 입장이 적극 반영된 문구라는 평가다.

영국박물관에는 그리스 유물 중 파르테논 신전의 대리석 조각품인 '엘긴 마블Elgin marbles'이 전시되어 있다. 그리스가 오스만 제국의 통치 아래 있을 때, 오스만 제국의 영국 대사로 파견을 간 토머스 엘긴Thomas Elgin이 아테네 파르테논 신전에 있던 대리석 조각품들을 런던으로 가져온 것이다. 조각품의 이름에 '엘긴'이 들어간 이유이기도 하다. 이 엘긴 마블을 둘러싸고 그리스와 영국은 오랜 시간 갈등을 빚어왔다. 그리스는 영국 정부가 엘긴 마블을 일방적으로 훔쳐갔다며 줄기차게 반환을 요구하고 있고, 영국은 엘긴 대사가 오스만 제국과의 합법적 계약을 통해 획득했다고 주장하며 첨예하게 맞서고 있다.

'모아이상'으로 유명한 남태평양의 이스터섬 역시 영국박물관을 상대로 석상 반환을 요구하고 있는 상황이다. 이스터섬 원주민이 서기 6세기에서 15세기경 현무암을 깎아 만든 사람 형태의 거대 석상은 1868년 영국 군인들이 무단으로 가져가 당시 빅토리아 여왕Queen Victoria에게 바쳤다. 이 밖에 이집트, 나이지리아 등 아프리카 국가들을 비롯해 캐나다, 멕시코, 중국, 동남아 등 수많은 국가가 영국 정부에 자신들의 문화재를 돌려줄 것을 요청하고 있는 상황이다. 현재 영국박물관은 고려청자와 조선백자 등 우리나라 유물도 200여 점 보유하고 있는 것으로 알려져 있다.

하지만 각국의 요청에 대한 영국 정부의 입장은 지금까지 철저히 부정적이다. 그나마 일부 국가와 임대 형태로 돌려주는 방식을 논의하고 있는 수준이다. 이러한 상황에서 영국을 방문한 해외 관광객들이 영국박물관에 들러 자국의 유물을 관람하고자 할 때 돈을 받는다는 것은 국제적으로 용인받기 어려운 일이었을 것이다. 영국의 수많은 공공 박물관과 미술관이 무료라는 점을 관광객들이 마냥 좋아할 일은 아닌 듯싶다.

디자인 분야에 주목하다

영국인들이 전 세계를 지배하던 시절 획득한 것은 각 국가의 문화재만이 아니다. 세계 각지에서 가져온, 문화권을 대표하는 문화재들은 영국인이 수준 높은 문화예술 의식을 갖게 된 밑거름이 되었다. 아울러 영국은 제2차 세계대전 직후 피폐해진 국민의 삶에 위안을 주고, 주저앉은 문화예술인들의 생계를 지원하기 위해 음악예술진흥위원회The Council for the Encouragement of Music and the Arts를 설립한다.

보통 국가들은 전후 피해를 복구하는 데 건설, 토목, 치안 등의 분야에만 관심을 두는 것이 일반적이다. 하지만 영국은 전쟁 피해가 복구되지 않는 상태에서도 1946년 음악예술진흥위원회를 예술위원회Arts Council로 개편한 뒤, 지방 소도시를 찾아가 음악회, 공연 등의 예술 활동을 펼쳤다. 이는 영국인이 문화예술과 삶을 얼마나 밀접하게 여기고 있는지를 단적으로 보여주는 것으로, 독특하게도 당시 음악예술진흥위원회의 초대 회장은 전설적인 경제학자인 존 메이너드 케인스John Maynard Keynes가 맡았다. 당시 케인스는 국가의 공적 자금을 바탕으로 문화예술 분야를 지원해야 한다고 주장하면서도 문화예술인들의 작품 활동에 국가가 적극 개입해서는 안 되며, 팔 길이만큼 거리를 두어야 한다는 소위 팔 길이 원칙Arm's length principal을 주장했다.

영국이 문화예술에 단순히 교육적이고, 정서적으로만 접근한 것은 아니다. 1970년대 후반 영국은 경제가 극심하게 어려워져 IMF 원조를 받을 만큼 심각한 경제위기를 겪었는데, 이때 당시 영국 총리인 마거릿 대처Margaret Thatcher는 어려움을 극복하는 방법으로 상업적인 문화예술인 디자인에 주목한다. 대처 총리는 당시 '디자인 아니면 쇠락!Design or Decline!'이라는 슬로건으로 강력한 디자인 진흥책을 시행해 영국의 위기를 극복해낸다.

대처가 상업 미술인 디자인에 주목하게 된 배경 역시 대영 제국 시절과 무관하지 않다. 영국은 인도 식민지를 기반으로 세계 각지에 섬유를 수출하며 세계 최고 수준의 경제력을 유지했는데, 프랑스를 비롯한 여타 서구 열강 국가가 식민지에서 생산된 면화를 바탕으로 영국을 추격해오기 시작했다. 이때 영국은 경쟁 우위를 유지할 수 있는 방법으로 디자인에 주목한다. 19세기 중엽 총리였던 로버트 필Robert Peel이 영국과 프랑스의 섬유 무역 불균형 해소를 위해 디자인 진흥 방안을 제시했고, 이를 계기로 디자인 박물관과 디자인 시범학교가 설립되었다. 이 경험으로 영국은 디자인이 자국의 섬유 산업 경쟁력과 경제적 가치를 높이는 중요한 수단이었음을 확인한 것이다.

제2차 세계대전이 끝나고 난 뒤 영국이 설립한 것은 음악예술진흥위원회만이 아니다. 윈스턴 처칠Winston Churchill은 1944년에 산업디자인위원회를 설립했다. 전쟁 이후로 주저앉은 영국 산업을 디자인을 중심으로 복구하고자 한 것이다. 또한 1945년에는 자국 내 우수 디자인 인력을 육성하기 위해 '굿 디자인 운동'을 전개한다. 디자인에 주목한 영국의 리더는 또 있다. 토니 블레어Anthony charles Lynton Blair 총리 역시 영국의 미래를 이끌 신성장 동력으로 디자인에 주목했다. 그는 '창조적 영국Creative UK' 캠페인과 '멋진 영국Cool Britannia'이라는 슬로건 아래 공공 디자인 우선 정책을 펼쳤다.

현재 우리나라가 처한 상황도 대처 총리 시절 영국의 상황과 크게 다르지 않다. 기존의 주력 산업군은 경쟁력을 점차 잃어가고 있으며, 저출산 고령화로 인해 국민 전반의 혁신 역량도 줄고 있다. 이런 상황에서 우리나라도 디자인 분야에 주목해보는 건 어떨까. ICT를 비롯한 4차 산업혁명으로 대변되는 일련의 산업군은 대부분 와해성 혁신을 기반으로 성장한다. 즉, 기존의 기술과 질서를 완전히 부정하고 완전히 새로운 방법론을 도입해 성장해가는 산업들이다. 이러한 산업군은 순발력과 학습력, 호기심 등이 줄어드는 고령층에서 큰 성과를 내기는 어려운 분야다.

하지만 디자인 분야는 다르다. 디자인 분야에서도 물론 새로운 정보와 감각이 필요하지만, 다양한 경험과 시행착오가 좋은 결과물을 만드는 데 필수적이다. 과학기술 분야에서는 보통 30~40대가 산업의 주축을 이루고 있지만, 디자인 분야에서는 10~70대까지 전 연령의 사람들이 활발하게 일하고 있으며, 특히 디자인 분야의 대가가 고령인 경우가 많은 것도 이 때문이다.

'폴로'로 익숙한 랠프 로런_{Ralph Lauren}은 1939년생이며, 이탈리아 건축의 대부 알레산드로 멘디니_{Alessandro Mendini}는 1931년생, 동명의 이탈리아 명품을 만든 조르지오 아르마니_{Giorgio Armani} 역시 1934년생으로 이들은 여전히 디자인 업계에서 기량을 뽐내고 있다. ICT 분야에서 1930년대생이 성과를 내는 건 상상하기 힘든 게 사실이다.

디자인 분야가 창출하는 부가가치도 결코 무시할 수 없다. 일반적인 R&D 대비 디자인에 투자하면 부가가치를 세 배 더 생성할 수 있다는 결과도 있다. 일반 R&D 투자가 다섯 배 수준의 매출 증대 효과를 기대할 수 있다면 디자인 산업의 경우 14.4배 수준으로 나왔다.

디자인 분야는 일자리 창출 효과도 크다. 2019년 고용유발계수를 보면 자동차는 6.24, 반도체는 1.77 수준인 데 반해, 예술·스포츠·여가 분야의 고용유발계수는 9.34다. 디자인 분야의 역량은 제조업이나 서비스업, 문화 산업, 전자통신 분야, 의료보건 분야에 이르기까지 전 분야에 걸쳐 파급 효과를 가져다주는 것도 강점이다.

이처럼 디자인 분야에 주목해야 할 이유는 충분하지만, 아직 우리 사회는 디자인 분야에 관심을 쏟고 있지는 않아 보인다. 이제는 디자인을 두고 결과물 중심으로 사고하는 '산업디자인'적 관점보다는 디자인 자체를 산업으로 인식하는 '디자인 산업'적 관점이 필요한 시점이다.

외부의 힘을 빌려 위기를 극복하다

다시 영국 얘기로 돌아가보자. 앞서 얘기한 것처럼 오늘날 영국의 위상과 성과는 대영 제국 시절에 기반한 것들이 대부분이다. 영국은 매 시기마다 영국 밖의 상황을 적절히 활용하면서 진화해왔다 해도 과언이 아니다. 그런데 최근에는 새로운 양상을 보여 의구심을 자아내고 있다. '브렉시트Brexit, 영국의 유럽연합 탈퇴'를 함으로써 스스로 고립을 선택한 것이다. 브렉시트로 영국 경제의 불확실성이 커지고, 유럽연합 회원국 지위가 상실될 것으로 전망되자 영국을 기반으로 활동하던 다국적 기업들은 영국을 떠나 유럽연합 역내로 이전하는 추세다. 이 때문에 최근 영국에서는 기업 투자 부진이 지속되고 가계의 가처분 소득도 하락하고 있다. 국제통화기금, 세계은행World Bank 등 주요 국제 기구도 브렉시트 이후 영국 경제 성장 전망치를 하향 조정하고 있다.

흥미로운 점은 이러한 위기에 대처하는 영국의 해법이 여전히 과거와 동일하다는 것이다. 영국 정부는 무역에 드는 비용과 절차를 없애고, 세제 혜택을 부여해 자유롭게 무역을 수행할 수 있는 자유무역항 제도를 적극 도입했다. 법인세를 낮춰 영국이 아일랜드와 함께 유럽 내에서 법인세가 최저 수준인 점을 강조하며 역외 기업들의 투자도 유치 중이다.

영국은 최초의 산업혁명을 이끈 국가인 만큼 4차 산업혁명 시대에도 앞서가기 위한 노력을 본격적으로 전개하고 있다. 산업혁명을 주도하는 분야는 과거와 달라졌지만, 이들 산업을 육성하기 위한 전략은 17세기 영국의 전략과 크게 다르지 않다. 영국 정부는 외국 기업이나 해외 엔지니어가 영국에서 혁신적인 아이디어를 상업화해 성과를 낼 수 있도록 특허로 발생하는 수익에 대해서는 인하된 법인세(10%)를 적용한다. 마치 산업혁명의 원동력이 된 17세기의 특허 제도를 연상케 하는 발상이다.

또한 해외 우수 인재와 스타트업을 유치하기 위해 2019년 3월부터 새로운 비자 제도를 도입했는데, 일명 혁신가 비자innovator visa로 영국에서 사업체를 운영할 계획이 있는 사람들에게 발급하는 비자다. 영국에서 창업 시 보증 기관이 해당 사업 아이디어를 검토한 후 비자를 발급해주는 스타트업 비자Start up visa 제도도 도입됐다. 그뿐만 아니라 자국 내 첨단 금융 시스템을 이용해 창업을 활성화하는 데 기여하고자 벤처캐피털, 크라우드 펀딩, 엔젤 투자가 등을 적극 육성하고 있다.

영국 왕실 또한 이러한 흐름에 동참하고 있는데, 앤드루 왕자Andrew Windsor, 현 국왕인 찰스의 동생가 설립한 비영리재단인 피치앳팰리스Pitch@Palace는 지난 5년간 62개국에서 120여 차례 스타트업 피칭 대회를 개최해 약 800개 기업을 후원하기로 결정했다. 이러한 노력들이 결실을 맺어 런던은 2017년 글로벌 도시별 스타트업 생태계 비교에서 실리콘밸리, 뉴욕에 이어 세계 3위를 기록한 바 있다.

앞서 열거한 바와 같이 영국은 위기 때마다 늘 외부의 힘을 빌려 위기를 극복해왔다. 영국이 브렉시트 이후 직면하게 될 새로운 위기 역시 '외부의 힘'을 활용해 슬기롭게 극복할 수 있을지 지켜볼 일이다.

아랍에미리트가 최대, 최고, 최초에 집착하는 이유

- **인구** ‖ 951만 6,871명(96위)
- **화폐 단위** ‖ 아랍에미리트 디르함(AED, DH)
- **GDP(2023)** ‖ 4,989억 7,800만 달러(33위)
- **GDP 성장률(2022)** ‖ 7.4%
- **실업률(2022)** ‖ 2.8%
- **물가상승률(2022)** ‖ 4.8%
- **인터넷 사용 비율(인구 대비)** ‖ 100%

국가명보다 도시명으로 더 잘 알려진 나라가 있다. 바로 아랍에미리트다. 일반적으로 해외 출장을 가거나 관광을 갈 때면, 행선지를 영국, 미국 등 국가명으로 표현하는 경우가 대부분이다. 하지만 아랍에미리트로 출장이나 관광을 갈 경우에는 두바이, 아부다비와 같은 도시명으로 행선지를 말하는 경우가 많다. 그만큼 아랍에미리트에서 두바이와 아부다비가 차지하는 비중이 절대적이라는 사실을 방증한다. 많은 사람이 아랍에미리트를 도시를 중심으로 인식하게 된 배경은 아랍에미리트가 처한 경제적 상황 때문이다.

전쟁의 승패는 석유가 가른다

아랍에미리트의 정확한 명칭은 아랍에미리트연합국United Arab Emirates, UAE이다. 1971년 영국으로부터 독립한 아랍에미리트는 일곱 개의 부족으로 구성된 연방국이다. 원래 이 지역에는 여러 부족이 모여 살았는데, 이들이 국제 사회에 알려지기 시작한 것은 해적 때문이다. 17~19세기 사이 아랍에미리트 지역은 '해적 해안'으로 불릴 정도로 해적들의 소굴이었다. 그러다가 영국이 이 지역의 해적을 소탕하며 지배하기 시작했고, 1853년에는 이 지역 부족장들과 영구적인 해상 평화 조약을 체결했다. 이 지역 부족들은 1892년에 영국의 허락 없이는 어떠한 나라와도 외교 관계를 체결하지 않는다는 조약까지 서명할 정도로 대외적인 면에서는 철저히 영국의 지배 아래 놓여 있었다. 하지만 이들 지역의 내부 문제에 대해서는 영국이 적극적으로 개입하지 않았고, 결국 부족 간의 잦은 갈등과 분쟁으로 좀처럼 발전하지 못하고 있었다. 영국 입장에서는 어업과 진주 채취를 주업으로 삼고 있는 가난한 지역에 굳이 관심을 둘 이유가 없었다.

제1차 세계대전 당시만 하더라도 중동 지역은 오스만 제국의 지배 아래 있었다. 하지만 독일 편에 선 오스만 제국을 견제하고, 중동 지역을 자신들의 영향력 아래 두고 싶었던 영국과 프랑스는 중동 지역에서 서로 상이한 조약들을 체결하며 이후 지속적으로 중동 지역의 갈등을 야기하는 원인을 제공한다.

먼저 1917년 영국 외무대신인 아서 밸푸어Arthur Balfour가 중동 팔레스타인 지역에 유대인 국가 건설을 지지하는 밸푸어 선언Balfour Declaration을 발표한다. 하지만 밸푸어 선언은 불과 2년 전인 1915년에 영국 고등판무관 헨리 맥마흔Henry McMahon이 발표한 맥마흔 선언McMahon Declartion과 전혀 반대되는 내용이었다. 맥마흔 선언은 해당 지역에 아랍 국가 건설을 지지한다는 내용이었기 때문이다. 이뿐 아니라 1916년 영국과 프랑스는 앞서 언급한

두 가지 선언이 이들 지역에 독립 국가를 지지하는 내용과는 전혀 다른, 영국과 프랑스 간의 세력 범위를 정하는 사이크스-피코 협정Sykes-Picot Agreement을 체결하기도 한다.

미국이 중동 지역에 관심을 둔 때는 제2차 세계대전부터다. 제2차 세계대전 전만 해도 미국은 자국에서 생산된 원유만으로도 수요를 충분히 소화했다. 그렇기 때문에 해외 산유국과의 관계 설정이나 원유 가격 추이에 전혀 관심이 없었다. 하지만 1940년대 들어 미국은 해외 석유 산지의 중요성을 인식하기 시작했다. 특히 1941년 제2차 세계대전에 참전하면서 전쟁의 승패가 원활한 석유 수급에 좌우된다는 사실을 알아채고, 중동 산유국들의 중요성에 눈을 떴다. 더욱 중요한 것은 우방국인 영국과 프랑스는 자체적인 원유 수급이 어려운 국가들이며, 독일, 소련 등 견제 대상인 국가들도 국방력 유지를 위해 원활하게 원유를 수급해야 하는 상황이라는 사실이었다. 1940년대 초반까지만 하더라도 중동의 원유 생산량이 전 세계 생산량의 10%도 채 안 되는 수준이었음에도 불구하고, 이들 지역의 중요성이 고조된 이유가 바로 여기에 있다.

1944년 8월 8일, 미국과 영국은 영미 석유 협약Anglo-American Petroleum Agreement을 체결한다. 사우디아라비아의 석유는 미국이 갖고, 페르시아 지역(이란)의 석유는 영국이, 이라크와 쿠웨이트의 석유는 함께 개발하자는 것이 주된 내용이었다. 이때 탄생한 정유 회사들이 사우디아라비아의 아람코와 BP의 전신들이다. 영미 석유 협약 이후 영국과 미국은 각각 네 명씩 총 여덟 명으로 구성된 국제석유위원회International Pertroleum Commission를 구성한다. 이 기구는 각국의 권장 생산량, 시장 조절 방안 등을 협의하게 된다.

석유 부국 아랍에미리트의 고민은 '석유 고갈'

아랍에미리트 지역을 두고 방관적 입장을 취하던 영국의 태도는 20세기 초 아랍에미리트에서 석유가 발견되면서부터 달라진다. 영국은 이들 지역에서 원유 채굴권을 확보하기 위해 부족 간 영토 분쟁을 마무리지어야 했다. 당시 이들 지역을 대표하는 아홉 개 부족들은 영토 경계 문제를 영국에 일임했지만, 원만한 해결로 이어지지는 않았다. 결국 아홉 개 부족 중 바레인과 카타르로 분리된 부족들을 제외한 나머지 7개 부족인 두바이Dobai, 아부다비Abu Dhabi, 샤르자Sharjah, 아즈만Ajman, 푸자이라Fujairah, 라스알카이마Ras Al Khaimah, 움알콰인Umm Al Quwain이 연합해 아랍에미리트를 구성한다. 지금 아랍에미리트의 정치 제도는 아부다비의 국왕이 대통령의 지위를, 두바이의 국왕이 부통령 겸 총리 역할을 수행하는 형태로 운영되고 있다.

세계에서 여섯 번째로 많은 석유 매장량을 보유한 아랍에미리트는 오일 머니를 바탕으로 부유한 중동 국가의 상징처럼 여겨져 왔다. 실제 두바이 거리를 걸어 다니다 보면, 람보르기니, 페라리 등 슈퍼카를 쉽게 볼 수 있다. 우리에게 이제는 부자의 대명사가 된 만수르Sheikh Mansour 역시 아랍에미리트의 아부다비 부족 왕자 출신이다. 아랍에미리트는 일부 왕족만이 부자가 아니다. 국민 모두가 오일 머니로 벌어들인 돈으로 다양한 혜택을 받고 있다. 교육과 의료를 무상으로 제공할 뿐만 아니라 해외 유학을 원하는 사람에게는 무상으로 유학 비용을 제공해주며, 아랍에미리트 내에서뿐 아니라 해외에서도 의료 서비스를 받을 수 있도록 지원하고 있다.

이처럼 남 부러울 것 없어 보이는 아랍에미리트지만 근래 들어 중동에서 가장 큰 고민을 안고 있다. 석유가 가장 먼저 고갈될 것으로 예상되고 있기 때문이다. 현재 아랍에미리트의 석유 가채연수는 30년에 불과해 2050년 즈음이면 고갈될 전망이다. 이 때문에 아랍에미리트는 그 어느 중동 국가보다 먼저 석유 고갈 이후의 상황을 대비하고 있다. 1986년 석유 발견 당시 두바이의 지도자였던 세이크 라시드HH Sheikh Rashid는 석유 자원의 고갈을 대비해 자유무역 지대 조성과 학교, 병원, 도로 등 각종 인프라를 건설하며 준비해왔다. 두바이와 아부다비가 중동의 여타 도시와 달리 국제적인 도시의 입지를 갖게 된 배경도 바로 여기에 있다.

아랍에미리트는 석유가 고갈된 뒤에도 많은 사람이 두바이로 몰려들어 경제 활동이 활발하게 이뤄지길 희망하고 있다. 결국 아랍에미리트가 할 수 있는 방법은 얼마 안 남은 석유를 판매한 자금으로 자국의 대표 도시들을 국제적 경쟁력을 갖춘 허브로 탈바꿈하는 것이었다.

세계 최고, 최대, 최초를 만들다

가장 열악한 환경의 도시이자, 후발주자라는 단점을 보완하기 위해 아랍에미리트는 세계 최고, 최대, 최초라는 수식어에 집착하기 시작한다. 두바이는 세계 최고층 빌딩인 부르즈 할리파, 세계에서 가장 큰 쇼핑몰인 두바이몰, 중동 최초의 실내 스키장, 세계에서 가장 비싼 호텔인 부르즈 알 아랍 호텔, 세계 최대의 인공섬 등 다양한 대규모 프로젝트를 통해 국제 사회의 이목을 끌었다. 두바이에 이어 뒤늦게 경제 발전을 적극 추진하고 있는 아부다비도 세계적인 명소로 자리매김하기 위해 루브르 박물관과 구겐하임 박물관, 페라리 월드 등을 유치하는 등 두바이의 성공 전략을 뒤따르고 있다.

하지만 단순히 인프라를 조성한다고 세계적인 기업들이 아랍에미리트로 몰려들지는 않는다. 이에 아랍에미리트는 세계에서 가장 기업하기 좋은 환경을 제공하기 위해 제도적인 환경도 파격적인 수준으로 바꾸고 있다. 가장 먼저 연방 차원의 법인세와 소득세를 없앴다. 반드시 아랍에미리트를 기반으로 활동해야 하는 석유 가스 분

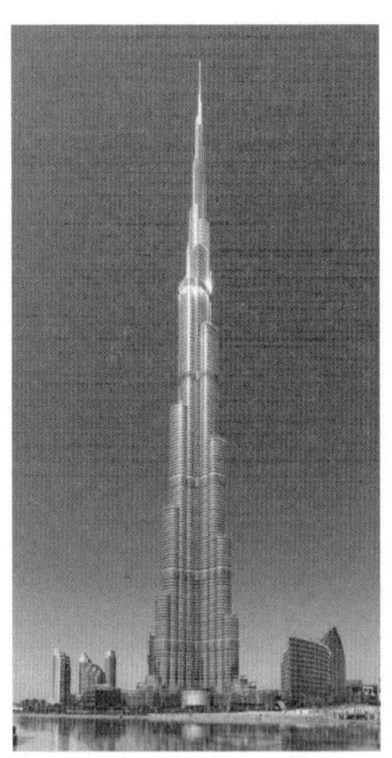

2010년에 개장한 부르즈 할리파는 지상 163층, 첨탑층을 더하면 209층이다. 삼성물산의 주도로 건설했다.

야의 회사들(50% 이상)과 이들 회사들에 금융 서비스를 제공하는 다국적 금융 기업들(20%)에만 고율의 법인세율을 적용하고 있다.

다국적 기업이 중동에 사무실을 개설하기를 주저하는 이유 중에는 종교적·문화적인 측면도 있다. 하지만 두바이에서 이슬람의 종교적 율법은 주변 중동 국가와 조금 다르게 적용된다. 외국인의 경우에는 이슬람 율법을 강하게 요구하지 않는 것이다. 이 때문에 아랍에미리트는 중동 국가 중 유일하게 술을 마실 수 있는 국가다. 두바이에서는 외국인에 한해 호텔 등 일부 공간에서 주류를 판매한다. 또한 외국인 여성들의 복장 역시 자율이다.

이처럼 아랍에미리트는 석유 고갈이 얼마 남지 않은 상황에서 미래 먹거리를 확보하기 위해 그 어느 중동 국가보다도 높은 개방성과 창의성을 바탕으로 국가를 경영해왔다.

서구에 맞서기 위해 결성한 OPEC

석유는 여전히 중동 경제를 지탱하는 주된 먹거리다. 영국과 프랑스 혹은 미국과 영국 등이 석유 이권을 두고 서로 경쟁하기보다는 상호 호혜적인 관계를 바탕으로 석유 수급 체계를 구축한 이유는 무엇일까. 정유 산업은 담합을 하면 거둘 수 있는 이익이 크게 늘어나는 산업이기 때문이다.

원유 시장에서는 원유 생산량이 적절하게 조절되지 않으면 가격이 급등하거나 급락하기 쉽다. 석유 산업은 대규모 시설 투자가 필요한 장치 산업이기 때문이다. 원유를 생산하기 위해서는 시추, 해상 플랫폼 건설 등에 막대한 자금이 요구된다. 이 과정에서 원유 생산자 간의 상호 합의가 없을 경우, 유가 상승기에는 너도 나도 추가적인 설비 투자에 뛰어들게 된다. 그리고 이 과정에서 과잉 투자가 이루어지기 쉽다. 하지만 한 번 투자된 설비들의 경우 유가가 하락하더라도 가동을 멈추기보다는 계속해서 가동해야만 손실을 줄일 수 있다. 이렇게 되면, 결국 원유 생산량은 수요량을 초과하기 쉬워지고, 이는 유가 폭락과 수많은 산유 업체의 도산을 야기하는 요인으로 작용한다. 결국 이러한 상황을 미리 방지하기 위해 많은 산유 업체와 석유 패권을 장악한 나라들이 상호 간에 긴밀하게 협조하는 것이다.

중동 산유국 모임이라 할 수 있는 석유수출국기구Organization of Petroleum Exporting Countries, OPEC는 서구 정유 회사들이 알려준 교훈 때문에 탄생했다고 할 수 있다. 석유 산업에 있어 영향력을 행사하고, 지속적이고 안정적인 수익 구조를 마련하기 위해서는 담합이 가장 중요한 요소임을 서구 정유 회사들이 깨우쳐준 것이다. 석유수출국기구는 1960년 9월 바그다드에서 사우디아라비아, 베네수엘라, 이란, 이라크, 쿠웨이트 5개국이 주축이 되어 설립했다. 이들 5개국은 뜻을 모아 서구 국가 정유 회사들의 부당한 수익 배분 구조에 반기를 들었다.

서구 열강 국가들의 조율 아래 움직이는 석유 산업에 중동 국가들이 반기를 든 것은 이것이 처음은 아니다. 1960년대 후반 3차 중동 전쟁 시기부터 이집트를 비롯한 여러 아랍 국가들은 석유를 무기화해 서방 국가들을 압박하기 시작했다. 1967년 6월 아랍 국가들은 석유 수출 중단을 전격 결의한다. 하지만 당시에는 아랍 국가들의 석유 통제가 큰 효과를 보지 못했다. 석유 매장량이 가장 많은 사우디아라비아가 감산에 동참하지 않았기 때문이다. 당시 사우디아라비아 석유장관인 아흐메드 자키 야마니 Ahmed Zaki Yamani 는 중동 지역이 석유를 무기화하는 것은 오히려 아랍 지역의 경제적 손실만 가져올 뿐이라며, 석유 무기화에 회의적이었다. 그뿐만 아니라 당시 미국과 우호적인 관계였던 이란 역시 석유 생산을 계속했고, 중동 이외의 베네수엘라와 인도네시아 등은 이 기회를 틈타 석유 생산을 더욱 늘리면서 아랍 지역에서 석유 생산을 중단한 효과를 경감시켰다.

중동이 세계 석유 산업의 키를 쥐다

이처럼 산유국 사이의 입장 차이로 1960년대 후반에 중동 지역에서 처음으로 석유를 무기화한 시도는 큰 효과를 발휘하지 못했다. 그러나 그때까지만 해도 전 세계 석유 수요가 1970년대의 절반 수준에도 미치지 못해, 중동 석유의 중요성이 지금처럼 크지 않았기 때문이라는 해석도 있다. 1960년대만 하더라도 미국은 자국 석유 산업을 보호하기 위해 석유 수입 물량을 제한해왔다. 이는 당시 미국은 자국의 석유 생산 시설을 100% 가동하지 않더라도 자체 생

아프리카연합 정상회의에 참석한 무아마르 알 카다피.

산 능력으로 필요한 석유를 충분하게 조달할 수 있었을 뿐만 아니라 일부 비축마저 가능한 상황이었음을 보여준다.

하지만 1970년대가 되면서 상황이 바뀐다. 전 세계적으로 석유 수요가 증가하면서 수요가 공급을 앞지르기 시작한 것이다. 이전까지만 하더라도 석유 물량이 남아돌아서 중동 지역에서 공급을 중단한다 해도 별다른 위협이 아니었지만, 1970년대 들어서는 공급 중단이 바로 공급 공백과 유가 폭등으로 이어질 수 있는 상황이었다. 이로 인해 자연스럽게 중동 지역은 석유 질서의 캐스팅보트 역할을 할 수 있게 되었고, 더 나아가 전 세계를 대상으로 자신들의 입장을 피력할 힘을 갖게 되었다.

1970년대 들어 서구 정유 회사와 산유국 사이의 수익 배분 원칙에 처음으로 반기를 든 사람이 나타났는데, 그가 바로 리비아의 무아마르 알 카다피Muammar al-Gaddafi다. 1969년부터 2011년까지 42년간 집권한 카다피는 미국계 정유 회사인 옥시덴탈로 하여금 자신의 요구를 들어주지 않으면 리비아에 있는 미국 정유 회사의 모든 자산을 국유화하겠다고 위협했다. 결국 옥시덴탈은 카다피의 요구를 수용했고 이를 지켜본 이란, 사우디아라비아 등도 연쇄적으로 그간의 부당한 수익 분배 원칙을 바로잡기 위해 협상을 시도했다.

이러한 중동 국가들의 반기로 1960년대까지만 하더라도 스탠더드오일, 쉘, BP, 텍사코, 걸프오일 등 영미권 정유 회사를 중심으로 움직이던 석유 산업의 무게추가 중동을 비롯한 여타 산유국의 기업으로 넘어가게 되었다.

종합해보면, 현재 중동 지역은 또 한 번의 기회 내지 위기에 놓인 듯하다. 전 세계 에너지 수급에 절대적인 비중을 차지하는 러시아에 대한 경제 제재와 탈의존 기조가 커질수록, 아랍에미리트연합을 비롯한 중동 지역 국가들의 영향력은 증가할 것이고 이들 국가의 국제적인 위상은 더욱 높아질 것이다.

한 청년의 꿈이 실현한 도시, 마카오

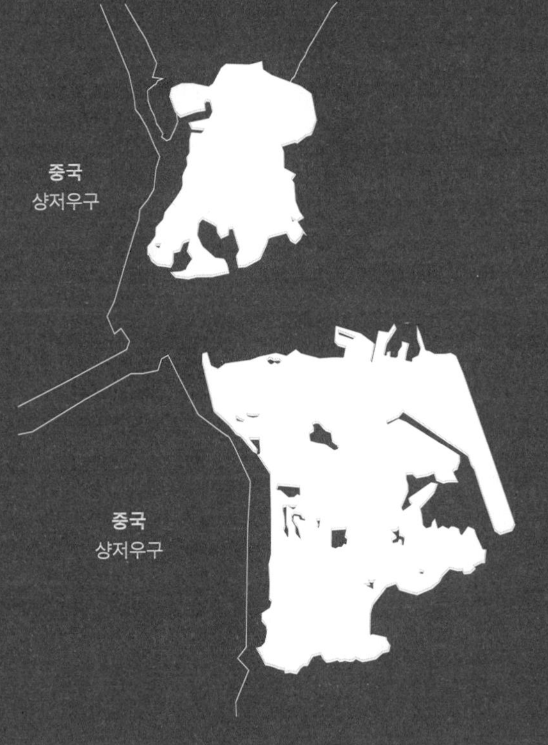

- ◆ 인구 ‖ 70만 4,149명(167위)
- ◆ 화폐 단위 ‖ 마카오 파타카(MOP, MOP$)
- ◆ GDP(2021) ‖ 301억 2,000만 달러
- ◆ GDP 성장률(2022) ‖ -26.8%
- ◆ 실업률(2022) ‖ 2.6%
- ◆ 물가상승률(2022) ‖ 1.0%
- ◆ 인터넷 사용 비율(인구 대비) ‖ 88%

세계 최대 도박의 도시하면 많은 사람이 라스베이거스Las Vegas를 떠올릴 것이다. 하지만 카지노를 비롯한 도박 관련 매출 규모로 볼 때, 라스베이거스보다 카지노 매출이 더 높은 도시가 마카오다. 마카오는 이미 2007년에 라스베이거스의 카지노 매출을 뛰어넘었다. 마카오에서 합법화된 도박은 카지노만 있는 것이 아니다. 경마, 경견競犬, 중국식 복권, 즉석 복권, 스포츠 복권(축구, 농구) 등이 정부로부터 정식 인가를 받았다. 마카오는 그야말로 전 세계 최대 규모 도박의 도시라 해도 과언이 아니다.

영국이 지배한 홍콩, 포르투갈이 지배한 마카오

마카오 반도가 전 세계인에게 알려진 것은 포르투갈 덕분이다. 마카오는 홍콩보다 300년이나 앞선 1540년대부터 포르투갈의 교역 기지이자 무역 거점 도시였다. 16세기 포르투갈 상인이 마카오에 도착한 이후부터 이곳은 유럽과 아시아를 잇는 해상 무역과 기독교 선교 활동을 위한 주요 거점으로 활용되어왔다. 포르투갈 상인들은 처음에는 배의 화물을 말린다는 구실로 명나라 관리에게 뇌물을 주고 체류하다가 아시아와 본격적인 교역을 시작한 뒤로는 거금을 주고 교역에 필요한 땅을 임대했다. 이후 매년 일정한 금액을 바치는 조건으로 포르투갈인의 마카오 체류는 공식적으로 허용되었다.

외국 국가의 상인이 자국의 땅을 사용하고 싶다고 해서 이를 선뜻 내주는 국가는 없다. 그럼에도 당시 명나라가 포르투갈인들에게 마카오 지역에 머물 수 있도록 허용해준 이유는 그들이 해적을 토벌하는 데 일조했기 때문이다. 명나라 역시 유럽의 국가들과 교역하면서 막대한 이익을 보고 있는 상황에서 이들이 해적까지 토벌하자 포르투갈인들에게 나름의 배려를 해준 것이다. 하지만 이러한 명나라의 조치는 결국 마카오가 300년 가까이 포르투갈령Portuguese Overseas Province으로 편입되는 빌미가 되고 만다.

포르투갈은 처음에는 마카오 지역을 점령할 생각이 없었다. 이미 합법적으로 이용할 수 있는 권한을 얻었을 뿐만 아니라 중국 정부도 크게 간섭하지 않았기 때문이다. 하지만 1840년 영국이 아편 전쟁에서 승리하면서 난징 조약을 통해 홍콩을 할양받은 것을 본 뒤에는 생각이 달라졌다. 영국이 홍콩을 점령한 것처럼 포르투갈도 마카오 지역을 점령하기로 결정한 것이다. 결국 포르투갈은 1887년 청나라로부터 마카오 통치권을 획득한다. 이때부터 1999년 12월 20일 마카오 주권이 중국에 반환될 때까지 마카오의 역사는 온전히 포르투갈이 결정해왔다. 어떤 의미에서는 할양 이후 홍콩이 영국으로부터 받은 영향보다 마카오가 포르투갈로부터 받은 영향이 훨씬 더 컸다. 영국은 홍콩인들에게 완전한 영국 시민 권full citizenship을 부여하는 데 인색했지만 포르투갈은 달랐다. 포르투갈은 20~30만 명의 마카오인들에게 완전한 포르투갈 시민권을 부여했다. 포르투갈이 비교적 쉽게 시민권을 부여할 수 있었던 것은 포르투갈이 이중 국적을 허용했기 때문이다.

홍콩과 마카오의 각기 다른 시민권 정책은 훗날 중국 본토와의 관계에도 큰 차이를 만든다. 중국 정부는 홍콩과 마카오가 중국에 반환된 뒤에도 '일국양제一國兩制'의 원칙 아래 운영하겠다고 천명했지만 점차 중국 본토의 가치관과 정책 기조를 강요하기 시작했다. 이 과정에서 많은 홍콩인은 대규모 시위로 항의했지만 마카오에서는 좀처럼 커다란 소요가 일어나지 않았다. 이것은 이미 마카오 사람 중 상당수가 포르투갈 국적을 취했기 때문이다. 2009년 '마카오특구 기본법 제23조'에 따른 국가안전유지법이 발효되면서 마카오는 정치적으로 친중국화되는 추세이며, 경제적으로도 중국 본토에 점점 더 의존하고 있다.

마카오는 어떻게 카지노의 도시가 되었을까?

그렇다면 마카오를 오늘날처럼 카지노의 도시로 만든 건 포르투갈과 중국 중 어디일까? 정답은 포르투갈이다. 포르투갈 정부의 정책적 허용과 더불어 부자가 되겠다고 마음먹은 한 청년의 추진력이 마카오를 카지노의 도시로 만들었다.

먼저 포르투갈이 마카오를 카지노의 도시로 개발하게 된 이유는 무역항으로서의 활용 가치가 점점 낮아졌기 때문이다. 1840년대에 영국이 난징 조약으로 홍콩섬을 지배한 이후 아시아 교역은 홍콩을 중심으로 전개되기 시작했다. 특히 영국은 18세기부터 19세기까지 전 세계 최강국의 지위를 유지하면서 막대한 교역량을 자랑했다. 이에 반해 포르투갈은 점점 국력이 약해진 데다 아시아 지역보다는 중남미를 중심으로 교역을 늘렸다. 마카오는 점차 쇠퇴했고, 그나마 마카오를 거점 항구로 이용했던 무역 상인조차 점차 마카오와 인접한 홍콩을 선호하게 되었다. 포르투갈 정부는 마카오를 활용할 대안을 찾았고, 이때 도박을 합법화하는 과감한 결정을 내렸다.

당시 포르투갈이 도박에 주목한 이유는 자연스러운 일이기도 했다. 이미 마카오는 매춘과 마약의 소굴로 악명을 날렸기 때문이다. 교역 거점 역할을 홍콩에 빼앗긴 뒤에 마카오에서 먹고 살 수 있는 방편이 확연히 줄었고 결국 갱들에 의한 매춘과 마약이 성행했다. 상황이 계속 악화하자 마카오 정부는 마카오 경제를 살리면서도 매춘과 마약 문제를 다룰 수 있는 새로운 산업이 필요하다고 생각했다. 더구나 포르투갈 본국의 경쟁력도 약화되고 있는 추세라, 포르투갈에 지구 반대편에 있는 마카오를 육성하기 위한 자금을 요구하는 것도 어려웠다. 이처럼 마카오에 대규모 투자를 감행하기 어려운 상황에서 남들이 주목하지 않는 산업을 찾다 보니 카지노가 떠오른 것이다. 포르투갈 정부는 1934년부터 카지노 산업을 본격적으로 육성했고, 당시 카지노 산업권을 '타이킹Tai King' 사에 독점으로 넘겼다.

마카오 카지노의 전설, 스탠리 호

카지노 도시 마카오를 설명할 때 빼놓을 수 없는 인물이 하나 있다. 바로 스탠리 호Stanley Ho 회장이다. 1921년생인 스탠리 호는 오늘날의 마카오를 만들어낸 인물이라 해도 과언이 아니다. 스탠리 호는 명문 가문 출신으로 유복한 환경에서 성장했다. 그의 증조부는 네덜란드계 유대인으로 아시아와 유럽 간의 교역에서 많은 부를 축척했다. 스탠리 호의 조부는 청나라 말기 홍콩 5대 상인에 포함될 정도였다. 이렇게 유복한 가정에서 태어났지만 스탠리 호의 유년 시절은 하루아침에 바뀌고 만다. 스탠리 호가 13살이 되던 해 그의 아버지가 주식 투자 실패로 큰 빚을 지게 되었다. 아버지는 베트남으로 도망쳤고, 절망한 두 형은 자살했으며 어머니 역시 전당포를 전전하며 간신히 생계를 유지했다.

당시 중학생이었던 스탠리 호는 썩은 치아를 치료하기 위해 평소 아버지의 도움을 많이 받았던 친척을 찾아가 치료비를 부탁했지만 그들은 스탠리 호의 부탁을 단칼에 거절한다. 이러한 냉대를 당하고 단 1센트가 없어 버스에서 강제로 하차당하는 수모까지 경험한 스탠리 호는 어린 시절 당시의 상황이 세상이 얼마나 엄혹한

1971년 8월 17일 파샨 Fatshan 여객선이 태풍으로 침몰한 이후,
스탠리 호가 그 승객의 가족들과 얘기를 나누고 있다.

것인지를 깨닫게 하는 자양분이 되었다고 스스로 말한 바 있다.

스탠리 호는 지독한 가난 속에서도 열심히 공부해 홍콩대학교에 진학했다. 하지만 중일 전쟁으로 홍콩이 전란에 휩싸이자 학교를 마치지 못하고 마카오로 향했다. 어쩔 수 없이 스탠리 호는 마카오에서 바로 일을 찾았고, 일본계 무역 회사에 취직했다.

스탠리 호는 빼어난 외모를 가졌는데, 특히 젊은 시절의 스탠리 호는 유덕화劉德華, 류더화 장국영張國榮, 장궈룽과 같은 홍콩 유명 영화배우와 비교해도 결코 뒤지지 않는 수준이었다. 이러한 외모 때문에 취직한 일본 무역 회사 사장의 눈에 바로 들었다. 뛰어난 외모만이 아니라 영어도 유창했고, 머리가 비상해 거래처 전화번호를 거의 대부분 외울 정도였다. 그뿐만 아니라 전쟁 통에도 목숨을 걸고 교역품을 수입해 오는 배짱도 갖춘 인물이었다. 이런 능력을 인정받아 사장의 비서로 발탁된 그는 비서실에서도 탁월한 능력을 발휘해 초고속 승진을 거듭했고, 취직 2년 만에 최고경영자의 자리에 올라 특별 상여금으로 100만 달러를 받기에 이른다. 이렇게 사업을 위한 초기 자금을 확보한 스탠리 호는 방직업과 건설업을 연이어 설립해 몇 년 만에 1,000만 달러의 부를 쥐게 된다. 사회생활 10년 만에 부유했던 어린 시절의 재력을 다시 거머쥔 것이다.

마카오에서 막대한 부를 축척한 스탠리 호는 다시 홍콩으로 돌아갈 수밖에 없었다. 스탠리 호라는 인물이 마카오에 와서 단기간에 어마어마한 돈을 벌었다는 소식이 갱들의 귀에 들어가면서 갱들의 노골적인 견제가 심해진 탓이었다. 1953년 떠밀리는 듯 홍콩으로 돌아온 스탠리 호는 마카오에서 벌어들인 수익으로 홍콩 부동산에 투자해 더 큰 부자가 된다. 홍콩이 지금도 세계에서 부동산이 가장 비싼 도시라는 사실만 보더라도 당시 스탠리 호가 부동산 투자를 통해 얼마나 거액의 수익을 거뒀을지를 미루어 짐작할 수 있다.

홍콩의 거부로 성장한 스탠리 호에게 일생일대 최고의 기회가 찾아온다. 1962년 마카오에서 카지노 독점 사업권을 가지고 있던 타이킹의 후탁얌Fu TakYam 회장이 사망한 것이다. 카지노 사업권을 운영할 후임자를 찾던 마카오 정부는 스탠리 호를 주목했다. 스탠리 호는 마카오에서 사업을 하던 당시부터 정관계 인사들과 빈번하게 교류하던 터였기에 스탠리 호의 사업 수완은 이미 검증된 것이나 다름없었다. 또한 막대한 재력을 갖춘 인물이었기 때문에 사업권을 획득함과 동시에 다양한 신규 투자를 감행할 수 있을 거란 기대도 있었다.

이후 우리가 알고 있는 마카오를 스탠리 호가 만들어낸다. 스탠리 호는 포르투갈 정부로부터 넘겨받은 카지노 사업권을 바탕으로 마카오를 세계 최대의 카지노 도시로 탈바꿈하려고 노력해나간다. 가장 먼저 기존 카지노 사업장의 게임은 종류가 단순해 많은 고객을 유치하기 어렵다고 판단하고 유럽식 인기 게임인 룰렛과 블랙잭을 도입했다. 그리고 고객들이 마카오에 장기간 머물며 카지노를 즐길 수 있도록 카지노호텔을 착공했다.

당시 스탠리 호가 세운 리스보아 카지노호텔은 지금도 마카오의 명소 중 하나다. 마카오 관광객들은 여전히 리스보아 카지노호텔 앞에 모여 사진을 찍는다. 리스보아 카지노호텔은 연꽃 모양을 본떠 만든 거대한 황금색 건물이다. 지금이야 더 높은 빌딩과 눈에 띄는 카지노 건물이 많지만 당시로서는 엄청난 높이였던 228m의 건물로 마카오 어디에서도 쉽게 눈에 띄는, 그야말로 랜드마크였다. 리스보아 카지노호텔은 스탠리 호를 마카오 카지노의 대부로 만들어주었다. 당시 마카오에 현대식 시설물이 전무한 상태에서 카지노 고객 전부를 감당할 수준의 초대형 호텔을 건립한 것이다. 스탠리 호는 왜 당시 마카오의 규모를 훨씬 뛰어넘는 투자를 감행한 걸까?

리스보아 호텔은 마카오의 스카이라인을 완성하는 독보적인 디자인을 자랑한다.

압도적인 랜드마크가 필요한 이유

이를 설명하기 위해 내 경험을 먼저 소개한다. 한적한 지방의 소도시를 방문할 때면 한 가지 특이한 점을 발견하는데, 해당 도시의 규모에 비해 현격히 큰 대형 마트나 할인 마트가 들어선 것이다. 물론 소도시에 있는 대형 마트의 절대적인 크기는 서울에 있는 대형 마트보다는 그 규모가 작다. 하지만 해당 소도시 지역의 거주자나 마트 이용자의 규모를 고려해보면, 소도시에 위치한 대형 마트의 규모는 서울 지역의 대형 마트를 뛰어넘는 경우도 있다.

왜 이러한 현상이 생기는 걸까? 해당 지역의 시장 규모를 잘못 파악한 경영자의 오판 때문일까? 아니면 상대적으로 이용자 수가 적어 일어나는 착시 현상일까? 정확하게 보려면 지방 소재 대형 마트와 서울 소재 대형 마트의 이용자 1인당 매장 면적을 비교할 수 있는 통계 자료라든가 인근 거주자 수 대비 매장 면적 등에 대한 정확한 통계가 필요하다. 하지만 아쉽게도 이와 관련된 구체적인 통계치를 찾기는 힘들었다.

하지만 우리는 세계 최대 규모의 대형 마트인 월마트도 미국 남부에 위치한 작은 도시인 아칸소 주에서 출발한 회사라는 사실을 안다. 물론 최근에는 도심지 내지 상업 지구에 위치한 월마트도 쉽게 찾을 수 있지만 이는 월마트가 소도시에 대규모 매장을 운영해 전 세계 1위 마트가 된 이후에 형성된 매장들이다. 월마트는 애초에 소도시를 중심으로 성장해왔다. 일본의 최대 리테일 회사 이온 그룹도 마찬가지다. 이온 그룹의 명예회장 오카다 타쿠야는 "도심지에는 작은 매장을 운영해야 하고, 교외 지역에서는 대형 매장을 운영해야 한다"고 역설한 바 있다. 더 나아가 "늑대가 나올 것 같은 외진 곳에 오히려 초대형 매장을 운영해야 한다"라는 경영 지침을 직원들에게 제시하기도 했다. 교외 지역에서 그 지역 규모에 비해 거대한 대형 마트를 운영하는 것이 결코 우연은 아닌 것이다.

그렇다면 월마트와 이온 그룹이 작은 도시에서 더 거대한 규모의 할인 마트를 운영하는 이유는 뭘까? 결론부터 말하자면, 해당 지역에 대규모 마트를 건설해 신규 경쟁 기업의 진입을 막고 이를 통해 안정적인 이윤을 확보하려는 전략적 판단 때문이다. 누군가 소도시에서 작은 할인 마트를 운영하고 있다고 가정해보자. 작은 규모의 할인 마트는 같은 지역에서 신규 경쟁자와 부딪칠 가능성이 크다. 기존에 운영되던 마트가 작기 때문에 신규 사업자가 새로운 마트를 열어도 공존할 수 있다고 판단하기 때문이다. 하지만 신규 마트가 해당 지역에 입점하면, 두 회사 모두 가격 경쟁을 해야 하는 상황에 놓여 이익률이나 마진율이 떨어지는 걸 피할 수 없다. 심지어 경쟁 기업이 해당 지역에 자신의 마트와는 비교도 안 되는 대규모 마트를 세우면, 오히려 기존 사업자가 물러나야 하는 상황에 처할 수도 있다. 다시 말해, 소도시에서 해당 도시에 적합한 소규모 마트를 운영할 경우 다양한 위험 요인에 직면하게 된다. 이는 어중간한 규모의 마트를 운영해도 마찬가지다.

하지만 초대형 마트를 운영한다면 상황이 달라진다. 기존에 들어선 대형 마트의 규모가 해당 도시의 규모를 고려할 때 이미 과잉 투자된 경우, 경쟁 기업이 해당 시장에 선뜻 뛰어들기 어려워진다. 물론 경쟁 기업이 해당 시장에 진출하기 위해 기존 마트보다도 더 큰 규모의 마트를 건설할 수는 있다. 하지만 이렇게 해서 기존의 대형 마트를 밀어내는 데 성공했다 하더라도 이미 해당 시장의 규모에 비해 너무 큰 마트를 건설하면 이익률이 현격히 떨어지는 현상에 직면한다. 따라서 기존에 대규모 마트가 들어선 소도시에는 신규 기업의 진입이 어려워지는 것이다. 결국 소도시에 대형 마트를 건설하면, 경쟁 기업의 진입을 막을 수 있는 효과를 거둘 수 있다. 설령 과잉 투자로 인해 당장의 이익은 다소 떨어질 수 있지만 해당 지역에 다른 경쟁자가 들어오지 못하기 때문에 장기적으로는 안정적인 수익을 얻을 수 있게 된다.

경제학에서는 이처럼 선택할 수 있는 다양한 가능성을 미리 차단해 상대방을 압박하고 이를 통해 이윤을 추구하는 방식을 전략적 공약strategic commitment이라고 부른다. 일반적으로 우리는 우리가 선택할 수 있는 폭과 범위가 넓을수록 보다 높은 만족 내지 이익을 얻을 수 있다. 다시 말해 상황에 따라서 자신이 다양한 전술적인 결정tactical decision을 내릴 수 있을 때 더욱 유리하다. 하지만 나의 만족이나 이익 구조가 상대방의 의사결정에 따라 달라지는 상황에서는 그렇지 않다. 이 경우에는 오히려 내가 선택할 수 있는 범위와 폭을 일부러 제거함으로써 오히려 더 큰 만족과 이익을 얻게 되는 경우가 있는데, 이것이 전략적 공약이다.

소도시의 대형 할인 마트는 전략적 공약에 따른 선택이다. 소도시에 작은 규모의 마트를 운영할 때는 다양한 선택이 가능하다. 해당 지역의 상황이 여의치 않을 경우 쉽게 철수할 수도 있으며, 매장 위치도 쉽게 바꿀 수 있다. 즉 다양한 선택권을 줄 수 있다. 하지만 앞서 설명한 바와 같이 선택권이 많을수록 오히려 이익 구조는 불리해진다. 반면, 대규모의 시설 투자를 감행해 해당 지역에서 철수하기도 어렵고 이동하기도 어려운 상황을 스스로 자초할 경우에는 상황이 달라진다. 대규모 투자로 경쟁 기업의 진입을 저지해 보다 쾌적한 경영 환경을 조성할 수 있기 때문이다.

필요 이상의 과잉 투자나 설비 투자로 경쟁 기업의 진입을 막아 안정적으로 수익을 창출하는 전략적 공약은 비단 할인 마트 분야에서만 목격되는 일은 아니다. 대규모 시설 투자를 요하는 철강업, 석유화학, 정보통신 산업 등에서도 이와 같은 전략으로 경쟁 기업의 진입을 어렵게 만드는 것을 쉽게 목격할 수 있다.

리스보아 호텔 역시 동일한 효과를 노린 것이다. 스탠리 호는 당시 마카오 카지노 산업을 훨씬 뛰어넘는 규모로 리스보아 호텔을 건립한다. 이는 다른 경쟁자로 하여금 추가 투자를 막는 효과를 가져다주었을 뿐만 아니라 포르투갈 관료들에게 신뢰도 심어주었다. 호텔 명칭이 리스보아인 것도 그 이유였는데, 리스보아는 포르투갈의 수도 리스본의 포르투갈식 발음이다. 호텔 이름을 리스보아로 지어 포르투갈 관료들의 마음까지 사로잡은 것이다.

리스보아 호텔을 시장 규모보다 크게 지었다고 해서, 관료들의 환심을 사는 목적으로 호텔 이름을 지었다고 해서 스탠리 호가 상업성을 포기한 것은 결코 아니다. 그는 뼛속까지 장사꾼이다. 스탠리 호의 리스보아 호텔 본관 구조를 보면 남다른 모양임을 쉽게 알 수 있다. 독특한 풍수적 의미를 담아 설계했기 때문이다.

먼저 객실 창문은 물고기를 잡는 문양이다. 호텔에 투숙한 카지노 이용자들을 물고기로 생각하고 자신이 쳐놓은 그물에 가둔 모습을 형상화한 것이다. 엘리베이터로 연결되는 곳은 둥그런 형태로 이는 새장을 형상화했다. 이 역시 리스보아 호텔의 카지노를 방문한 고객들이 새장의 새가 털이 다 빠질 때까지 갇혀 있는 것처럼 카지노에 갇혀 돈을 다 털리고 가라는 풍수적 의미라고 한다.

리스보아 호텔을 개업하면서 스탠리 호가 품었던 꿈은 실현된 듯하다. 실제 마카오를 방문한 모든 관광객이 그의 호주머니를 불려줬기 때문이다. 때마침 대만과 홍콩, 싱가포르 모두 고도 성장을 누리고 있을 때라 마카오에서 거액을 탕진할 손님들은 매년 늘어났다. 그 결과 한때 스탠리 호가 낸 세금이 마카오 총 세입의 절반에 달하기도 했다. 2011년 1월 포브스가 발표한 자료에 따르면, 스탠리 호의 재산은 31억 달러(약 5,200억 원)로 홍콩·마카오의 13번째 부자로 이름을 올렸다. 마카오 카지노 사업권으로 막대한 자산을 축적한 스탠리 호는 자신의 재산 중 일부를 다시 마카오에 투자했다. 마카오의 대표적인 조형물인 마카오 타워나 우의대교는 스탠리 호가 정부에 기부 체납해 건립한 것들이다. 마카오 공항 지분의 3분의 1 역시 스탠리 호 회사의 소유다.

이 즈음되면 마카오는 스탠리 호의 사설 도시가 되었다 해도 과언이 아니다. 마카오 주민들은 "마카오의 낮을 지배하는 것은 포르투갈이지만 마카오의 밤을 지배하는 것은 스탠리 호다"라고 표현할 정도였다. 이미 포르투갈 정부로부터 카지노 40년 독점 운영권을 따낸 상태라 스탠리 호가 카지노 사업을 접고 다른 일을 하면 마카오 정부로서도 들어오는 세금이 줄어드니 이를 반길 리도 없다.

중국 반환 이후 마카오의 미래

하지만 스탠리 호의 위상도 마카오가 중국에 반환된 뒤부터는 조금씩 바뀌기 시작했다. 초기에는 수많은 중국인이 자유롭게 마카오를 넘나들 수 있게 되어 스탠리 호의 사업도 더더욱 번창했다. 경제 성장으로 막대한 부를 거머쥔 중국인들이 마카오로 넘어와 재산을 탕진하기 시작한 것이다. 그런데 이를 보던 중국 정부는 결국 마카오의 카지노 사업에 손을 대기 시작했다. 가장 먼저 카지노 시장을 개방했는데 스탠리 호의 독점을 깨고 글로벌 카지노 업계가 마카오에서 사업을 할 수 있게 한 것이다. 이 과정에서 자연스럽게 스탠리 호의 영향력은 점점 줄어들었다.

스탠리 호는 2020년 노환으로 사망할 때까지 화려하기 그지없는 삶을 살다 갔다. 그는 살아생전 총 네 명의 부인과 17명의 자녀를 두었다. 아시아 최고 부자이자 훌륭한 외모를 갖춘 인물이었기에 수많은 여자가 그를 따랐다고 한다. 자신의 자녀를 낳은 여성만 아내로 인정했다고 할 정도로 여성 편력도 많았던 스탠리 호지만 정작 그가 절대 하지 않았던 것이 하나 있는데, 바로 '도박'이었다. 카지노 황제가 도박을 멀리했다는 사실은 의미하는 바가 적지 않다. 이처럼 화려한 인생을 살아간 스탠리 호의 일대기는 영화로도 만들어졌는데, 지난 2009년 개봉한 홍콩 영화 〈라스트 프로포즈〉는 스탠리 호의 실제 러브스토리를 모티브로 삼았다.

아직도 마카오는 중국에서 유일하게 카지노 산업이 합법화된 지역이며, 카지노 산업은 마카오 총 세수에서 약 85%의 비중을 차지할 만큼 절대적이다. 마카오 정부의 전체 재정 기여도 측면에서도 80% 이상을 차지하며, 고용 측면에서도 마카오 인구의 20% 이상이 카지노 산업에 종사한다. 이렇게 카지노 산업에 의존하는 마카오는 세계 경기 사이클과 투자 분위기에 따라 경기가 크게 요동치는 한계가 있다. 이 때문에 중국 정부는 마카오를 단순히 카지노 산업을 넘어 관광 및 MICE 산업(부가가치가 큰 복합전시 산업으로서, Meeting, Incentives, Exhibition, Convetion의 첫 글자를 따서 만든 표현이다) 핵심 도시로 육성하기 위해 노력 중으로 우리나라 킨텍스의 1.4배 규모인 '베네치안 전시장'을 건설해 컨벤션 산업도 적극 추진하고 있다.

카지노의 도시 마카오의 미래는 앞으로 어떻게 바뀔지, 스탠리 호와 같은 또 다른 기업가가 나타나 새로운 청사진을 그릴지 지켜볼 일이다.

작은 나라 네덜란드가
세계 수출 2위 하는 법

- ◆ **인구** ǁ 1,761만 8,299명(72위)
- ◆ **화폐 단위** ǁ 유로(EUR, €)
- ◆ **GDP(2023)** ǁ 1조 808억 8,000만 달러(17위)
- ◆ **GDP 성장률(2022)** ǁ 4.5%
- ◆ **실업률(2022)** ǁ 3.5%
- ◆ **물가상승률(2022)** ǁ 10.0%
- ◆ **인터넷 사용 비율(인구 대비)** ǁ 92%

네덜란드 하면 보통 먼저 떠올리는 것은 '농업'이다. 풍차의 나라, 튤립으로 대표되는 원예 강국 이미지가 워낙 강하기 때문이다. 최근 들어서는 스마트팜 기술을 선도하는 국가로 알려져 있기도 하다. 통계상으로 보면 맞는 말이다. 네덜란드는 세계 2위의 농산물 수출국이기 때문이다. 하지만 네덜란드의 속살을 자세히 들여다보면 '농업의 나라'라는 말에 고개가 갸우뚱해질 수 있다. 사실 네덜란드를 설명하는 가장 적합한 단어는, '상인의 나라'다.

상인들의 불만이 독립으로 이어지다

네덜란드는 건국 당시부터 상인의 영향력이 큰 나라였다. 16세기 초반만 해도 스페인을 통치한 합스부르크Habsburg 왕가의 지배 아래 있었는데, 스페인과 네덜란드는 지리적으로는 상당히 떨어져 있어 네덜란드가 나름의 자율성을 발휘할 수 있었다. 더구나 합스부르크 제국이 17개로 나뉘어 있어 각 지역의 상인과 귀족에게 주어진 독자적인 권한이 적지 않았다.

특히 정치·국방·외교보다 경제 활동의 자율성이 더 크게 보장됐다. 네덜란드 상인들이 유럽 전역을 대상으로 상업 활동을 전개할 수 있었던 이유도 여기에 있다. 당시 네덜란드는 유럽 각지를 대상으로 한 중개무역으로 커다란 이익을 거뒀는데, 북유럽 국가들과 영국 그리고 남유럽 국가 사이에 위치한 지리적 이점을 십분 활용한 것이다.

하지만 카를 5세Karl V가 스페인 왕으로 등극하면서 상황은 크게 달라진다. 프랑스를 견제하기 위해 막대한 자금이 필요했던 카를 5세는 자신의 고향인 네덜란드 상인들의 경제력을 누구보다 잘 알고 있었기에 이들의 경제적 풍요를 활용했다.

카를 5세는 네덜란드에 대한 통치력을 강화하기 위해 개신교를 탄압하고 가톨릭을 강요하기 시작했다. 신성 로마 제국 황제를 겸하고 있던 카를 5세 입장에서는 자신의 지지 기반이 가톨릭이었기에 지극히 당연한 선택이었다. 하지만 이는 개신교도가 대부분인 네덜란드 상인들에게 커다란 반감을 샀고, 네덜란드 독립의 서막을 울리는 계기가 되었다.

카를 5세가 사망하고 펠리페 2세Felipe II가 즉위하자 네덜란드의 상황은 급변한다. 스페인의 펠리페 2세는 1559년 프랑스와 조약을 맺고 그간의 적대적인 관계를 청산한다. 프랑스를 견제하기 위해 관리해온 네덜란드 지역에서 발을 빼는 정책도 시행했다. 사실 스페인이 프랑스 북부에 있는 네덜란드를 통치한 이유는 유사시 프랑스 북부 지역에 접한 네덜란드와 함께 프랑스를 동시에 공략하기 위해서였다. 하지만 프랑스와의 관계가 원만해지면서 막대한 돈을 들여 네덜란드에 군대를 주둔할 이유가 없어졌다.

네덜란드에서 대규모 군대가 철수했지만 스페인의 경제적·종교적 탄압은 도리어 강화됐고, 네덜란드 상인들의 불만은 결국 폭발했다. 1567년 네덜란드에서는 스페인 지배에 반발하는 반란이 일어났다. 유럽 각국을 대상으로 교역을 해온 네덜란드 상인들의 경제력과 자립에 대한 열정이 네덜란드 독립의 시발점이 된 것이다.

중개무역을 발판으로 '농업 강국'이 되다

사실 네덜란드가 '농업 강국'으로 칭송받은 이유도 '농민'이 아니라 '상인'들 덕분이었다. 네덜란드 국토 면적은 남한의 40% 수준으로 경상남북도를 합친 규모에 불과한데, 미국과 함께 세계 양대 농산물 수출국이 된 것이다. 네덜란드 농업을 자세히 들여다보면 다른 국가와 구별되는 특징이 있다. 네덜란드 농업은 중개무역을 기반으로 이뤄진다. 농산물을 직접 재배해서 수출하기보다는 여타 국가로부터 농산물을 수입해서 이를 분류, 가공해 필요한 국가에 다시 수출하는 식이다.

대표적인 사례가 카카오다. 네덜란드는 코트디부아르에 이어 세계 2위 카카오 가공 수출국이다. 그런데 정작 네덜란드에서는 카카오가 단 1톤도 생산되지 않는다. 전량 수입에 의존하는 것이다. 2019년 네덜란드 통계청CBS 자료에 따르면, 네덜란드는 가공하

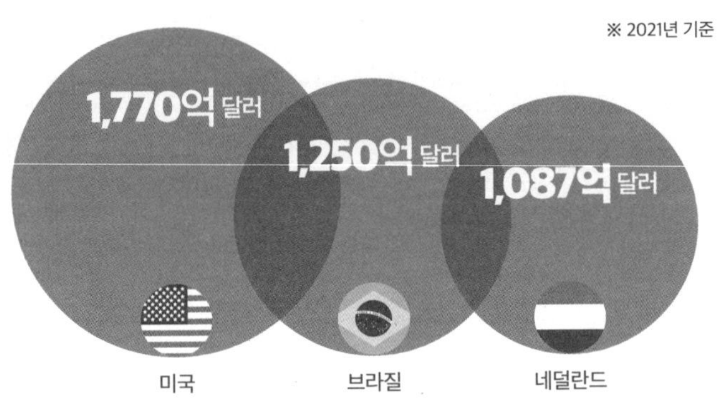

지 않은 카카오를 총 11억kg을 수입해 전 세계에서 가장 카카오 콩cocoa beans을 많이 수입하는 국가에 올랐다. 금액으로 따지면 2조 7,000억 원 정도다. 이렇게 들여온 카카오 중 4분의 1은 별도 가공 없이 곧바로 제3국에 재판매하고 나머지는 파우더와 버터 등으로 가공해 다시 해외에 수출하고 있다.

이 같은 중개무역 형태의 농업은 네덜란드 상인들의 아이디어였을 것으로 추정된다. 아메리카 대륙에서 카카오콩을 발견한 17세기 네덜란드 상인들은 자신들이 직접 재배하기보다는 식민지에서 생산한 뒤 유럽의 다른 국가로 수출하는 것이 더 나은 방식이라는 점을 누구보다 잘 알고 있었다. 이때부터 네덜란드는 카카오 무역에 뛰어들었고, 오늘날 전 세계 카카오 원두의 30%를 수입하는 최대 수입국이 됐다.

물론 전 세계를 다니며 교역 품목을 찾고 있는 네덜란드 상인들의 눈에 카카오만 보이진 않았을 것이다. 네덜란드 수출 농산물 중 가장 많은 비중을 차지하는 담배의 경우 수출량은 89만 톤인데 비해 잎담배 수입량은 120만 톤이나 된다. 담배 수출 실적은 전적으로 수입한 잎담배를 가공해 나오는 것이다. 커피 부문에서도 네덜란드는 세계 5위의 수입국이다. 튤립 등 네덜란드 농업을 상징하는 원예 분야도 예외는 아닌데, 직접 재배하는 장미보다 더 많은 양의 장미를 이웃 유럽 국가에 수출한다. 이 역시 수출하는 장미의 상당수를 해외에서 수입해서 다시 수출하고 있음을 보여준다.

농산물 수출 지역도 갈수록 다변화하는 추세다. 원래 네덜란드의 농업품을 수입하는 나라는 대부분 유럽 국가였다. 인접 국가인 독일이 전체 수출액의 25%를 차지했으며, 벨기에가 11%, 영국과 프랑스가 각각 9%와 8%를 차지하는 등 유럽 국가를 대상으로 한 수출이 76%이었으나 최근에는 중국 등 아시아 지역 수출이 크게 늘고 있다.

작지만 작지 않은, 세계 6위 교역국

농업 강국 네덜란드는 몇 년 사이에 더욱 진일보하고 있다. 농산물을 바탕으로 한 고부가가치 사업인 바이오매스, 생명과학, 농식품 산업을 육성하는 데 역점을 두고 있는데, 대표적으로 해조류에서 바이오 연료를 추출하는 바이오매스 산업을 국가 차원에서 육성하고 있다. 이미 2019년 신재생에너지를 통한 전력 생산 중 바이오

매스가 차지하는 비중이 26% 수준까지 늘었다. 또한 농산물에서 추출한 원료를 바탕으로 한 생명과학 산업, 정보통신 기술을 활용한 농업 재배 시스템 구축 등 다양한 고부가가치 산업에도 집중 투자하고 있다.

그런데 이런 고부가가치 산업에서도 다른 국가가 생산한 농산물을 가져다 가공해 다시 판매하는 방식을 고수하고 있다. 농업이 고도화되는 과정에서도 네덜란드만의 '상인 기질'을 그대로 적용하는 것이다. 이러한 일련의 성과들로 현재 네덜란드 10대 수출 품목들은 농산물이 아니라 이를 가공한 의약품, 백신 등으로 채워져 있다.

네덜란드를 설명하는 '상인'이라는 키워드는 문화적인 측면에도 적용된다. 네덜란드는 개방적·관용적 문화로 유명한데, 다른 나라에서는 불법으로 치부되는 것들이 네덜란드에서는 허용되는 경우가 많다. 이 역시 전 세계를 떠돌아다니며 교역을 한 상인의 특성에서 그 이유를 찾아볼 수 있다. 자신들의 고유 문화나 가치가 결코 절대적인 것이 아니라 여러 문화 중 하나일 뿐이라는 점을, 직접 보고 느꼈기 때문일 것이다. 상대방을 인정하고 이해하려는 태도가 교역을 원활하게 수행하기 위한 선결 조건이라는 점도 무시할 수 없는 배경으로 꼽힌다.

네덜란드는 최근 들어 또 다른 도약의 기회를 맞이하고 있다. '브렉시트'로 인해 영국에 자리 잡고 있던 기업 중 상당수가 네덜란드로 옮기고 있기 때문이다. 과거에는 많은 글로벌 기업이 영어권 국가인 영국에 사무실을 두고 유럽연합을 대상으로 사업을 해왔다. 하지만 영국이 유럽연합에서 탈퇴하면서 더 이상 관세 절감, 통상 규제 완화 등의 혜택을 기대하기 어려워지자 새로운 대안으로 네덜란드를 택한 것이다. 대표적으로 소니, 파나소닉과 같은 일본 가전 회사들이 영국 사무실을 철수 내지 축소하고 네덜란드에 새로운 사무실을 열었다. 블룸버그나 디스커버리 등의 미디어 그룹도 영국에서 네덜란드로 이전을 마쳤다.

네덜란드 특유의 상인 기질에 대외 환경 변화까지 맞물리며 네덜란드는 앞으로도 세계 최고의 교역국이라는 위상을 이어갈 것으로 보인다. 여전히 네덜란드 반경 1,000km 이내에는 2억 5,000만 명의 가장 부유한 소비층이 인접하고 있다. 또한 나라를 대표하는 로테르담 항구는 유럽 1위, 세계 10위의 물류량을 자랑한다. 네덜란드의 영토는 작지만 교역량과 수출액은 세계 6위에 해당하는 결코 작지 않은 국가다. 네덜란드 상인들이 또 어디서 어떤 물건을 가져와 누구에게 판매할지, 흥미롭게 지켜봐야 하는 이유다.

스위스, 강대국 사이에서의 생존 전략

- ◆ 인구 ‖ 879만 6,669명(101위)
- ◆ 화폐 단위 ‖ 스위스 프랑(CHF, Fr)
- ◆ GDP(2023) ‖ 8,696억 100만 달러(20위)
- ◆ GDP 성장률(2022) ‖ 2.1%
- ◆ 실업률(2022) ‖ 4.2%
- ◆ 물가상승률(2022) ‖ 2.8%
- ◆ 인터넷 사용 비율(인구 대비) ‖ 96%

최근 4~5년 동안 전 세계 경제에 커다란 영향을 미친 요인으로 크게 두 가지를 꼽을 수 있다. '코로나19' 사태와 '미중 갈등'이 그것이다. 코로나19 유행은 어느 정도 일단락되었으나 미중 갈등은 이제 본격화하기 시작한 이슈로 향후 10~20년 가까이 우리 경제에 지대한 영향을 미칠 것으로 예상된다. 이 과정에서 우리나라가 미국과 중국이라는 두 강대국 사이에서 어떤 전략적 태도를 취해야 하는지를 두고 많은 고민이 있는 것이 사실이다. 이런 상황에서 '스위스'의 역사는 우리에게 적지 않은 힌트를 제공해준다.

스위스의 저력은 개방적인 사회 구조

스위스는 평화로운 자연 경관과는 달리, 끊임없는 외침에 시달려야 했던 굴곡진 역사를 갖고 있다. 스위스의 직계 조상은 켈트족의 일족인 헬베티아인들이다. 헬베티아인들이 지금의 스위스 땅에 자리 잡은 시기는 기원전 15세기경으로 독일 남부 지역에서 내려와 스위스 중부 고원 지대에 거주하면서 스위스 근간을 마련했다. 이후 헬베티아인들은 기원전 58년에 로마 제국에 흡수되어 서기 400여 년까지 로마 제국의 지배를 받았다. 455년 게르만 민족의 대이동 때는 헬베티아인 이외의 다양한 인종이 스위스 지역으로 들어왔는데, 알레마니족이 스위스 북부, 로마화된 부르군트족이 서부, 랑고바르트족이 남부에 각각 정착한다. 오늘날 스위스가 독일어, 프랑스어, 이탈리아어를 공용어로 사용하게 된 것도 이때부터다. 이후에도 스위스는 계속해서 외침에 시달린다. 6세기에는 프랑크 제국에 다시 흡수되었고, 9~12세기에는 신성 로마 제국의 통치하에 있었으며, 신성 로마 제국의 통치에서 벗어난 후에는 합스부르크 왕가의 통치를 받게 된다.

스위스가 이처럼 많은 나라에 점령당한 이유는 지리적 요충지이기 때문이다. 이탈리아 반도에서 유럽 대륙으로 나아가기 위해서는 스위스를 거쳐야 하고, 반대로 독일에서 남부로 향하는 교역 통로 역시 스위스를 지나가야 한다. 따라서 스위스를 장악하면 당시 교역에 있어 유리한 위치를 점할 수 있었다. 최근에는 유럽연합의 주요 무역이 남북 방향이 아니라 동서 방향으로 전개되면서 그 기능이 조금 위축된 것도 사실이지만, 스위스는 여전히 유럽 대륙의 중심에 있는 지리적 이점으로 유럽연합 회원국 간 육로 수송의 요충지 역할을 하고 있다.

하지만 이는 정작 스위스인들에게 유리한 환경은 아니었다. 유럽의 중심에 놓였기에 끊임 없이 외침을 받는 것은 물론, 국토의 대부분이 험준한 산악 지형이기 때문에 스위스인들은 지리적 수혜를 누리기도 어려웠다. 더구나 근대에 들어 교통의 요충지 역할을 담당하기 위해서는 대양에 접해 있는 게 중요해졌는데 스위스는 온전한 내륙 국가였다. 이처럼 열악한 환경에 처해 있던 스위스가 지금처럼 놀라운 국력을 가질 수 있었던 비결은 무엇일까. 역설적으로 들리겠지만, 협소한 국토와 적은 인구 그리고 별다른 자원도 없는 환경이 지금의 스위스를 만들었다.

스위스는 열악한 환경을 극복하기 위해 오래전부터 개방적 사회 구조를 갖추려 노력해왔다. 스위스의 개방적 사회 구조는 해외 이민자와의 관계 설정에서도 알 수 있다. 스위스는 이민자에게 자국민과 동등한 기회를 주고, 이민자의 개성과 특수성을 인정하는 개방적인 분위기를 갖추고 있다. 이런 환경은 어찌 보면 스위스인 스스로가 이민자의 후손이기 때문에 가능했을 것이다. 스위스 거주 인구의 3분의 1 이상이 외국 출신일 뿐만 아니라, 스위스 인구의 10% 이상이 해외에 거주하며 활동하고 있다.

오늘날 스위스를 대표하는 글로벌 기업을 만든 인물들 역시 대부분 스위스로 이민을 온 사람들이다. 스위스를 대표하는 기업인 네슬레의 설립자 헨리 네슬레Henri Nestle는 독일 출신의 이민자다. 시계 제조사 스와치의 설립자 니콜라스 하이에크Nicolas Hayek는 레바논 출신이며, 시가 및 담배 기업 다비도프 역시 러시아계 유대인인 지노 다비도프Zino Davidoff가 시초였다. 호텔 체인 비즈니스 모델을 처음 제시한 인물로 알려진 세자르 리츠César Ritz 역시 프랑스 이주자 후손이다. 지금도 스위스는 인구 수 대비 〈포천〉 선정

글로벌 500대 기업의 비율이 가장 높은 국가다.

개방적 국가 시스템과 교통의 요충지라는 지리적 이점이 전쟁 시에는 단점이 될 수 있다는 사실을 스위스는 잘 알고 있었다. 외침을 오래 겪어야 했던 스위스는 영세중립국永世中立國이라는 방식으로 자신들의 위기에 대응하기 시작했다. 영세중립국이란, 다른 국가 간의 전쟁에 참여하지 않는 나라를 말한다. 대신 다른 국가들도 영세중립국을 침공하지 않는다. 1648년 베스트팔렌 조약을 통해 신성 로마 제국으로부터 독립한 스위스는 나폴레옹 전쟁 이후 유럽을 재편하는 작업에서 독립을 확인받음과 동시에 영세중립국 지위도 인정받게 되었다. 1815년 빈 회의에서 국제 사회가 이를 다시 승인해 스위스인들은 자신들의 안위를 지킬 수 있게 된다.

제2차 세계대전 당시 스위스는
어떻게 '영세중립국' 지위를 지켰을까?

스위스는 제2차 세계대전 당시에도 영세중립국 지위를 유지하면서 전쟁의 화마를 벗어날 수 있었다. 당시 네덜란드와 벨기에도 중립을 선언했지만 이들 국가는 독일의 침공을 받고 국토가 점령당하는 수모를 겪었다. 조약에만 기댄 중립국 지위는 그만큼 취약했기 때문이다. 그렇다면 스위스는 어떻게 제2차 세계대전 당시 전쟁의 소용돌이를 피해 갈 수 있었을까?

스위스는 당시 동맹국인 독일과 이탈리아 사이에 놓여 있는 전략적 요충지였다. 그럼에도 불구하고 스위스가 전쟁에서 벗어날 수 있었던 것은 당시 스위스 화폐인 스위스프랑이 기축 통화 역할을 했기 때문이다. 수많은 국가가 자체적으로 화폐를 발행하지만 모든 화폐가 전 세계에서 통용되는 것은 아니다. 기축 통화로서 기능하기 위해서는 화폐 본연의 기능인 교환의 매개 수단, 가치의 저장 수단, 가치의 측정 단위 등의 역할을 무역과 국제 금융에서도 수행할 수 있어야 한다.

제2차 세계대전 당시 독일은 전쟁을 위해 철광석, 석탄, 석유 등의 자원이 그 어느 때보다 절실히 필요했다. 독일 본토와 점령지에서 확보한 자원만으로는 방대한 군사력을 유지할 수 없었기 때문이다. 독일은 이러한 자원을 전쟁과 관련 없는 제3국으로부터 조달받고자 했다. 대표적으로 석유는 중동 지역에서 수입하고 있었다.

그런데 문제는 결제 방법이었다. 독일에 석유를 판매하는 중동 지역 국가들은 독일 화폐는 물론이고 당시 기축 통화 역할을 담당하고 있던 미국의 달러나 영국 파운드로 결제하는 것조차 원하지 않았다. 이들 국가는 당시 전쟁에 참여하고 있었으므로 전쟁 결과에 따라 이들 국가가 발행한 화폐는 언제든지 휴지 조각으로 변할 수 있었기 때문이다. 즉 가치 저장 수단으로서의 기능이 위협받고 있던 이들 화폐는 교환의 매개 역할을 수행할 수 없었던 것이다.

독일은 고민에 빠졌고, 이때 해결책으로 제시한 것이 전쟁에 참여하지 않은 영세중립국인 스위스가 발행하는 화폐로 결제하는 방법이었다. 독일은 스위스에 금괴를 팔고, 이를 스위스프랑으로 바꿔 전쟁에 필요한 물품을 구매하는 결제 수단으로 사용했다. 따라서 독일 입장에서는 스위스프랑의 화폐 가치가 안정적으로 유지되는 것이 무엇보다 중요했다. 다시 말하면, 독일은 스위스를 침공하지 않은 것이 아니라 침공하지 못한 것이다. 이렇듯 스위스가 제2차 세계대전에 휩싸이지 않을 수 있었던 가장 큰 원인은 자국의 화폐가 전쟁 참여국들의 결제 수단으로 사용되면서 기축 통화 역할을 했기 때문이다.

독일이 스위스를 침공하지 못한 이유는 이 외에도 몇 가지가 더 있다. 스위스가 "독일이 침공하면 스위스와 이탈리아를 잇는 알프스의 모든 통로를 파괴하겠다"고 선언한 것이나, 침공 시 실질적으로 독일과 이탈리아 간 물자 및 병력 수송이 더욱 어려워질 수 있다는 점도 영향을 미쳤다. 그리고 독일은 스위스가 알프스의 험한 지형을 이용한 장기 게릴라전을 진행해 자국의 전력을 약화시킬 것을 두려워하기도 했다.

이처럼 스위스 중립은 주변 강대국들의 직접적인 충돌을 방지하기 위한 목적이 있었고, 이후 스위스인들조차 이러한 지정학적 위치 속에서 자신들의 가치를 유지할 수 있는 방법으로 영세중립국을 선택한 것이다. 이후 중립국이라는 위치는 스위스의 경제와 산업 구조에 커다란 영향을 미쳤다.

20세기 들어 세계는 줄곧 양분되어 왔다. 제1차 세계대전, 제2차 세계대전, 그리고 냉전 시대가 이어지면서 특정 진영에 편입될 경우 다른 진영에서 경제 활동을 원활히 하기 힘든 경우가 많

았다. 그뿐만 아니라 특정 진영에 편입된 국가가 패전하게 되면 그 피해가 엄청나기도 했다. 이러한 환경에서 스위스의 영세중립국 지위는 스위스가 기업하기 좋은 국가라는 인식을 심어주기에 충분했다. 실제 이러한 인식은 경제 현상으로 나타났는데, 1894년에는 스위스 인근 국가인 이탈리아와 스위스의 환율이 1 대 1, 즉 1리라가 1스위스프랑과 교환되는 수준이었다. 하지만 두 차례의 세계대전 이후 1스위스프랑으로 환전하기 위해서는 1,000리라가 필요한 상황이 되었다. 달러와의 추세도 비슷하다. 1970년 1달러는 4스위스 프랑과 바꿀 수 있었지만 최근에는 1달러로 1스위스프랑을 살 수 없을 정도(0.88스위스프랑)로 스위스프랑의 가치가 높아졌다.

이러한 스위스의 국가적 안정감은 글로벌 다국적 기업이 본사를 스위스로 이전하거나 해외 거점 센터를 스위스에 두도록 결정하는 충분한 요인으로 작용했다. 스위스에는 2018년 기준으로 약 2만 9,000개의 다국적 기업이 포진해 있다. 이들은 전체 고용 인구의 약 4분의 1을 차지할 정도로 스위스 경제에 중요한 위치를 차지하고 있다.

높은 교육 수준과 우수한 인적 자원

앞서 스위스를 대표하는 글로벌 기업들을 열거했지만 스위스 경제가 이들 대기업에만 편중된 것은 결코 아니다. 스위스의 경제 구조에서 중소기업이 70% 이상의 비중을 차지하고 있으며, 이 중 세계적인 역량을 발휘하는 중소기업도 상당히 많다.

스위스가 국제적 경쟁력을 갖춘 중소기업을 대거 키울 수 있던 가장 큰 요인은 '교육'이다. 스위스는 다른 OECD 국가에 비해 교사가 높은 보수를 받으며 사회적으로 존경받는다. 이 때문에 스위스는 국민 중에서 가장 유능한 사람들이 학교에서 학생을 가르친다. 높은 수준의 교육 환경은 스위스 소재의 다국적 기업에서 근무하는 스위스 국민들이 외국어 능력, 전문성, 높은 직업 윤리 등을 갖출 수 있도록 돕는다.

이는 스위스가 다른 국가에 비해 소득 불균형이 적은 가장 큰 요인이기도 하다. 고도의 교육 환경을 거치며 새로운 기회를 스스로 창출할 수 있는 역량을 국민 스스로가 갖추게 되었고, 이것이 스위스에서 다양한 창업 활동과 중소기업이 활발히 운영될 수 있는 기반이 되었다.

현재 스위스는 높은 교육 여건에 기반한 우수한 인적 자원과 연구개발력을 바탕으로 화학·제약 산업과 정밀기계 산업을 선도하고 있다. 또 비밀 유지와 안정성을 바탕으로 자신들의 특성에 맞는 금융 산업을 만들어내고, 세계경제포럼이라는 새로운 유형의 혁신을 창조해 산업화 시대를 이끌고 있다.

은행비밀주의의 명과 암

모든 국가에 명과 암이 있듯 스위스 역시 마찬가지다. 스위스 국가 경쟁력의 중심축을 이루었던 것 중 하나는 은행비밀주의다. 1685년 프랑스 루이 14세Louis XIV의 낭트칙령 철회 이후 신교도들이 신앙의 자유를 찾아 제네바로 이주해 은행업에 종사하게 되었는데, 프랑스 왕이 제네바 은행에서 큰돈을 대출하면서 국민들에게 빚을 내서 사치한다고 비난을 받는 게 두려워 자신의 대출 사실을 숨기길 원한 것이 은행비밀주의의 시작이다.

스위스 은행의 비밀주의는 1713년 제네바 지방 정부에서 처음으로 법제화되었다. 이후 1907년 스위스 중앙 정부의 민법, 1911년 노동법의 법제화 등을 거쳐 은행에서 비밀이 누설되어 고객이 피해를 보는 경우 피해 고객의 손해를 배상하는 규정을 두게 되었다. 1934년에는 '은행에 관한 연방법'으로 은행 비밀 규정을 어긴 사람을 형법으로 처벌이 가능하도록 규정을 강화해 오늘에 이르고 있다. 이제 은행비밀주의는 스위스 지자체를 넘어 스위스 전체를 대표하는 특수한 제도로 자리매김했다.

은행비밀주의 덕분에 유럽의 대표적인 부호인 유대인들이 스위스 은행을 자신들의 자산을 안정적으로 지킬 수 있는 보호처로 삼기 시작했다. 특히 유대인들은 여러 박해와 압박을 받으며 자산이 몰수되는 경우가 많았기 때문에, 스위스의 금융 서비스에 크게 호응할 수밖에 없었다. 이제는 유대인을 비롯한 전 세계 부호들이 스위스 은행에서 자신들의 사금고를 운영하고 있다.

은행비밀주의에는 우려의 목소리도 함께 따라다닌다. 스위스의 금융 기업들이 나치 독일 시대에 희생된 유대인 예금을 불로취

스위스의 고르너그라트 쿨름 호텔에는 금을 보관하는 벙커가 있다. 이처럼 스위스에서는 험준한 지형을 활용한 금고를 만들어 고객의 기밀을 유지했다.

득했다는 사실, 이란 등 여러 테러 국가들이 자금을 보호하고 유통하는 수단으로 스위스 계좌를 사용하고 있다는 점, 다국적 조세 회피자에 대한 정보를 제공하지 않고 있다는 사실 등은 스위스의 은행비밀주의를 폐기해야 한다는 주장의 근거로 제시되고 있다.

스위스 경쟁력의 원천인 문화적 개방성 또한 최근에는 바뀌는 분위기다. 유럽으로 밀려들어 오는 중동 난민 문제에 스위스가 폐쇄적인 정책을 고수하고 있기 때문이다. 구체적으로 스위스 내 이슬람 건축물minarets 설치를 법으로 금지하거나, 외국인 범죄자를 강제 추방하는 외국인 혐오 정책을 강화하고 있는 추세다. 이러한 스위스의 움직임은 스위스 성공 신화의 핵심 가치인 통합과 관용에서 벗어나는 움직임이라고 할 수 있다.

스위스 경제를 대표하는 산업은 금융, 정밀공업, 식품, 의약, 무역업이다. 이 중 금융업은 스위스가 제2차 세계대전의 소용돌이에서 벗어나 사람들의 재산을 안전하게 보관할 수 있는 최적의 장소였기 때문에 발달했다. 무역업 역시 냉전 시절 중립국인 스위스에는 어느 국가든 편하게 왕래할 수 있었기에 발전할 수 있었다.

우리나라가 스위스를 주목해야 하는 이유는 현재 우리가 처해 있는 상황과 유사하기 때문이다. 우리나라는 미국과 중국 사이에 끼어서 외줄타기를 하고 있는 처지인데, 이러한 상황에서 중립국이라는 입장이 스위스의 산업 구조와 경제 부분까지 영향을 미쳤던 것처럼, 우리나라의 지정학적 위치를 현재의 산업, 경제에 어떻게 이용할지 주목할 필요가 있다.

"산업계의 위대한 리더는 위대한 장군만큼 드물다."

- 윌리엄 그레이엄 섬너, 미국 경제학자

2장

자신만의
산업을 가진 나라

철도 산업을
알고 싶으면
러시아로 가라

- 인구 ‖ 1억 4,444만 4,359명(9위)
- 화폐 단위 ‖ 러시아 루블(RUB, ₽)
- GDP(2023) ‖ 2조 626억 4,900만 달러(11위)
- GDP 성장률(2022) ‖ -2.1%
- 실업률(2021) ‖ 4.7%
- 물가상승률(2021) ‖ 6.7%
- 인터넷 사용 비율(인구 대비) ‖ 88%

러시아는 영토가 1,713만km²로 한반도 면적의 80배에 해당하며, 세계에서 두 번째로 큰 나라인 캐나다(998만km²)의 두 배에 달한다.

현재의 러시아는 구舊소련 면적에 비하면 크게 줄어든 것이다. 지금의 아르메니아, 아제르바이잔, 벨라루스, 에스토니아, 그루지야(조지아의 전 이름), 카자흐스탄, 키르기스스탄, 투르크메니스탄, 라트비아, 리투아니아, 몰도바, 우크라이나, 우즈베키스탄 등이 모두 소련의 영토였다.

이처럼 광활한 영토를 가진 나라임에도 불구하고, 러시아는 역사적으로 늘 보다 넓은 영토를 확보하기 위해 지속적인 노력을 경주해왔다. 얼지 않는 '부동항不凍港'을 확보하기 위해서다. 2022년 우크라이나 침공과 관련해서도 이런 해석이 설득력을 얻고 있다.

부동항이 없는 나라

러시아의 드넓은 영토 중에는 연중 출입할 수 있는 부동항이 거의 없다 해도 과언이 아니다. 러시아는 이 때문에 대항해 시대 이

상트페테르부르크는 러시아 최대의 항구 도시지만 대양으로 나가기 쉬운 환경은 아니다.

후 유럽의 여러 나라가 저마다 식민지를 구축해 커다란 경제적 번영을 누리는 상황을 두 눈 뜨고 지켜보고만 있어야 했다. 결국 러시아인들에게 얼지 않는 항구를 확보한다는 것은 국제적인 위상과 경제력을 높이기 위해 반드시 선결되어야 할 문제였다.

러시아의 부동항을 확보하기 위한 노력은 유럽 방향에서 먼저 시작되었다. 많은 사람이 러시아의 상트페테르부르크를 부동항으로 알고 있지만 상트페테르부르크 항구도 추위가 계속될 때는 얼곤 한다. 또한 상트페테르부르크 항구에서 출발해 대양으로 나가기 위해서는 외레순 해협Øresund, 스토레벨트 해협Storebælt, 그리고 릴레벨트 해협Lillebælt이라는 좁은 해협을 줄줄이 통과해야만 한다. 이뿐만 아니라 영국과 발트해 국가들의 견제 때문에 대양 진출의 기반으로 삼기에는 여의치 않았다.

그러자 러시아는 반대쪽 아시아로 눈을 돌렸다. 1860년 베이징 조약을 통해 러시아는 태평양으로 나갈 수 있는 블라디보스토크 항구를 얻는다. 하지만 블라디보스토크 역시 외해의 결빙으로 완전한 부동항이 되지는 못했다. 청일 전쟁(1894~1895년)에서 승리한 일본이 차지하려 했던 랴오둥遼東 반도를 삼국간섭을 통해 저지하면서 잠시 뤼순항을 지배했지만, 러일 전쟁(1904~1905년)의 패배로 결국 일본에 내어주고 말았다. 이렇듯 러시아가 얼지 않고 상시 운영 가능한 항구를 확보하는 일은 무척 어려웠다.

러시아가 크림반도에 집착한 이유

현재 러시아가 유럽 방향으로 유일하게 보유하고 있는 부동항은 '칼리닌그라드'다. 러시아 입장에서는 서유럽과 맞닿은 최전선에 해당하는 셈이다. 하지만 칼리닌그라드는 러시아 본토에서 482km 떨어져 있다. 독일이 제2차 세계대전에서 패하면서 칼리닌그라드는 소련의 리투아니아 공화국 땅으로 편입됐다. 칼리닌그라드는 소련이 해체된 뒤에도 러시아 땅으로 남았는데, 그 이유는 1990년 동서독 통일 과정에서 독일 정부가 소련 영토임을 인정해줬기 때문이다. 즉, 소련은 동독과 서독의 통일을 허용해주는 대가로 유럽으로 나갈 수 있는 부동항을 확보한 것이다. 소련이 사라진 뒤 발트해 3국이 독립하면서 지금은 러시아와 육로 연결이 끊겨 섬과 같은 곳이 됐다.

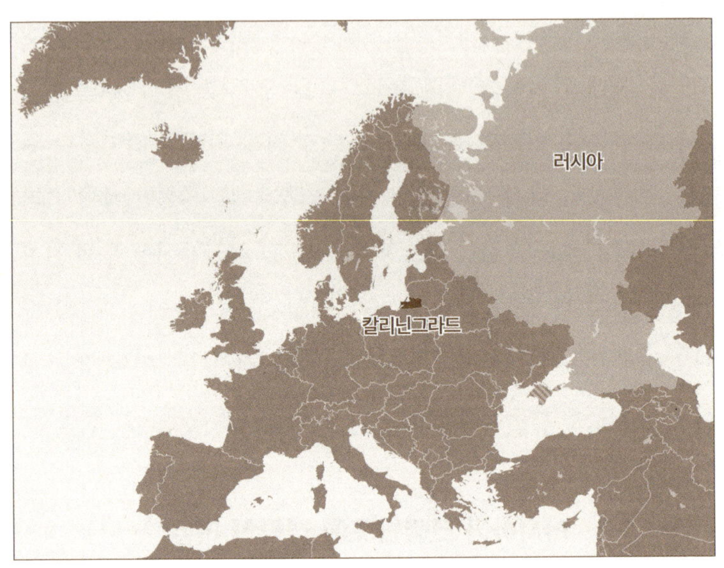

칼리닌그라드는 러시아 유일의 발트해에 접한 부동항이지만 러시아 본토와는 떨어져 있다.

이처럼 러시아 본토와 떨어져 있는 칼리닌그라드에서 독립 혹은 분리에 대한 요구가 없었던 것은 아니다. 하지만 러시아 입장에서는 분리를 허락할 의향이 전혀 없다. 심지어 2018년 러시아 월드컵에서는 변변한 프로축구단도 없는 칼리닌그라드에 월드컵 경기장을 지어 전 세계로 하여금 이곳이 러시아 영토임을 분명히 했다.

러시아가 크림반도에 집착하는 이유 역시 마찬가지다. 크림반도는 우크라이나 남부 흑해 연안에 자리해 있고 동쪽으로는 좁은 해협을 사이로 러시아와 인접해 있는 지역이다. 크림반도 서쪽에는 '세바스토폴'이라고 하는 항구가 있는데, 세바스토폴은 러시아가 바닷길로 유럽을 갈 수 있는 거의 유일한 창구이자 일 년 내내 사용할 수 있는 부동항이다. 그뿐만 아니라 지중해, 대서양, 인도양으로 빠져나가 유럽, 중동, 아프리카, 코카서스 지역에서 전략적 이익을 취할 수 있는 필수 군항이기도 하다.

원래 세바스토폴 항구가 있는 크림반도는 1783년부터 1954년까지 러시아 영토였다. 그런데 1954년 당시 공산당 서기장이었던 흐루쇼프Nikita Khrushchyov가 자신의 정치적 기반이었던 우크라이나에 크림반도를 편입시킨 것이다. 이후 1991년 소련이 갑작스럽게 붕괴되고 우크라이나가 독립하면서 크림반도가 완전히 우크라이나로 넘어갔다. 이처럼 중요한 영토가 우크라이나로 넘어가면서 러시아는 지중해를 거쳐 유럽으로 나갈 수 있는 바닷길 하나를 잃어버린 셈이다.

하지만 러시아에 뜻밖의 기회가 찾아왔다. 2013년 11월부터 2014년 2월까지 유로마이단이라 불리는 친유럽 정책과 민주주의를 요구하는 대규모 반정부 시위가 우크라이나 수도에서 일어난 것이다. 당시 빅토르 야누코비치Viktor Yanukovych 우크라이나 대통령이 유럽연합과의 포괄적 FTA 추진을 전격 중단하고 친러시아 정책으로 돌아선 게 발단이었다. 시위대들은 유럽연합과의 경제통합 추진, 야누코비치 대통령의 퇴진, 수감된 티모센코Yuliya Tymoshenko 전 총리의 석방 등을 요구했다.

2013년 11월 말부터 본격화된 반정부 시위는 12월 들어 점차 규모가 확대되고 과격해졌으며, 다른 도시로까지 확산되었다. 야누코비치 정부는 이에 대응해 2014년 1월 중순 '반시위법Anti-

Protest Law'을 제정해 본격적으로 시위를 진압했으며, 그 결과 사망자가 발생하기 시작했다. 이로 인해 국제 사회의 비난과 압력이 점증되었고, 친러 성향의 정치인들과 친유럽 성향의 정치인들 간에 합의를 시도했지만 결국 좌초되었다. 이 과정에서 러시아의 제2공용어 지위가 박탈되었는데 이는 잠재된 크림반도 분리주의자들을 자극하는 계기가 되었다.

크림자치공화국 내 친러 세력들은 2014년 2월 23일부터 임시정부의 합법성을 부정하면서 러시아군의 도움을 받아 크림자치공화국 내 주요 정부 시설, 공항, 군 기지 등을 장악하기 시작했다. 크림자치공화국은 푸틴 대통령에게 정치·군사적 지원을 요청했고 러시아 의회도 푸틴 대통령의 요청을 받아들여 비상시 우크라이나에서의 군 작전권을 허용했다. 이후 크림자치공화국은 비상회의를 소집해 러시아로의 합병 여부를 묻는 주민투표를 실시해 러시아에 합병된다.

1979년 소련군이 아프가니스탄을 침공한 것 역시 부동항을 확보하기 위한 노력의 일환으로 설명하는 분석가들도 많다. 소련이 아프가니스탄을 확보한 이후 인접국인 파키스탄에 진출하고, 최종적으로 아라비아해로 통하는 해로를 확보하려는 시도라는 것이다.

이처럼 현재 러시아가 확보한 부동항은 흑해의 세바스토폴과 극동 지역의 블라디보스토크, 유럽 지역의 칼리닌그라드뿐이다. 수세기 동안 노력해 얻은 부동항이 고작 세 개라는 사실은 러시아에 부동항 확보가 얼마나 어려운 것인지를 방증한다.

하지만 러시아의 숙원 사업인 부동항 문제는 최근 들어 지구 온난화로 인해 해결될 듯해 보인다. 지구 온난화로 북극해가 녹아 항구가 개방되면 러시아로서는 그동안 갈구했던 부동항을 여러 개 확보하는 것뿐만 아니라, 미국과 영국 등의 서구 해양 강국에 간섭받지 않는 국제 해운 항로를 확보할 수 있게 된다. 여기에 러시아는 북극권에 묻혀 있는 막대한 자원을 개발하고 이를 경제 성장의 동력으로 삼을 수도 있다. 얼어붙은 북극해 때문에 해양 진출을 위해 수백 년간 대서양과 지중해, 태평양을 떠돌면서 부동항이라는 보물을 찾아 험난한 여정을 거쳐온 러시아가, 기후변화로 전 세계 최고의 해양 국가로 올라선다면 어떤 행보를 보일지 주목해야 할 상황이다.

러시아의 특성을 보여주는 444

우리나라는 러시아의 행보에 집중할 수밖에 없는 나라다. 러시아는 중국과 함께 한반도와 국경을 접하고 있는 유일한 나라인만큼 지리적으로 가까울뿐더러 남북 문제 등 우리나라 주요 현안에 미치는 영향도 적지 않다.

이처럼 중요한 나라임에도 러시아를 향한 우리나라 사람들의 관심은 미국이나 중국, 일본 등과 비교해 그다지 크지 않다. 하지만 러시아에 대해 자세히 알게 될수록 러시아가 우리에게도 무척 중요한 나라라는 것을 알게 된다. 한국과 러시아는 서로에게 쓸모가 많은 나라로 가장 쉽게 '윈윈win-win'을 꾀할 수 있는 경제 구조를 갖고 있다.

영하 40도 이하가 아니면 춥다고 말하지 마라

한국과 러시아가 서로에게 중요한 이유를 크게 세 가지로 꼽을 수 있는데, 세 가지 모두 '444'라는 러시아의 오래된 농담과 관련이 깊다. 러시아에는 "4라는 숫자와 관련된 상황이 아니면 힘들다고 말하지 마라"라는 농담이 있다.

첫 번째 4는 날씨다. "날씨가 영하 40도 이하가 아니면 함부로 춥다고 말하지 마라." 그만큼 러시아는 혹한의 날씨를 자랑한다. 시베리아라는 광활한 영토를 보유하고 있음에도 좀처럼 활용하지 못하는 이유이기도 하다. 소련 시절에는 죄를 지은 사람들을 시베리아에 보내 강제 노역을 시켜 시베리아 개발을 시도하기도 했다. 그만큼 시베리아는 러시아인들이 꺼리는 지역이다.

인구 분포를 봐도 그렇다. 러시아 인구 1억 4,000만 명 가운데 1억 2,000만 명이 국토의 28%에 해당하는 우랄 산맥 서쪽에 거주하고 있다. 나머지 2,000만 명은 시베리아와 극동 지역에 사는데 1인당 국민소득 역시 서쪽에서 동쪽으로 갈수록 낮아지는 구조다. 유럽과 가까운 우랄 산맥 서쪽 지역은 평균 2만 5,000달러 수준이지만, 우리나라와 가까운 극동 지역은 3,000달러 수준으로 그 편차가 크다.

이 때문에 러시아는 국토 균형 발전 차원에서 시베리아와 극동

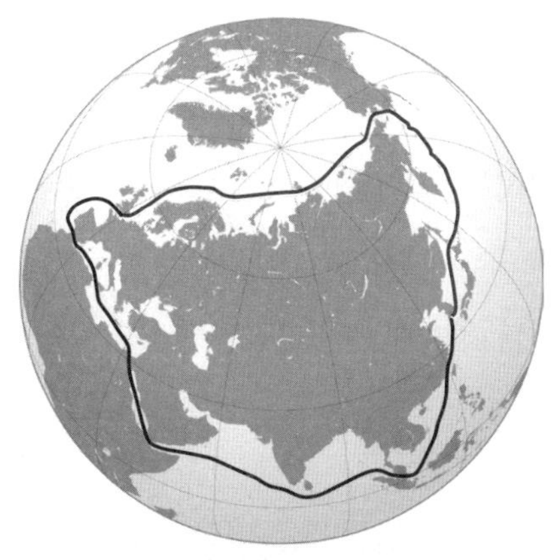

북극해 항로(갈색)와 기존의 남방 항로(검은색). 부산에서 네덜란드 로테르담까지 남방 항로를 이용할 경우 대략 2만 1,000km를 운항해야 하지만, 북극해 항로는 1만 2,700km로 운송일이 10일 정도 단축된다.

지역 개발에 관심이 많다. 러시아의 지속적인 발전을 위해서는 이들 지역이 발전하는 게 관건이라고 보는 것이다. 최근 들어서는 또 다른 이유도 생겼다. 극동 지역에서 중국의 영향력이 갈수록 높아지고 있어서다. 현재 중국 상인들은 극동 지역의 러시아 영토까지 들어와 상행위를 하면서 경제권을 장악하기 시작했다.

이 대목에서 우리나라가 비집고 들어갈 틈이 생긴다. 러시아 입장에서는 중국 상인들을 견제하기 위한 최선의 카드가 바로 한국과의 협력이기 때문이다. 사실 러시아는 일찍부터 시베리아와 극동 지역을 개발하기 위한 주요 파트너로 남북한을 주목해왔다. 유럽 안보리 제재 이전까지만 해도 북한 근로자 4만 명 정도가 시베리아에서 벌목과 철도 건설 작업을 했던 것으로 알려져 있다.

러시아는 한국과 함께 북극해 항로를 기반으로 한 동해안 개발에도 관심을 보이고 있다. 북극해 항로는 유럽과 동남아를 잇는 최단 이동 경로다. 인도양과 수에즈 운하를 거쳐 로테르담과 요코하마 사이를 연결하는 기존 남방 항로보다 이동 시간이 60% 가까이 단축될 수 있다. 수출 의존도가 높은 우리 경제 구조를 볼 때, 러시아와의 극동 지역 개발에 우리 기업이 관심을 보여야 할 이유 역시 분명해 보인다.

4,000km가 넘지 않은 거리는 멀다고 하지 마라

두 번째 4와 관련한 러시아 농담은 "러시아에서는 4,000km가 넘지 않은 거리는 멀다고 하지 마라"이다. 그만큼 러시아는 세계에서 가장 광활한 영토를 갖고 있다. 국토의 양끝을 기준으로 시차가 11시간에 이를 정도다. 국토가 넓으니 자원 또한 풍부하고 다양하다. 러시아의 천연가스 매장량은 세계 1위이며, 석탄 매장량도 세계 2위를 자랑한다. 원유는 세계 매장량의 12.7%를 차지해 6위에 해당하는데, 생산량이 많아 미국, 사우디아라비아와 함께 세계 3대 산유국으로 꼽힌다.

국토에 얼마나 많은 자원이 매장돼 있는지 러시아도 아직 정확히 파악하지 못하고 있는 상황이다. 일례로 과거 반체제 정치범들의 유형지였던 시베리아 남동부에 있는 수호이로그 지역에서 2019년에 매장량 1,780여 톤에 해당하는, 100조 원이 넘는 규모의 사상 최대 금광이 발견돼 세계를 놀라게 하기도 했다.

지하자원만 있는 것도 아니다. 러시아의 드넓은 영토 위에는 다양한 농작물과 산림 자원이 자라나고 있다. 러시아의 밀 생산량은 세계 3위에 해당하며, 수출량 기준으로는 세계 1위다. 산림 자원 역시 세계 산림의 20%를 차지하는 세계 최대 산림 부국이다.

'자원 부자' 러시아는 우리에게는 부러움의 대상이 아닐 수 없다. 달리 말하면 그만큼 다양한 교류 협력을 추진할 수 있다는 얘기도 된다. 우선 원유와 천연가스, 철광석 등 우리나라 주요 산업 원자재를 러시아에서 수급할 수 있을 것이다. 수입 의존도 90%가 넘는 목재 역시 마찬가지다. 수입 원목의 세부 내용을 살펴보면, 저렴한 합판 용도의 뉴질랜드산 원목 수입이 가장 많고 러시아산 원목은 칠레에 이어 3위 수준이다.

실제로 2016~2019년 러시아 수입품 상위 10대 품목을 살펴보면, 1위 원유, 2위 나프타, 3위 유연탄, 4위 천연가스 등 천연 자원이 주를 이루고 있다. 게와 명태 같은 식자재 역시 주요 수입품 중 하나다. 이처럼 자원을 수월하게 확보하기 위해서라도 러시아와의 관계 설정은 우리나라에 무척 중요하다.

40도 이하는 술이라 부르지 마라

마지막 '4'는 보드카와 관련된다. 독주를 즐기는 러시아인들 사이에는 "도수가 40도 이하인 술은 술이라 부르지 마라"라는 말이 있다. 실제 2011년까지 러시아에서 맥주는 술이 아니었다. 러시아의 주류법상 알코올 농도가 10% 미만이면 음료수로 분류되었기 때문이다. 러시아인들이 얼마나 애주가인지는 관련 연구에서도 확인할 수 있다. 세계보건기구가 2014년에 발표한 〈술과 건강에 대한 세계 현황 보고서〉에 따르면 러시아는 세계에서 네 번째로 술을 즐기는 국가로 집계되었다. 세계 평균이 연간 6.2리터를 마시는 것으로 집계된 반면, 러시아 사람들은 연간 15.7리터를 마시는 것으로 나타났다. 벨라루스(1위)와 우크라이나(6위) 등 구소련 국가들까지 더하면 아마도 더 높은 순위를 기록할 것이다.

러시아인들에게 술은 남다른 의미가 있다. 혹한의 날씨에서 몸을 따뜻하게 덥혀주는 술은 선택이 아닌 필수였다. 러시아 대표 술인 보드카의 어원도 '생명을 유지하는 작은 물'이라는 의미로 초기에는 부상 부위를 치료하는 약으로 사용하기도 했다.

하지만 아무리 추위 때문이라도 높은 도수의 술을 지속적으로 마시는 것이 건강에 좋을 리는 없다. 2013년 세계보건기구의 발표에 따르면, 러시아인의 평균 수명은 70세로 조사 대상 193개국 가운데 124위를 차지했다. 러시아 평균 수명이 낮은 결정적인 이유는 음주를 즐기는 남성 때문이다. 러시아 여성의 평균 수명은 76세인데 반해 남성은 64세에 그쳤다.

짧은 평균 수명 때문에 연금 수급을 둘러싼 마찰이 벌이지기도 했다. 2018년 러시아 정부는 연금 수급 연령을 남성은 60세에서 65세로, 여성은 55세에서 63세로 단계적으로 올리는 연금법 개정안을 발표했다. 러시아인들은 이 결정에 격분했는데, 평균 수명을 고려하면 러시아 남성은 1년 정도 밖에 연금을 받지 못하기 때문이다.

정부도 '과음'의 심각성을 인식하고 음주량 조절에 나서고 있다. 초기 보드카는 알코올 도수가 80도를 넘는 경우도 많았는데, 지금은 40도 수준까지 낮아졌다. 1985년 집권한 미하일 고르바초프Mikhail Gorbachev 당시 소련 공산당 서기장은 보드카 생산량을 급격히 줄이고, 정오 이전에는 주류 판매를 금지하는 등의 정책을 도입했다.

그럼에도 러시아 국민의 건강 문제는 좀처럼 개선되지 않고 있다. 최근 러시아 보건부는 보건복지를 통한 삶의 질 향상을 위해 관련 예산 확대와 건강 예방 캠페인을 적극 지원하고 있다. 특히 2015년부터는 의료 서비스가 취약한 극동 지역에서 외국인의 의료 면허를 인정해주고 있다. 코로나19 팬데믹을 거치며 주목받은 한국의 선진적인 의료 시스템, 즉 'K-의료'가 진출할 수 있는 새로운 영토인 셈이다.

러시아-우크라이나 전쟁이 바꾼 철도 산업 환경

이처럼 러시아는 한국에 어느 나라보다 중요한 파트너다. 이 때문에 러시아-우크라이나 전쟁으로 우리가 입은 피해는 천연가스 가격 상승, 곡물 가격 상승 등에 국한되지 않는다. 21세기 들어 급부상 중인 철도를 중심으로 한 물류 체계마저 퇴보하게 만드는 계기가 되고 있다.

최근 전 세계적으로도 철도 산업이 급부상하고 있다. 가장 큰 이유는 철도가 친환경 교통수단이기 때문이다. 기차는 비행기보다 탄소 배출량이 적어 탄소 배출을 줄이는 가장 효과적인 대안으로 떠올랐다. 동일 운행 거리를 비교할 때, 고속철도가 배출하는 탄소량은 비행기 탄소 배출량의 77분의 1에 불과하다. 철도는 승용차에 비해서도 친환경 교통수단이다. 철도는 에너지 소비량이 승용차의 6분의 1, 이산화탄소 배출량은 9분의 1밖에 안 된다. 따라서 세계 주요 국가에서 탄소 중립 선언이 가속화되고 있는 가운데 이를 위한 대안으로 각국은 철도 이용률을 높이기 위한 계획을 수립 중이었다.

철도가 친환경 교통수단이라는 점에 가장 먼저 주목한 곳은 유럽이다. 현재 유럽 각 국가들은 비행기 대신 기차 이용을 적극 권장하고 있다. 프랑스에서는 고속철도로 2시간 30분 이내에 도착할 수 있는 지역의 경우에는 아예 국내선 비행기 취항을 금지하는 법안을 발의하기도 했다. 해당 법안은 초기에는 '철도 4시간 이내 거리'의 비행기 취항을 전면 금지하는 방식으로 추진되다가, 항공업계 반발로 범위를 2시간 30분 이내로 축소했다. 독일은 더 강경한 입장이다. 2035년까지 국내선 항공편을 모두 없애는 계획을 세웠기 때문이다. 오스트리아 역시 직선거리 약 250km 거리인 수도 빈과 서부 지역 잘츠부르크를 잇는 항공편을 폐지하고 해당 노선에 고속철도를 증편했다.

이러한 정책 기조는 단순히 탄소 제로 사회를 구현한다는 정치적 메시지에 불과한 것이 아니라, 실질적인 기술력이 뒷받침되어 실현 가능한 목표라는 점에서 더욱 주목받는다. 독일 노르트라인베스트팔렌주에는 태양광과 지열 발전으로만 운행하는 케르펜-호렘 철도역이 있다. 낮에는 자연광을 채광하고, 화장실에서는 빗물을 재사용한다.

구시대의 전유물처럼 여겨진 노면전차를 바라보는 인식도 달라지고 있다. 현재 세계 각 지자체들이 친환경 교통수단으로 노면전차를 이용하거나 확대하는 추세다. 우리나라에서 노면전차는 1899년부터 약 60년 동안 이동수단으로 쓰였지만, 자동차 등 대체 교통수단이 대거 등장하면서 1968년 11월에 운영이 중단됐다. 그런데 최근 들어 교통 혼잡을 해소할 수 있는 친환경 교통수단으로 다시 노면전차가 주목받으면서 이를 도입하려는 지방자치단체가 늘어나는 추세다.

기차에 대한 관심은 단순히 과거에 확보한 기술력을 재활용하는 차원에 국한되지 않는다. 테슬라 창업자 일론 머스크가 설립한 미국의 터널 굴착 회사 '보링컴퍼니'는 하이퍼루프hyperloop 주행 시험을 추진하고 있다. 하이퍼루프란 대형 진공 튜브 안에서 자기부상 캡슐을 시속 1,000km 이상의 초고속으로 운행하는 교통수단이다. 상업용 여객기보다 빠른 신개념 초고속 교통수단인 것이다. 아울러 하이퍼루프 역시 친환경적이다. 항공기 대비 에너지 사용량 8%, 고속도로 대비 건설 비용 50% 수준이다. 하이퍼루프는 기존 철도 구축 사업보다 투자 비용도 저렴하다. 미국 정부에 따르면, 샌프란시스코에서 로스앤젤레스까지 연결하는 고속철도를 만

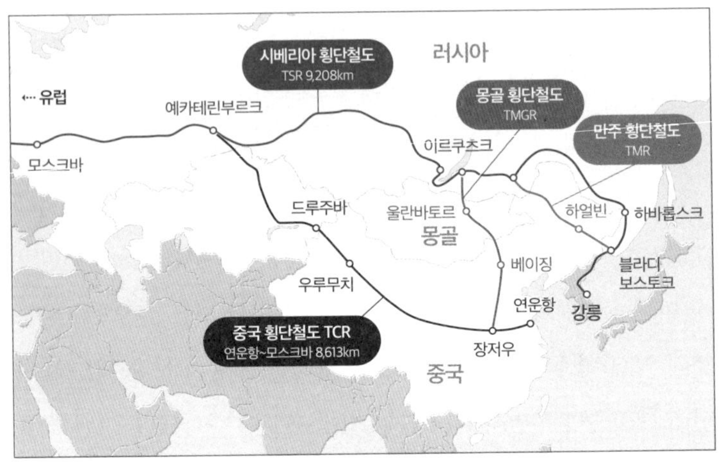

들려면 1,000억 달러(약 130조 원)가 필요하지만, 하이퍼루프로 건설하면 60억~100억 달러로 줄일 수 있다고 한다. 이는 기존의 철도 구축 비용의 10분의 1 수준이다.

하지만 철도 산업의 활성화 계획은 이번 러시아-우크라이나 전쟁으로 대폭 수정이 불가피해졌다. 러시아가 철도를 운행할 수 있는 전 세계에서 가장 넓은 영토를 갖고 있는 국가이자, 전 세계 국제철도표준을 결정하는 데 있어서도 큰 영향력을 행사하는 국가이기 때문이다.

러시아 영토는 지구에서 사람이 거주할 수 있는 육지의 8분의 1을 차지한다. 또한 러시아는 혹한기 기후 때문에 철도를 이용한 인적, 물적 수송이 크게 발달한 국가다. 러시아는 시베리아 지역에 통제력을 키우기 위해 시베리아 횡단철도Trans-Siberian Railway

를 건설했으며, 소련 시대에는 사회주의 국가 간 경제적·정치적 통합과 결속을 목적으로 철도 보급을 늘려왔다. 그리고 지금도 국제적 철도 산업에 있어서 가장 커다란 영향력을 국제철도협력기구Organization for Cooperation of Railways를 통해 행사하고 있다.

국제철도협력기구는 러시아, 중국, 북한을 비롯해 중앙아시아 지역의 키르기스스탄, 카자흐스탄, 유럽의 폴란드, 슬로바키아 등 28개국이 정회원으로 가입되어 있는 국제 기구다. 이처럼 많은 국가가 국제철도협력기구에 가입한 이유는 시베리아 횡단철도, 중국 횡단철도, 만주 횡단철도, 몽골 횡단철도 등 전 세계에서 가장 긴 구간의 철도 운행을 원활히 도모하고, 철도 노선을 함께 사용하기 위해서다.

나라별 역내 철도 교통 신호, 표준기술, 통행 운임, 철도 운행 방식 등의 국제적 협의가 없다면 국가를 넘나드는 철도 운행은 실질적으로 불가능하다. 현재 국제철도협력기구에서 관할하는 철도 노선 중에서 가장 긴 구간을 운영하는 나라가 러시아이며, 가장 많은 나라와 연결되어 있는 나라 역시 러시아다.

참고로 러시아가 시베리아 지역에 애정과 관심을 둔 것은 생각보다 오래됐다. 초기에는 경제적 이유가 컸다. 16세기 가장 값비싼 교역품은 모피였는데, 이 모피를 시베리아에서 생산해 엄청난 수익을 획득했다. 이 때문에 러시아가 국가 재정에 막대한 이득을 가져다준 모피 무역의 원활한 공급처인 시베리아를 집중적으로 관리했다는 관점이 일반적이다. 그러다 19세기 이후가 되면서 시베리아를 바라보는 시각은 조금씩 변했다. 러시아는 경제적 가치 이외에 군사 목적을 가지고 시베리아를 바라보았다. 러시아 입장에서 횡단철도 건설은 군사 전략적으로 매우 중요했다. 러일 전쟁을 앞둔 러시아는 시베리아 횡단철도를 이용해 군수 물자를 실어날랐다. 혹한기에 다양한 군사 장비를 원활하게 이동할 수 있는 방법은 철도가 유일했기 때문이다.

최근에는 시베리아 횡단철도를 중심으로 특히 광업 분야가 발전하고 있다. 또한 일부 계절적 시점에는 농산품 수송이 급증했으며, 이는 러시아 농업 발전에 이바지했다. 관광 및 여행업의 발전에도 기여했는데 이러한 상황을 종합할 때, 이번 러시아-우크라이나 전쟁은 러시아의 철도를 중심으로 한 경제 발전 계획에 있어서 큰 악영향을 가져다줄 것으로 보인다.

악영향을 받는 건 우리나라 역시 예외가 아니다. 우리나라도 국제철도협력기구 가입을 통해 국내 철도를 유라시아 대륙의 철도와 연결하기 위해 지속적으로 노력해왔다. 하지만 국제철도협력기구에 가입하려면 정회원 국가 모두가 만장일치로 합의해야 하는데, 그동안 북한의 지속적인 반대로 가입하지 못했다. 그러던 중 2018년 북한이 반대 의사를 거두어들여 가입할 수 있었다.

우리나라가 국제철도협력기구에 가입하기 위해 노력한 이유는 교역 분야의 다양한 혜택 때문이다. 국제철도화물운송협약SMGS, 국제철도여객운송협약SMPS 등 유라시아 철도를 이용에서 중요한 국제 협약들을 다른 정회원국들과 체결한 것과 같은 효과를 얻게 된 것이다. 또한 화물 운송과 여객 운송 분야에서 반드시 거쳐야 하는 3대 출입국 수속인 세관 검사Customs, 출입국 관리Immigration, 검역Quarantine의 약칭인 CIQ 통관 절차를 거칠 때, 회원국 사이에는 우대를 받을 수 있다는 특전도 생긴다.

우리나라는 국철 기준 길이가 4,077km에 불과해, 철도 구축 비중은 그리 크지 않는 나라다. 하지만 세계 다섯 번째로 고속철도를 운행했고, 고속철도 차량(KTX 산천) 생산 국가로도 발돋움했다. 현재 러시아 내부 철도 노선의 고속화를 도모하는 러시아와 국제철도협력기구 시장은 우리에게도 적지 않은 기회다.

자원과 식량이 부족하고, 남북 평화 모드 조성을 위해 극동 지역의 안정이 무엇보다 중요한 우리나라의 실정을 고려하면 더욱 그렇다. 러시아 입장에서도 국민들의 복지 문제 해결과 시베리아와 극동 지역의 개발 그리고 중국의 견제를 위해서도 한국과의 협력이 점차 중요해지고 있다. 손바닥도 마주쳐야 소리가 나듯이 두 나라가 적극적인 교류로 발전적인 협력 모델을 만들어가길 기대한다.

금융 산업의 미래는
홍콩에 있다

- 인구 ‖ 749만 1,609명(104위)
- 화폐 단위 ‖ 홍콩 달러(HKD, HK$)
- GDP(2023) ‖ 3,828억 5,400만 달러(41위)
- GDP 성장률(2022) ‖ -3.5%
- 실업률(2022) ‖ 5.1%
- 물가상승률(2022) ‖ 1.9%
- 인터넷 사용 비율(인구 대비) ‖ 93%

최근 아시아 주요 국가 중에서 가장 큰 부침을 겪은 곳은 단연 '홍콩'이다. 2020년 7월 1일을 기준으로 홍콩 국가보안법이 시행되고, 미중 간의 무역 갈등이 더욱 가열됨에 따라 홍콩을 벗어나는, 이른바 헥시트HKexit가 이어졌기 때문이다. 홍콩을 거점으로 한 글로벌 금융 기업들이 이탈했으며 홍콩의 지식인들도 영국, 캐나다 등으로 이민하는 분위기다. 영국 가전제품 기업 다이슨, 프랑스 화장품 기업 로레알, 유럽 명품 기업 LVMH 등은 홍콩에서 규모를 대폭 줄이거나 철수했는데, 미국 경제지 〈포천〉은 "홍콩에 아시아 거점을 둔 미국 기업이 2020년 282개에서 지난해 254개로 줄었다"고 보도했으며 CNBC는 "2020년에는 9만 3,000명, 이듬해엔 2만 3,000명의 사람들이 홍콩을 떠났다"고 전했다. 골드만삭스에 따르면 홍콩에서 대규모 반중 시위가 한창이던 2019년 6~8월에 싱가포르로 흘러들어간 자금이 40억 달러(약 5조 7,000억 원)에 달한다. 뉴욕, 런던에 이어 국제 금융 허브의 역할을 해오던 홍콩의 자리를 싱가포르, 인도, 일본, 대만 그리고 우리나라가 노리는 상황이다.

홍콩 영화는 왜 몰락했을까?

홍콩인들이 중국의 간섭을 우려해 홍콩을 떠났던 사례는 과거에도 있었다. 한때 홍콩 영화는 할리우드 영화에 대항할 수 있는 유일한 대안으로도 평가받은 적도 있다. 하지만 1997년 홍콩 반환을 앞두고 많은 홍콩의 영화인들은 중국의 직·간접적인 통치 아래 자유로운 창작 활동이 지속될 수 있을지 우려하기 시작했다. 또한 홍콩은 세제를 비롯해 각종 규제가 느슨해 영화 산업을 자유롭게 육성할 수 있었는데 이러한 환경도 지속될 수 있을지 걱정했다. 그 결과 많은 영화인이 홍콩을 이탈했고, 이 과정에서 영화 산업 기반 자체가 흔들리기 시작했다.

홍콩이 중국에 반환되는 시점을 즈음해 우리가 익히 알고 있는 홍콩 영화인들 상당수는 해외 국적을 취득하거나 홍콩이 아닌 해외를 거점으로 활동하기 시작했다. 〈영웅본색〉, 〈첩혈쌍웅〉 등으로 유명한 홍콩 느와르의 창시자인 오우삼 우위썬, 吳宇森 감독은 쿠엔틴 타란티노Quentin Tarantino 감독의 주선으로 할리우드에 진출해 〈페이스 오프〉, 〈브로큰 애로우〉 등의 영화를 만들어 큰 흥행을 거둔다. 성룡 청룽, 成龍을 비롯해 주윤발 저우룬파, 周潤發, 이연걸 리롄제, 李連杰 등 홍콩 최고 스타 배우들도 역시 마찬가지다. 주윤발은 할리우드로 진출해 〈리플레이스먼트 킬러〉, 〈애나 앤드 킹〉 등의 영화에 출연하며 미국을 기반으로 활동하기 시작했다. 이연걸은 〈리썰웨폰 4〉로, 양자경 량쯔충, 楊紫瓊은 〈007〉 시리즈의 본드걸로 출연, 미국 시

홍콩 '스타의 거리'에 있는 영화배우 이소룡의 동상.

장에 발을 내딛는다.

할리우드에 진출한 것은 영화감독과 배우들만이 아니다. 성룡의 스턴트 팀인 성가반과 홍금보홍진바오, 洪金寶의 스턴트 팀인 홍가반도 할리우드로부터 러브콜을 받는다. 성가반, 홍가반은 〈매트릭스〉, 〈와호장룡〉 등 다수의 할리우드 영화에 참여하면서 수십년간 홍콩에서 구축한 스턴트 노하우를 할리우드에 전수했다.

이처럼 홍콩 영화 산업을 지탱해오던 감독, 배우, 제작진이 대거 홍콩을 이탈하면서 홍콩 영화는 서서히 침몰하기 시작했다. 1993년 홍콩 내 홍콩 영화의 극장 수입은 10억 홍콩달러(약 1,680억 원) 수준이었으나, 홍콩 반환 직후인 1998년에는 4억 1,200만 홍콩달러(약 692억 원) 수준으로 60% 가까이 급락했다. 수많은 홍콩 영화 제작사의 경영 구조가 악화해 제작비 압박에 시달리게 되었고, 과거에 비해 완성도가 떨어지는 졸속 영화들을 내놓기 시작했다. 결국 지금 홍콩 영화의 위상은 1990년대 전성기에 비해 크게 위축된 상황이다.

금융업의 성장에는 자유로운 경영 환경이 필요하다

최근 일본, 대만, 싱가포르 등 인근 아시아 국가들이 홍콩 소재 금융 기업에 주목하는 이유도 여기에 있다. 근래 홍콩에서 전개되는 상황을 주목한 인근의 아시아 국가들은 이 기회에 홍콩의 금융 기업들을 유치해 자국의 금융 산업을 활성화하려는 것이다.

가장 발빠르게 움직이는 곳은 일본이다. 일본은 최근 금융 관련 법규를 개정해, 유사시 홍콩에서 금융 사업자가 피난할 경우, 신속하게 일본에서 영업 활동을 할 수 있도록 대책을 마련했다. 통상적으로 금융업을 수행하기 위해서는 해당 국가의 인허가를 거쳐야 하고, 인허가를 획득하는 데는 적지 않은 기간이 소요된다. 이러한 상황을 개선하기 위해 일본 정부는 금융상품거래법 관련 조항을 개정했다. 등록 신청서를 제출하면 빠르면 3일 이내에 등록증이 발급되어, 곧바로 영업이 가능하도록 조정한 것이다. 이후에도 금융 기업에는 법인세 감면, 임차료 경감 등의 추가적인 혜택을 부여하기 위한 법률 개정을 적극 준비 중이다.

대만 역시 홍콩의 대안으로 선택될 수 있도록 다양한 규제를 풀었다. 대만 정부는 홍콩 시민이 대만으로 이민할 수 있는 조건을 완화하고, 이를 처리하기 위한 전담 사무소도 마련했다. 실제로 우리나라처럼 저출산 문제를 겪고 있는 대만의 인구가 2022년 들어 다시 늘었는데, 홍콩보안법 시행 이후 홍콩을 떠나 대만에 정착하는 사람들이 늘어났기 때문으로 보고 있다. 참고로 2021년 1월부터 11월까지 홍콩인 9,772명이 대만 거류증을 받았다고 한다.

이와 같은 인근 국가들의 노력은 홍콩에 자리한 글로벌 금융 기업들을 유치하기 위한 파격적인 내용들임은 분명하다. 실제 많은 글로벌 금융 기업들이 홍콩을 선택한 이유로 약한 규제를 1순위로 꼽고 있다. 미국 헤리티지 재단이 발표하는 세계 각국의 경제 자유도 평가에서 홍콩은 2017년까지 24년간 연속 세계 1위를 차지한 바 있다. 2017년 세계은행에서 수행한 기업환경평가Doing Business에서도 홍콩은 세계 4위를 차지하며 최상위권에 놓였다.

금융업이 발달하기 위해서는 무엇보다 자유로운 경영 환경이 가장 먼저 조성되어야 한다. 그것은 제각각 다른 분야에서 활동하고 있는 다국적 기업들이 요구하는 금융 서비스의 내용이 각기 다를 뿐만 아니라, 개별 금융 소비자들 역시 자유로운 금융 서비스를 그 무엇보다 원하고 있기 때문이다.

금융업이 발달하는 데 있어 규제가 얼마나 커다란 제약이 되는지를 확인해주는 사례가 하나 있다. 지난 2011년 전 세계적으로 대두된 이슬람 금융 유치 경쟁이 그것이다. 당시 막대한 오일 머니를 바탕으로 한 이슬람 금융 자금을 유치하기 위해 세계 각국이 경합을 벌였다. 우리나라를 비롯해 홍콩, 싱가포르, 영국 등 세계 주요 국가들 역시 예외는 아니었다. 당시 우리나라는 별다른 유치 성과를 내지 못한 채 마무리되었지만, 금융 관련 규제가 거의 없는 홍콩은 달랐다.

당시 상황을 이해하기 위해서는 이슬람 금융을 먼저 이해해야 한다. 이슬람 금융은 이슬람 율법인 '샤리아Shariah'에 따라 일반적인 금융과는 다른 방식으로 운영된다. 대표적으로 이슬람은 돈을 빌려준 대가로 이자를 받는 것이 금지되어 있다. 이 때문에 이슬람 금융은 여타 일반적인 금융 기업과는 다른 방식으로 이자를 수취한다. 주택 구입 자금으로 예를 들어 보자. 보통의 은행은 고객에게 주택 구입 자금을 빌려주고, 해당 고객은 대출받은 돈으로 주택을 구입한 뒤 은행에 이자를 지불하는 것이 일반적이다. 하지만 이자 수취가 금지된 이슬람에서는 고객이 구입하고자 하는 주택을 은행이 구입하고, 고객은 주택에서 거주하는 대가로 해당 은행에 이자 대신 임대료를 지급한다. 대출 기간이 만료되면 고객과 은행은 당초 합의된 계약 내용에 따라 은행으로부터 해당 주택을 구입해 자신의 소유로 한다.

기업을 대상으로 한 금융 서비스 역시 같은 방식으로 진행된다. 이슬람 기업이 항공기를 구입하기 위해 대출을 받아야 하는 상황을 가정해보자. 이자 수취가 금지된 이슬람 금융에서는 이를 지원하기 위해, 은행에서 특수목적회사SPV를 설립하고 해당 회사 명의로 항공기를 구입한 뒤, 비행기를 필요로 하는 회사에 대여해준다.

그렇게 되면 은행이 해당 회사로부터 받는 금액은 이자가 아니라 대여료가 되는 것이다.

2011년 당시 국내 금융 기관들은 이러한 방식으로 금융 거래를 수행할 수 없었다. 우리나라는 금융업과 일반 산업 부문을 엄격히 분리하는 금산 분리를 원칙으로 하고 있다. 따라서 금융 기업이 주택 임대업 내지 비행기 등과 같은 실물 자산을 임대하는 행위 자체를 쉽게 용인하지 못한다.

하지만 홍콩은 우리와 상황이 다르다. 홍콩은 금융 기업이 수행할 수 있는 업무 범위에 별다른 제약이 없다. 심지어 금융 기업을 설립해 운영하는 것도 자유다. 대신 설립된 금융 기업의 재무건전성 등 자격 요건에 따라 취급할 수 있는 금융 자산의 한도와 내용이 상이할 뿐이다. 이처럼 유연한 금융 관련 제도 덕분에 당시 홍콩은 이슬람 금융 자본을 성공적으로 유치할 수 있었다.

홍콩은 어떻게 세계 금융의 중심지가 되었을까?

글로벌 금융 기업들이 홍콩을 선택한 주요 이유 중 하나가 자유로운 경영 환경이지만, 사실 이것만으로 글로벌 금융 기업을 유인하기는 어렵다. 금융 기업이 한 지역에 터전을 잡게 하기 위해서는 보다 근원적이고 본질적인 변화가 필요하다. 단순히 금융 기관을 설립하고 운영하기가 용이해졌다고 해서 금융 산업이 발전하는 것은 아니다. 해외 송금 한도를 완화하고, 다양한 세제 완화 정책을 도입했다고 해서 금융 기업이 달려오는 것도 아니다. 이러한 요소들은 금융 산업을 지원하기 위한 필요조건이지 충분조건은 되지 못한다. 세제 및 외환 거래 정책과 같은 법과 제도는 언제든 상황이 바뀌면 다시 원상태로 되돌릴 수 있기 때문이다. 그렇다면 금융 산업을 발전시키려면 어떠한 환경을 제공해야 할까? 금융 기업과 금융 종사자들이 선호하는 환경이 무엇인지는 지금까지 홍콩이 어떠한 경로를 거쳐 발전해왔는지를 살펴보면 쉽게 그 힌트를 얻을 수 있다.

홍콩이 금융 거래의 중심지 역할을 하게 된 배경은 생각보다 오래되었다. 중국 남부에 자리한 홍콩은 수심이 깊은 앞바다를 두고 있어 예전부터 원거리 무역항으로 널리 활용되었다. 홍콩이라는 이름도 '향을 수출하는 항구'라는 의미의 '향항 香港'을 광둥어로 발음한 것이다. 일찍이 항구도시로 성장한 홍콩은 자연스럽게 서구 열강의 주목을 받았다. 그러던 와중에 중국과 영국의 아편 전쟁의 결과로 1843년에 홍콩이 영국에 할양되었다. 이후 약 150년 동안 영국 통치 아래 놓였고, 1997년이 되어서야 중국으로 반환된다. 영국이 중국 내 수많은 해양 도시 중 할양받을 도시로 홍콩을 선택한 것은 일찍부터 무역이 활발했던 도시이기 때문이다. 같은 이유로 홍콩에서는 자연스럽게 금융 산업이 발달하게 된다. 원래 대규모 무역은 금융 산업과는 불가분의 관계이기 때문이다. 주식회사 제도가 자리매김한 것도 원거리 무역을 수행한 '동인도회사'가 결정적인 계기가 되었으며, 보험, 채권 등 금융 상품 역시 불확실성이 높은 원거리 무역을 수행하는 상인들을 지원하기 위한 목적 아래 발전해왔다. 홍콩이 영국에 할양된 이후 홍콩은 자연스럽게 서구 열강의 무역 거점 기지로 활용되었고, 자연스럽게 다국적 금융 기관이 홍콩으로 입주했다.

홍콩을 기반으로 여러 글로벌 금융 기업들이 활동하기 시작하자 홍콩은 이들 금융 기업 직원들이 생활하기 적합한 정주 여건을 갖추는 형태로 진화해왔다. 따라서 지금의 홍콩이 어떠한 도시 환경을 갖고 있는지를 찬찬히 살펴보면 글로벌 금융인들을 유치하기 적합한 환경이 무엇인지도 쉽게 유추할 수 있다.

금융 기업이 홍콩을 선호할 수밖에 없는 이유

홍콩이 세계 금융의 중심지가 된 중요한 조건 중 하나는 세계적인 관광지라는 점이다. 홍콩의 4대 대표 산업 중 하나가 관광 산업이다. 코로나 이전인 2018년 기준으로 연간 관광객 수가 6,500만 명이 넘었는데 이는 홍콩 인구가 745만 명이라는 점과 홍콩의 면적이 1,104km²로 서울의 1.8배 수준이라는 점을 고려할 때, 실로 어마어마한 수치다. 중국인들의 홍콩 관광이 본격화되면서 홍콩의 관광객 수치는 17배 이상으로 늘어, 1990년대 중반까지는 전체 관광객의 20% 미만이었으나, 2002년 41.2%, 2009년 60.7%에 이어, 2016년 76%(4,277만 명)에 이르렀다. 그렇다고 좁은 홍콩 영토 위에 특별한 문화유적지나 아름다운 경치가 있는 것도 아니다. 그렇다면 수많은 관광객들이 무엇 때문에 홍콩으로 향하는 걸까?

가장 큰 이유 중 하나는 홍콩이 쇼핑의 천국이기 때문이다. 홍콩에는 세계적인 명품, 유명 브랜드 매장이 한 쇼핑몰 안에 모여 있을 뿐만 아니라 관세가 없기 때문에 같은 물건이라 하더라도 더 저렴하게 구입할 수 있다. 또한 우리나라의 부가가치세와 같은 소비세를 홍콩에서는 부과하지 않으며 일부 주류와 담배, 유류에만 개별소비세가 부과된다. 이러한 세제 혜택 때문에 홍콩에서는 같은 물건이 다른 국가에 비해 저렴하다. 세제 혜택은 사실 쇼핑 산업이 아닌 금융 산업을 육성하기 위해서였다. 홍콩이 금융 산업을 위해 적은 세목, 낮은 세율, 간편한 행정 절차를 지속적으로 추구해왔던 과정에서 쇼핑의 천국이라는 부수적인 타이틀을 얻게 된 것이다.

홍콩에서는 물건 가격만 싼 것이 아니다. 대부분의 점원이 영어를 능숙하게 구사해 외국인이 물건 구매에 어려움이 전혀 없다. 홍콩인들과 명함을 교환하다 보면, 영어 이름만 명시되어 있는 경우도 많다. 홍콩 시민 대부분이 영어에 능숙한 이유는 영국의 식민지였기 때문이다. 1842년 난징 조약으로 영국령이 된 이후부터 중국에 반환된 1997년까지 홍콩은 150년 동안 영국의 지배를 받는 과정에서 당연히 영어가 준공용어가 되었다.

이처럼 영어가 홍콩의 제2 공용어라는 점 역시 글로벌 금융 기업을 유치하기에 적합한 조건이 되었다. 앞서 언급한 바와 같이 금융 산업은 전 세계를 대상으로 사업을 수행하는 사람들을 위해 발달해왔다. 이들에게 최적의 서비스를 제공해주기 위해서는 전 세계에 지점을 개설해 상거래가 유발되는 지역이면 그 어디라도 입출금을 비롯한 다양한 금융 서비스를 원활히 제공할 수 있어야 한다. 이 때문에 특정 국가를 기반으로 한 금융 기업들과 달리 글로벌 금융 기업 직원들은 영어를 기반으로 업무를 수행하는 경우가 많다. 또한 글로벌 금융 기업에 근무하는 직원들 대부분은 다국적 직원들로 사내에서는 영어를 기반으로 의사소통을 하는 게 일반적이다. 이러한 상황에서 글로벌 은행들이 거점 지역으로 영어권 지역을 선호하는 것은 지극히 당연한 일이다.

특히 금융 기관 종사자는 업무 특성상 특정 고객과 인연을 맺게 되면 장기간 관계를 이어가야 하는 경우가 많다. 고객의 재무 상태를 전담한다는 것은 해당 고객의 사생활을 알게 된다는 것과 같다. 따라서 특정 고객의 자산을 관리하는 직원이 계속해서 바뀐다면 고객 입장에서 불안감과 불쾌감을 느낄 수 있다. 이 때문에 고액 자산가들을 담당하는 직원의 경우 대를 이어 재무 상담을 수행하는 경우도 많다. 그렇기에 한번 자리를 잡으면 오래 머물러야 하는 금융 기업 직원들은 자녀들을 교육하기 쾌적한 지역을 선호할 수밖에 없다. 이 점에서도 홍콩은 최적지다. 홍콩은 ESF English School Foundation 계열의 국제학교가 각지에 분포되어 있다. 이들 국제학교는 학비가 많이 비싸지도 않을뿐더러 100% 영어로 수업을 진행하기 때문에 자녀를 교육시키기에 전혀 문제가 없다. 다만 홍콩이 중국에 반환된 후 중국 정부가 이들 영어 중심 학교 대부분을 폐쇄하고, 중국어를 기반으로 한 학교로 교체하거나 일부만 남겨두고

초밀집 아파트인 익청빌딩은 엄청난 인구밀도를 감당하던 1970년대 홍콩의 분위기를 잘 보여준다.

있다.

금융 기관이 홍콩을 선호하는 또 다른 이유는 편리한 교통편 때문이다. 홍콩 공항에는 세계 주요 도시로 향하는 비행기가 다수 편성되어 있다. 그뿐만 아니라 공항에 내려 시내로 들어가거나 시내 여러 곳을 이동하는 데도 그 어떤 도시보다 편리하다. 홍콩국제공항에서 시내 중심가까지 25분만에 주파하는 '홍콩익스프레스'를 이용하면 금세 도심에 도착할 수 있다. 그뿐 아니라 홍콩은 '택시의 천국'이다. 홍콩에서는 어디서나 택시를 쉽게 잡을 수 있다. 택시를 잡기 위해 멀리 걸어갈 필요도 없고, 빈 택시를 기다릴 필요도 없다. 공항이나 페리 터미널, 백화점 등 대부분의 공공장소는 택시 이용자들을 우선적으로 배려하고 있다. 심지어 집 앞 아파트 현관을 나오자마자, 혹은 회사 로비를 나오자마자 바로 택시를 탈 수도 있다. 고액 연봉의 금융인들에게 시간은 곧 돈이다. 이런 금융인들이 이동하는 데 불필요한 시간을 허비하지 않을 수 있다는 점 또한 금융 기관이 입주하는 데 매력적인 요인이다.

금융인들의 시간 허비를 막기 위한 배려는 택시에 국한되지 않는다. 홍콩의 비행기 운행 시간은 아시아의 주요 도시를 당일 왕래할 수 있도록 구성되어 있다. 홍콩은 자정에 출발하는 비행기가 많은 것으로 유명하다. 자정에 아시아 주요 도시를 향해 출발하는 비행기 안에서 수면을 취하고, 새벽에 목적지에 도착한 뒤 오전부터 오후까지 여러 비즈니스 미팅을 수행하고 저녁 즈음 홍콩으로 돌아오는 비행기를 탑승하는 당일 출장이 가능하다.

이러한 교통 및 언어 환경보다 더 중요한 요소가 있다. 바로 주택 문제다. 홍콩은 전 세계적으로 집값이 비싼 곳으로 알려져 있다. 홍콩 아파트 가격은 평당 1억 원을 훌쩍 넘는다. 홍콩 아파트 가격이 이처럼 고가인 이유 중 하나는 아파트를 지을 부지가 모자라기 때문이다. 홍콩의 면적은 앞서 언급한 것처럼 서울의 1.8배 수준이다. 이 중 아파트 부지이자 중요 시설물이 입지한 홍콩섬과 카우룽반도가 차지하는 면적은 전체의 15%에 불과하다. 나머지 지역은 군소 섬들과 전원지대로 원칙적으로 주택을 지을 수 없다. 아무리 충고를 높인다 하더라도 작은 면적에 거주할 수 있는 사람은 제한될 수밖에 없는 것이다.

홍콩에 초고가 아파트가 많은 또 다른 이유는 아시아의 부호들이 가장 많이 거주하는 곳이기 때문이다. 부호들은 홍콩에서 제공하는 다양한 세제 혜택과 금융 서비스를 누리기 위해 홍콩에 거주한다. 그리고 이들은 자신의 재산에 부합하는 거주 공간으로 대형 평수의 초호화 아파트를 선호한다. 우리가 종종 신문 기사로 마주치는 홍콩의 초고가 아파트들은 일반 서민이 거주하는 아파트가 아닌 아시아의 부호들 내지 글로벌 금융 기업 간부들이 거주하는 아파트들이 대부분이다.

그렇다면 홍콩의 보통 시민은 어떻게 생활하고 있을까? 홍콩 정부는 아주 오랫동안 일반 홍콩 시민과 글로벌 금융업 종사자들에게 저가의 거주 공간을 제공하기 위한 방법으로 공공 주택을 건설해왔다. 홍콩은 1978년부터 공공 주택을 본격적으로 공급하기 시작했고, 이러한 정책 기조는 최근까지도 지속되고 있다.

홍콩 정부가 제공하는 공공 주택은 우리나라의 공공 주택과는 그 방식이 사뭇 다르다. 홍콩 정부는 시민의 소득 수준에 따라 차등화된 공공 주택을 공급한다. 소득이 가장 낮은 사람들을 위한 저렴한 공공 주택, 그보다 상위 계층에 해당하는 대상에게는 보다 쾌적한 공공 주택을 제공한다. 소득이 높아짐에 따라 보다 고가의 환경에서 살고자 하는 시민들과 외국인 근로자들의 욕구를 반영한 것이다. 물론 홍콩 정부의 공공 주택 정책이 부동산 문제를 완벽하게 해결했다고 볼 수는 없지만, 그래도 홍콩 시민 중 임대주택에 거주하는 사람이 200만 명 이상이며, 공공 분양 주택에 거주하는 사람들 역시 100만 명이 넘는다. 즉, 홍콩 시민 중 절반에 가까운 사람들이 공공 주택에 거주하고 있는 것이다.

홍콩 행정 수반을 역임한 도널드 창Donald Tsang은 2007년 아시아금융포럼에서 홍콩이 아시아를 넘어 세계적인 금융 허브가 될 수 있었던 요인을 다음과 같이 제시했다. ①신뢰할 수 있는 법체제 ②효율적인 정부 ③자유로운 정보의 흐름 ④낮은 세금 ⑤편리한 자본 유출입 ⑥언제든 교환 가능한 통화 ⑦양질의 풍부한 노동력 등이다.

우리나라도 20년 전 동북아 금융 허브 도시를 구축하기 위한 노력을 시도한 바 있다. 이와 함께 국내 금융 기업들을 세계적인 금융 기업으로 육성하기 위한 노력도 지속하고 있다. 하지만 이러한 지속적인 노력에도 유의미한 성과를 내지 못하는 이유는 제약과 규제가 많은 구조적인 문제 때문이 아닌가 싶다. 우리나라가 진정으로 금융 강국으로 거듭나기 위해서는 앞서 언급한 홍콩의 상황들을 되돌아봐야 하지 않을까.

창업 강국 이스라엘의 성공 방정식

- ◆ 인구 ‖ 917만 4,520명(98위)
- ◆ 화폐 단위 ‖ 이스라엘 신 셰켈(ILS, ₪)
- ◆ GDP(2023) ‖ 5,392억 2,300만 달러(29위)
- ◆ GDP 성장률(2022) ‖ 6.5%
- ◆ 실업률(2022) ‖ 3.5%
- ◆ 물가상승률(2022) ‖ 4.4%
- ◆ 인터넷 사용 비율(인구 대비) ‖ 90%

이스라엘은 분명 작은 나라다. 인구는 800만 명 수준이며, 영토 역시 남한 면적의 5분의 1정도로 우리나라의 강원도 수준이다. 하지만 ICT 분야를 중심으로 한 벤처 부문에서는 누구도 범접하기 어려운 세계 최강 국가다.

이스라엘에서는 전 세계에서 가장 밀도 높은 창업 활동이 전개되고 있다. 인구 대비 벤처 창업률은 단연 세계 1위다. 단순히 창업 건수만 많은 것이 아니라 실질적으로 성과를 만들어내는 기업들이 많다. 미국 나스닥에 상장되어 있는 이스라엘 회사가 유럽 대륙 전체 회사 수보다 더 많다는 사실만 보더라도 쉽게 알 수 있다. 이러한 성과 때문에 전 세계 벤처 투자자들이 이스라엘을 주목하고 있다. 미국 CIA 통계에 따르면, 이스라엘에 투자된 벤처캐피탈 투자 액수는 국민 1인당 기준으로 미국의 2.5배, 유럽의 30배, 중국의 80배, 그리고 인도의 350배에 달한다. 이스라엘은 어떻게 이러한 놀라운 성과를 보인 것일까? 정답은 의외의 곳에 있다. 다름 아닌 징병제와 국방 산업 덕분이다.

국방 산업이 1순위인 이스라엘

현재 전 세계적으로 징병제를 실시하고 있는 나라는 30여 개국 정도다. 그리고 이들 국가 대부분은 개발도상국이거나 권위주의 국가 혹은 독재 국가로 해당 국가 지도층의 필요에 의거해 징병제가 유지되고 있는 경우다. 국가 체계가 자리매김한 국가 중에서 징병제를 유지하고 있는 국가는 우리나라와 싱가포르 그리고 이스라엘 정도가 있다.

이스라엘이 징병제를 유지하고 있는 이유는 중동 지역과의 잦은 전쟁 때문이다. 이스라엘은 건국 초기부터 지금까지 크고 작은 전쟁을 치러왔다. 1948년 1차 중동 전쟁, 1956년엔 수에즈 운하 전쟁, 1967년 이스라엘의 선제공격으로 촉발된 6일 전쟁, 1973년 욤키푸르 전쟁 등을 겪어야 했다. 지금 열거한 대규모 전쟁 이외에도 크고 작은 테러도 끊임없이 발생하고 있다. 이 때문에 이스라엘은 국방과 안보가 그 무엇보다 중요한 요소다.

하지만 인근 아랍 국가들에 비해 인구수가 턱없이 부족해 이스라엘이 국방력을 유지하기 위해서는 남다른 전략이 필요했다. 가장 먼저 이스라엘이 선택한 방식은 징병제다. 전 국민이 군대에 복무하는데, 남성은 3년 여성은 2년 간 이스라엘 방위군IDF에 복무한다. 하지만 단순 징병제만으로는 국방력을 유지하는 데 한계가 있기에 군대 운영 방식에도 남다른 접근이 필요했다.

가장 주목할 부분이 수평적인 군대 문화다. 원래 군대 문화는 상명하복의 수직적인 문화가 일반적이다. 이는 전쟁 시 일사불란한 조직을 유지하기 위한 불가피한 선택이다. 머리 위로 총알이 빗발치는 상황에서 '돌격 앞으로'를 지시하는 상관의 명령에 순간적으로 반응하기 위해서는 평소 상관의 명령에 조건반사적으로 행동하는 훈련이 필요하다. 위기 상황에서 자기중심적으로 생각하고 판단하는 것은 조직 전체를 와해시킬 수도 있다. 이러한 이유로 군대는 전시가 아닌 평상시에도 상관의 사소한 지시라도 무조건적인 복종을 강요하는 문화를 심어두는 것이다.

하지만 이스라엘의 군대 조직은 다르다. 이스라엘 군대는 수평적 조직 문화로 유명하다. 이스라엘은 상급자가 하급자와 작전 상황을 토론해 의사를 결정한다. 상급자의 지시가 잘못되었다고 판단하면 하급자가 상급자를 설득하는 장면도 쉽게 목격할 수 있다. 심지어 전 세계 어느 국가보다도 더 많은 책임과 권한이 하급자에게 위임되어 있다.

이스라엘 군대가 여느 국가와 다른 방식으로 운영되는 이유 역시 인구 부족 때문이다. 군대 조직은 전형적인 피라미드 형태의 조직 구조를 갖고 있다. 하지만 인구가 도시 국가 수준인 이스라엘은 층층이 여러 단계의 조직 체계를 갖추기 어려웠다. 심지어 이스라엘군의 피라미드 구조는 위가 아래보다 현저히 적다. 일례로 미국은 장교 대비 사병 비율이 1 대 5 수준이지만 이스라엘은 1 대 9 수준이다. 이러한 조직 구조는 자연스럽게 하급자가 결정할 수 있는 권한과 책임의 폭이 커지게 만들었다.

이스라엘에서는 여성도 24개월의 군 복무를 해야 한다.

군대는 하급자에게는 제한된 정보만을 제공한다. 충분한 정보를 제공하면 급변하는 상황에 종합적으로 판단해 대응할 수 있음에도 불구하고 불필요하게 많은 정보를 주지 않는다. 이는 자칫 작전을 수행하는 과정에서 포로로 잡혔을 때, 적에게 정보가 유출될 위험을 최대한 낮추기 위함이다. 대규모 조직으로 구성된 군대는 작전 중 소실되는 인원이 있다 하더라도 동급의 다른 후임자를 쉽게 대체할 수 있기 때문에 각각의 구성원이 제한된 정보만 갖고 있다 하더라도 조직 전체가 와해되지 않는다. 하지만 조직 인원이 적은 이스라엘 군대에서는 특정 직급을 대체할 동일 직급의 인원이 적거나 심지어 없는 경우도 많다. 이러한 상황에서 이스라엘이 선택할 수 있는 방법은 모든 병사들이 현장에서 상급자 내지 동료의 유고

시 충실히 작전을 수행할 수 있을 만큼의 정보를 제공하고, 스스로 판단할 수 있도록 군대를 구성하는 것이다.

군 복무 경험이 스타트업으로 이어지다

이스라엘 군대의 이러한 조직 문화는 여느 스타트업 기업들의 조직 문화와 유사하다. 스타트업 조직 역시 엷은 피라미드 구조를 갖고 있어 대체 인력 내지 백업 인력이 없다. 이 때문에 모든 직원이 회사 전반의 상황을 공유하고, 현장에서 유발되는 문제에 대해 각자가 스스로 판단하고 대처해야만 한다. 어떤 의미에선 이스라엘 국민들은 스타트업이 직면한 환경을 군대에서 먼저 경험하고 있는 것이다.

또한 스타트업이 성공하기 위해서는 수평적인 조직 문화가 중요한데 이스라엘 국민은 그 누구보다 수평적인 조직 문화에 익숙하다. 또한 그 어느 국가보다 학력, 재산, 출생에 따라 차별을 두지 않는 문화를 갖고 있어 수평적인 조직 문화를 수월하게 받아들인다.

투자자를 모으는 과정에서 세계적인 기업의 CEO를 만나더라도 전혀 주눅 들지 않는 것이 이스라엘 사람들의 특성인데, 이 역시 군대 때문이다.

이스라엘은 현역병 부족을 해결하기 위해 예비군 제도를 운영하고 있다. 제각기 다른 분야에서 사회생활을 하던 사람들이 예비군으로 다시 군대에 입대하게 되면 사회적 지위와는 달리 군 계급에 따라 다시 상하 관계가 형성된다. 이제 대학을 막 입학한 청년 장교가 아버지뻘 되는 사람에게 지시를 하기도 하고, 부하직원이 자신의 회사 사장에게 지시를 하는 경우도 있다. 물론 예비군 제도를 도입한 국가는 이스라엘만이 아니다. 예비군 제도를 운영하는 다른 국가에서는 이같은 수평적 조직 문화가 배양되지 않지만 이스라엘에서 유달리 수평적 조직 문화가 배양되는 것은 이스라엘의 예비군 제도가 다른 나라의 예비군과는 그 수준이 전혀 다르기 때문이다. 이스라엘의 예비군은 현역군처럼 몇 주 내지 몇 달간 재훈련을 받고 수시로 실전에 투입되는 경우가 많다. 즉 형식상의 예비 병력이 아니라 언제든지 실전에 투입이 가능한 예비 병력으로 그만큼 훈련에 임하는 강도와 기간이 남다르기 때문이다.

앞서 열거한 상황 판단 능력 내지 문제 해결 능력과 수평적인 조직 문화만 가지고 이스라엘 스타트업의 남다른 성공을 설명하기는 부족하다. 그들이 성과를 보인 분야는 그 어느 분야보다 고도의 전문성을 요구하는 ICT 분야이기 때문이다. 이스라엘 국민들은 도대체 언제 ICT 분야의 전문성을 갖추게 되었을까? 놀랍게도 이 역시 군대와 긴밀히 관련되어 있다.

ICT 전문가 양성의 요람, 탈피오트

최근 국방력은 정보에 기반하고 있고, 사이버 전쟁에 대한 대비 또한 중요한 덕목이다. 이 때문에 이스라엘은 군대 내부에 ICT 관련 여러 전문 부대를 창설해 운영하고 있다. 테러 조직의 자금을 추적하는 부대, 테러 단체의 온라인 통신 내용을 감청하는 부대, 최첨단 전자 장비를 활용한 부대 등이다. 이 같은 전문적 목적을 지닌 부대에 입대하기 위해서는 수십 대 일의 경쟁을 거쳐야 한다. 대표적인 부대가 탈피오트Talpiot 부대다. 탈피오트는 히브리어로 '최고 중의 최고'를 의미한다. 매년 이스라엘 고등학교의 상위 2%에 속하는 학생들은 탈피오트 프로그램에 지원하도록 권유받으며, 이들 중 10% 정도만이 물리학과 수학을 중심으로 한 시험에 통과해 탈피오트에 입대할 수 있다.

이러한 탈피오트 부대에 선발된 인원은 최고 명문인 히브리대학교에서 수학·컴퓨터공학 등 이공계 과목을 40개월 동안 공부한 뒤, 현역병으로 총 9년간 복무한다. 이러한 복무 기간은 여타 현역병에 비해 6년이 더 긴 기간이다. 여타 군부대에 비해 복무 기간이 길어도 많은 우수 인재들이 탈피오트를 선택하는 이유는 전역 후 사회생활에서 커다란 경력 사항으로 작용하기 때문이다. 이스라엘은 국민들이 군대에 복무하는 과정을 제대 이후 사회생활에 직접적인 경력 사항이 되도록 사회 구조를 설계했다. 이 때문에 군 복무 시절 어떠한 보직을 맡았는지가 어느 학교, 어느 학과를 졸업했는지 보다 더욱 중요하다.

탈피오트 부대원들은 군 복무 시절에는 미사일 등 국방 관련 기술과 사이버 보안 등 연구개발을 하면서 이스라엘 국방력 강화에 기여하다가 전역 후에는 ICT 분야의 창업자가 되어 이스라엘 혁신

생태계에서 주축으로 활동한다.

이스라엘은 현재 사이버 보안 산업 부문에서 압도적인 1위 국가가 되었다. 이스라엘 사이버 보안 시장은 세계 시장 점유율 10% 이상을 차지하고 있으며, 전 세계적으로 사이버 보안에 대한 관심이 증가하면서 관련 시장 전망은 더더욱 밝은 상황이다.

실패에 관대한 이스라엘 문화

앞서 언급한 바와 같이 싱가포르와 한국도 징병제를 운영하고 있음에도 불구하고 이들 국가에서는 이스라엘보다 창업 문화가 활발하지 않은 이유는 무엇일까? 여러 요인 중 빼놓을 수 없는 것이 '실패에 대한 태도'다.

창업은 누군가에게 있어 생애 첫 경험일 가능성이 많다. 따라서 많은 경험과 노하우가 이미 구축돼 있는 사람에게는 단순한 업무에 해당할 수 있는 것이 창업 초반 CEO에게는 복잡하게 보여질 수도 있다. 때로는 무지로 인해 아주 단순한 사고가 큰 실수로 이어지기도 한다. 결국 이러한 실수들이 모여 사업 실패로 이어지곤 한다.

창업은 늘 어렵다. 관련 통계만 보더라도, 지난 2010~2014년 동안 국내 신규 창업은 대략 77만 개였는데, 같은 기간 69만 개의 업체가 폐업했다. 5년 생존율이 27.3%에 불과하다. 하지만 이러한 내용을 조금 깊이 살펴보면, 흥미로운 결론에 이른다. 첫 번째 창업 실패율은 높지만, 재창업 시 실패율은 현격히 떨어지는 것으로 조사됐기 때문이다. 2015년 중소기업청 조사에 따르면, 창업 이후 5년 생존율을 기준으로 첫 창업 시에 비해 재창업 시 생존율이 두 배 이상 높은 것으로 나타났다.

이러한 사실을 종합할 때, 창업 실패 확률이 높다는 것은 첫 번째 창업의 실패 확률이 높다는 것을 의미한다. 흔히 창업과 대비되어 안정된 직업으로 분류되는 의사, 변호사 등 전문직의 경우에는 개업 등을 통해 업무를 수행하기 앞서 적게는 3년 길게는 10년 가까이 관련 공부를 한다. 사전에 실패율을 낮추기 위한 오랜 숙련 기간을 거쳤기에 안정적인 직업이 된 것이다. 그렇기에 사전 예행 연습 및 장기간 숙련 기간 없이 창업한 기업의 실패율이 높은 것은 어찌 보면 당연하다.

대부분의 글로벌 기업가들은 뼈아픈 사업 실패 경험을 갖고 있다. 미국과 중국 기업인은 평균 2.8번의 실패를 경험한다. 우리에게 익히 알려진 도널드 트럼프Donald Trumph 전 미국 대통령도 한때 개인파산을 네 번이나 신청한 경력이 있다. 중국의 마윈馬雲 회장도 여덟 번의 사업 실패 후에 알리바바를 탄생시켰다.

우리나라 기업인의 경우 사업 실패 경험이 평균 1.3회에 그치는 것으로 조사됐다. 폐업 기업의 CEO가 본인 명의로 다시 창업하는 비율은 3% 수준이다. 폐업한 기업의 대표이사가 임원으로 참여하는 경우 역시 4.2% 수준이다. 이러한 조사 결과는 우리 기업인이 사업 실패를 경험으로 생각하며 성공의 밑거름 내지 숙련 기간으

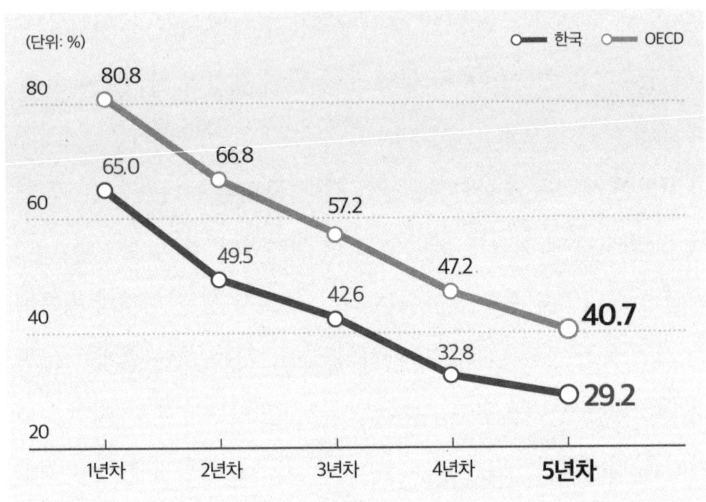

출처: OECD, 중소기업벤처부 (2021년 기준)

로 생각하기보다는 패배로 여겨, 도전을 멈추는 경향이 더욱 크다는 사실을 내포하고 있다.

우리나라에서 창업 후 5년 생존율이 OECD 국가 평균보다 현격히 떨어지는 원인 중 하나도 여기에 있다. 우리나라는 2010~2014년 5년 생존율이 조사 대상 OECD 17개국 중 최하위를 기록했다. 영국은 5년 생존율이 37.5%, 독일은 41.0%, 스웨덴의 경우에도 62.6%에 이르렀다. 이러한 수치는 30%가 채 안 되는 우리나라의 상황과 극단적인 대조를 이루고 있는 실정이다. 창업에 실패하는 과정에서 쌓은 많은 경험과 노하우를 갖고 있는 사람이 재창업에 참여하지 않는 상태에서 5년 생존율이 낮아지는 것은 지극히 당연한 결과다.

　실패라고 해서 모두 나쁜 것은 아니며, 오히려 성공적인 실패도 있다. 그러나 이를 구분하고 대응하는 기업은 많지 않다. 또 실패한 프로젝트에 대해 원인을 분석하고 이러한 결과를 전 직원에게 교육해 이와 유사한 실패가 반복되지 않도록 조치하는 기업도 많지 않다. 이러한 실상은 기업 CEO를 대상으로 한 설문조사를 통해서도 쉽게 확인할 수 있다. 하버드 대학교에서는 기업 최고경영자를 대상으로 현장에서 징계 대상이 될 만한 실패가 전체의 몇 % 정도인지를 물은 적이 있다. 그 결과 최고경영자들은 2~5%라고 답했다.

　이스라엘 사람들은 일반적으로 실패에 관대하다. 하지만 실패 후 자신의 실패에 대해 변명하거나 실패 원인을 면밀히 분석하지 않는 것에 대해서는 냉정하게 비판한다. 이스라엘이 실패에 대해 긍정적 태도를 갖게 된 배경에 대해서는 사람마다 그 해석이 다르다. 그중 건국 이후 줄곧 다양한 전쟁 상황에 직면했기 때문이라고 분석하는 사람도 있다. 전쟁이란 생전 처음 접하는 상황이 연이어 계속되면서 그 과정에서 여러 종류의 실패를 대하는 태도를 배우게 되었다는 것이다. 또 어떤 사람은 여러 국가에서 오랫동안 살다 온 사람들이 모여서 만든 국가다 보니, 관용과 문화적 상대성을 자연스럽게 갖게 되었다고 분석하기도 한다.

이스라엘의 숙원은 제조업 육성

이상에서 열거한 이유들로 이스라엘은 분명 세계 최고 수준의 ICT 경쟁력을 갖추었다. 하지만 이러한 ICT 기술력과 국방력만으로는 국가 경제를 유지할 수 없다. 국가의 기반을 유지하기 위해서는 교통, 전력, 건설 등 제조 부문의 지원이 반드시 필요하다.

하지만 이스라엘이 이러한 제조 부문에서 경쟁력을 갖추기에는 어려움이 많다. 가장 큰 어려움으로는 이스라엘이 요르단, 시리아, 이집트 등 이슬람 국가들에 둘러싸여 있다는 점이다. 이러한 상황에서는 중공업을 육성하기 위한 인프라를 확보하기가 용이하지 않다.

자국 산업과 제품을 지키고자 하는 이스라엘의 노력은 더욱 다양한 방식으로 전개되고 있다. 제품 표준으로 무역 장벽을 만든 경우도 있다. 인구가 1,000만 명도 되지 않은 이스라엘은 다른 나라에서는 결코 사용하지 않은 전기 플러그를 고집한다. 외국 기업들이 자국 시장에 쉽게 뛰어들지 못하게 막기 위함이다. 이스라엘의 사례처럼 많은 국가에서는 자국 내에서 판매되는 다양한 제품에 남다른 표준을 강요하면서 자국 기업을 보호하기도 한다.

오늘날 세계 여러 국가들이 저성장 기조를 탈피하고 자국의 새로운 혁신 생태계를 구축하기 위한 창업 활성화에 다각적인 노력을 기울이고 있다. 하지만 이 과정에서 많은 국가들이 기존 산업 내지 사회 구조를 고려하지 않은 채 완전히 새로운 전략으로 혁신 생태계를 구축하려 시도한다. 이러한 시도는 좀처럼 성과를 보이기 어려운 것이 사실이다. 이와 같은 상황에서 전 세계에서 가장 성공한 창업 혁신 생태계를 조성한 이스라엘은 철저히 자국 상황에 부합하는 방식으로 혁신 생태계를 창출해냈다는 점을 우리는 주목해야 할 것이다.

무역 요충지에 있는
싱가포르의 생존 전략

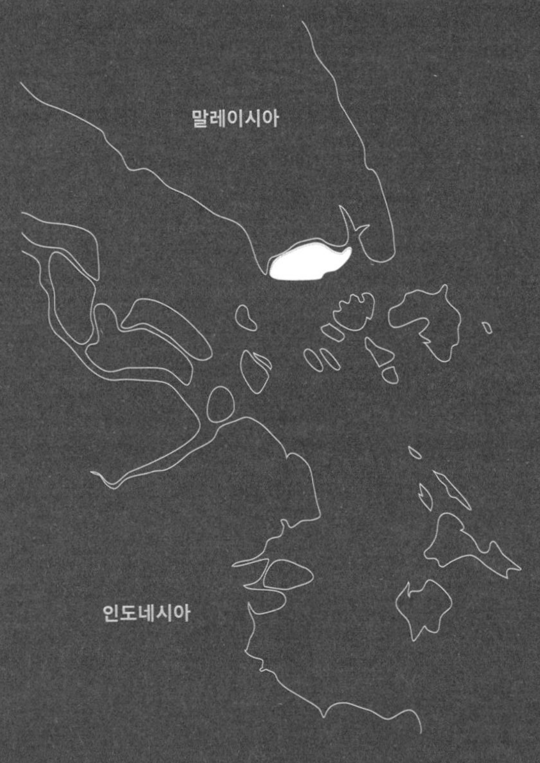

- 인구 ‖ 601만 4,723명(114위)
- 화폐 단위 ‖ 싱가포르 달러(SGD, S$)
- GDP(2023) ‖ 5,155억 4,800만 달러(30위)
- GDP 성장률(2022) ‖ 3.6%
- 실업률(2022) ‖ 2.8%
- 물가상승률(2022) ‖ 6.1%
- 인터넷 사용 비율(인구 대비) ‖ 91%

싱가포르는 인도양과 태평양을 연결하는 말라카 해협의 전략적 요충지에 위치해 있다는 사실을 빼놓고는 설명할 수 없다. 그래서 싱가포르는 일찍이 중개무역항으로 발전해왔다.

싱가포르는 총 123개국, 600개 항구와 연결되어 있는 세계 최대의 환적 항만을 보유하고 있다. 싱가포르 창이공항 또한 전 세계 90개국, 380여 개 도시를 잇는 항공 허브로, 코로나19 이전인 2018년에는 한 해 역대 최다 이용객인 6,560만 명을 기록한 바 있다. 이 때문에 글로벌 기업들은 세계적인 트렌드가 한 데 모이는 싱가포르를 동남아시아 진출 교두보로 활용하고 있다. 싱가포르에 진출한 7,000여 개의 다국적 기업 중 60% 이상이 싱가포르를 동남아시아 또는 아시아·태평양 지역본부로 활용하고 있다.

단순히 교통 요충지에 있다고 해서 무조건 글로벌 기업이 몰려드는 것은 아니다. 싱가포르는 이들 기업이 원활하게 활동할 수 있는 환경을 제공하기 위해 우수한 인적 자원을 보유하고자 지속적으로 노력해왔다. 초등학교 때부터 치열한 입시 경쟁이 시작되고, 사교육 비중이 높은 것도 이러한 환경 때문이다.

대한민국 고3 같은 싱가포르 초등학생

싱가포르 학교 제도는 초등 교육 6년, 중등 교육 4년, 중등 후 교육 2~4년, 대학 4년으로 구성되어 있다. 초등학교에서는 4년간의 기초 과정과 2년간의 탐색 과정을 거치는데 이 6년 과정을 모두 마치면, 초등학교 졸업자격시험Primary School Leaving Examination, PSLE을 치르고 중학교에 진학한다. 중학교 때부터는 진로를 거의 확실히 정하는 경우가 많다.

이처럼 치열한 교육 환경은 자연스럽게 사교육 의존도를 높이는 요인이 되었다. 싱가포르에서는 초등학생을 대상으로 한 사교육이 무척 활발하다. 초등학교 4학년부터 6학년 과정에서 이미 중등 과정의 진로가 결정되기 때문이다. 초등학교 3학년만 되면 학교와 학부모 모두가 입시 체제로 들어선다.

4학년 때 치르는 시험은 능력이 아주 부족한 경우가 아니면 통과할 수 있는 수준이지만, 6학년 때 치르는 초등학교 졸업자격시험은 그 결과로 어떤 중학교에 갈지 결정되고, 또 들어간 중학교에 따라 그 후의 주니어 칼리지나 대학교가 결정되는 것이나 마찬가지다. 그래서 5학년이나 6학년쯤 되면 싱가포르 초등학생의 하루 일과는 거의 우리나라 고3 입시생을 방불케 한다. 이 시기의 자녀를 둔 집에서는 어느 정도의 경제력이 있다면 대부분 개인 과외를 하거나 학원에 보낸다.

하지만 우리나라에서도 그렇듯 부작용도 분명하다. 부의 대물림

현상과 어렸을 때부터 편중된 교육이 문제로 지적되고 있다. 과외비를 감당하면서 영어와 수학 등을 따로 교육받을 수 있는 집의 자녀는 시험 점수를 올려 명문 상급 학교로 진학할 수 있고, 진학 후에도 학교와 부모의 노력으로 사회에서 좋은 대접을 받으며 안정된 직장에서 일할 수 있는 것이다. 만약 공부량을 개인 과외로 보충해주지 않으면 중학교 입학 후부터는 점점 공부하는 분위기와는 거리가 먼 환경에 속할 수밖에 없게 된다. 또 사교육 기관 대부분이 학업 또는 체육 관련 교육으로 일관되어 어려서부터 미술과 같은 예능 교육을 받을 기회가 거의 없고, 학교의 커리큘럼도 시험과 관련된 과목 위주로 짜여 있다. 이는 공교육 기관에서도, 사교육 업체에서도 미술이나 음악과 같은 과목을 접할 기회가 없다는 부작용도 드러났다.

하지만 긍정적인 효과도 결코 적지 않다. 싱가포르가 교통의 요충지라는 지리적 이점을 활용한 중계무역과 함께 이러한 중계무역을 지원하는 금융 산업을 육성해 세계적인 금융 허브로 발전한 근저에는 뛰어난 인적 자원이 있다.

싱가포르 정부의 외국 자본 투자 유치 의지도 강해 이를 기반으로 기업이 활동하기 좋은 환경을 구축했기에 일반적으로 외국 기업이 싱가포르에 진출했을 때 겪는 애로사항은 많지 않다. 영어 공용화, 투명한 행정, 정치적 안정성, 간단한 조세 체계, 선진화된 인프라, 노동 시장의 유연성 등을 바탕으로 세계은행 발표에 따르면 '기업 하기 좋은 나라' 2위로 꼽힌다. 다만, 싱가포르 정부의 외

실내 폭포를 포함한 280여 개의 편의 시설이 있는 창이공항.
항공업계 컨설팅 회사인 스카이트랙스가 뽑은 2023년 세계 공항 순위 1위에 올랐다.

국 인력 제한 정책으로 외국 인력 의존도가 높은 요식업, 건설업 등의 업종 중심으로 인력 관리에 곤란을 겪는 기업이 늘고 있는 추세다.

선박 수리업이 발달한 이유

이처럼 교역과 금융의 중심지인 싱가포르에서 큰 비중을 차지하는 제조 분야가 하나 있다. 다름 아닌 선박 수리업이다. 많은 선박이 오가는 길목에 위치한 만큼 선박 수리를 하기에 최적화된 지역이 싱가포르다.

154

선주들 입장에서는 자신의 배를 수리하기 위해 기존 교역로에서 멀리 떨어져 있는 장소로 이동하는 것 자체가 비용이고 부담이다. 이 때문에 평소 선박을 운항하던 항로에 있는 지역에서 수리하는 것을 당연히 선호한다. 무역 항로에 위치한 싱가포르에서는 선박을 빠르게 수리할 수 있을 뿐만 아니라 태풍 등 천재지변이 거의 없어 전천후 작업이 가능하다. 오늘날 싱가포르가 세계적인 선박 수리 산업 및 해양 플랜트 산업으로 꾸준히 성장할 수 있었던 이유 역시 이러한 지정학적 위치 덕분이다.

교통 요충지에 위치한 싱가포르는 그 어느 나라보다 다인종 다문화가 융합된 국가로 발전해왔다. 전체 인구의 약 30%(영주권자 포함할 경우 40%)가 외국인으로 구성될 정도다. 현재 싱가포르는 중국계(74.3%), 말레이계(13.4%), 인도계(9.1%), 기타(3.2%) 등 다양한 인종으로 구성되어 있다. 종교 역시 불교(33.3%), 기독교(18.3%), 무교(17.0%), 이슬람교(14.7%), 도교(10.9%), 힌두교(5.1%) 등 세계 종교가 싱가포르 안에서 공존하고 있다. 언어 역시도 영어, 중국어, 말레이어, 타밀어 등 네 개 언어를 공용어로 지정해 사용하는데, 유치원 시기부터 싱가포르 공용어로 쓰이는 영어와 그 외에 한 개의 모국어(중국어, 말레이어, 타밀어 중 택일)를 배운다. 정부는 모든 국민이 적어도 두 개 이상의 언어를 구사할 수 있도록 돕는 정책을 펴고 있다.

고령화와 노후화의 문제

비약적인 성과를 보여왔던 싱가포르 역시 최근에는 다양한 문제에 직면해 있다. 가장 큰 문제 중 하나가 급격한 고령화다. 싱가포르의 고령화에 따른 헬스케어 지출은 2011년 39억 싱가포르달러(약 3조 8,000억 원)에서 2018년 102억 싱가포르달러(약 10조 원)로 급격히 증가하는 추세다. 그뿐만 아니라 그간 싱가포르의 경쟁력의 원천이었던 각종 사회 인프라가 이제는 점차 노후화되어 막대한 재투자도 필요한 상황이다. 싱가포르는 향후 10년간 철도망 확대, 창이공항 제5터미널 개발, 투아스Tuas 항구 개발 등 낙후된 인프라를 보완하기 위해 인프라 투자를 지속해야 할 상황이다.

농업 부문에 대한 투자도 시급하다. 식품 수입 의존도가 90%에 달하는 싱가포르는 코로나19 유행을 거치며 기초적인 농산물 수급에 어려움을 겪었다. 이를 계기로 싱가포르 내에서 식량 안보의 중요성이 대두되면서 2030년까지 자체적인 식량 생산 비중을 30% 수준까지 높이려는 목표를 설정했다. 국토 면적이 작기 때문에 도시 내 농업urban farm, 수경 재배, 수직 농업vertical farm 등 농업 기술 개발이 필요한 상황이다.

아시아의 가장 가난한 어촌 지역이었던 싱가포르는 자신들의 지리적 이점과 이를 십분 활용할 수 있는 우수한 인적 자원을 바탕으로 그간 놀라운 성과를 보여줬다. 하지만 최근 싱가포르를 둘러싸고 있는 경제 환경은 사실 그리 녹녹지 않은 상황이다. 지속되는 미중 무역 분쟁과 중국의 더딘 경제 성장, 코로나19 이후 각국의 보호무역 기조는 대외 의존도가 높은 싱가포르 경제에 커다란 악재가 아닐 수 없다. 이러한 환경을 싱가포르가 어떠한 대안으로 헤쳐 나갈지 지켜보자.

스페인은 어떻게 문화예술의 나라가 되었을까

- ◆ 인구 ‖ 4,751만 9,628명(32위)
- ◆ 화폐 단위 ‖ 유로(EUR, €)
- ◆ GDP(2023) ‖ 1조 4,924억 3,200만 달러(15위)
- ◆ GDP 성장률(2022) ‖ 5.5%
- ◆ 실업률(2022) ‖ 13.0%
- ◆ 물가상승률(2022) ‖ 8.4%
- ◆ 인터넷 사용 비율(인구 대비) ‖ 94%

1879년 스페인 북부 산탄데르 지방의 영주인 돈 마르셀리노Don Marcelino 자작은 자신의 어린 딸을 데리고 스페인 한 동굴 안에서 무언가를 열심히 찾고 있었다. 아버지를 따라다니기 지루했던 어린 딸은 동굴 안을 여기저기 돌아다녔고, 그러다 우연히 동굴 벽에서 친숙한 형태의 그림을 발견했다. 바로 들소 그림이었다. 소녀는 "아빠 소예요"라고 외쳤다.

자작이 램프를 들고 자세히 살펴보니, 수많은 들소 그림이 동굴 천장에 그려져 있었다. 더욱 놀라운 것은 마치 어제 그린 것처럼 색채가 선명했고, 심지어 자신의 작품임을 뽐내기 위해서인지 손바닥 서명도 남겨져 있었다. 이렇게 우연히 발견된 동굴벽화가 후기 구석기 시대 벽화인 알타미라 동굴 벽화다. 알타미라 동굴 벽화는 예술 분야에서 스페인 사람들이 보이는 남다른 역량이 어쩌면 그들의 조상으로부터 물려받은 것이라는 생각이 들게 한다.

스페인의 탄생은 두 민족의 만남에서 비롯되었다. 먼저 이베로족은 기원전 10~3세기경 북아프리카에서 건너와 주로 반도의 남부와 동부의 해안 지대에 거주하다가, 서서히 북쪽으로 이동해 프랑

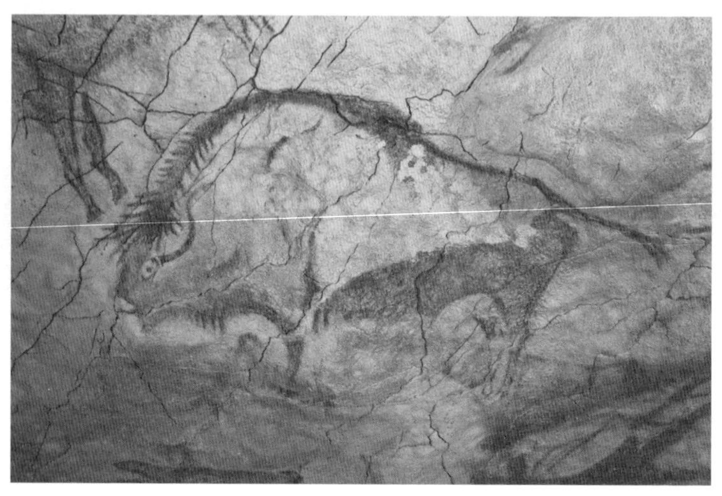

알타미라 동굴에 남겨진 들소 그림.

스 남부까지 올라갔다. 이베로족은 지중해 연안에 살고 있는 사람들을 통칭하는 말이다. 이들은 비슷한 지역에 거주하면서 서로 빈번히 교류했고, 이 때문에 종교, 생활풍습, 언어 등을 공유했다. 현재 스페인이 위치한 이베리아Iberia라는 이름 역시 여기서 유래했다.

주목할 부분은 이베로족의 특성이다. 많은 인류학자에 따르면, 고대의 부족들이 특정 지도자에게 충성하면서 진화와 발전을 거듭한 것에 반해, 이베로족의 경우 규칙이나 규율에 복종하는 것을 거부해왔다. 지금도 스페인 사람들은 개인주의적 성향이 짙을 뿐만 아니라 중앙 정부에 구속되지 않고 지역주의를 강하게 드러낸다. 이처럼 기존의 통념과 방식에서 벗어나려는 기질, 누군가 제시한 틀에서 벗어나 새로운 일탈을 지속적으로 시도하려는 기질은 스페인 문화예술 발달의 원동력이 되었다.

스페인의 토대가 된 또 다른 민족으로는 범유럽적 민족이라 할 수 있는 켈트족이다. 켈트는 철을 다루는 능력이 뛰어났을 뿐만 아니라 수공예 기술에 능한 것으로 알려졌다. 이러한 켈트족이 이베리아 반도로 들어온 시기는 기원전 6세기경이다. 켈트족은 이베리아 반도에 다양한 장식으로 치장된 금과 청동으로 만든 목걸이 등을 유물로 남겼다. 이처럼 문화예술적 기질이 강한 두 민족에서 기원한 스페인이 문화예술을 대표하는 국가로 지금까지 이어진 것은 어쩌면 당연한 결과인지도 모른다.

다양한 문화가 만나는 지리적 요충지

스페인이 교통의 요충지에 위치했다는 점은 스페인 사람들의 남다른 기질이 지속적으로 발현될 수 있게 했다. 스페인은 동서로 지중해와 대서양을 연결하고 있고, 남북으로 유럽 대륙과 아프리카 대륙을 연결하는 위치에 있어서 무역의 중심지가 될 수 있었다. 지중해는 물의 평야라 불릴 정도로 물결이 잔잔해 항해가 용이한 지역이다. 이 때문에 스페인 사람들은 오래전부터 바닷길을 이용해 다른 문명과 빈번하게 교류할 수 있었다. 화약, 나침반, 인쇄술 등 아시아의 여러 발명품과 문화예술품을 유럽으로 전파한 통로도 지중해이며, 아라비아·중동 및 인도 지역의 뛰어난 과학기술을 유럽에 전달한 통로 역시 지중해 지역이다. 특히 스페인은 아메리카 대륙의 독특한 감수성마저 가장 초기에 접한 국가였다.

이처럼 스페인은 교통로의 이점을 누리는 대신 이민족의 침략도 빈번히 받아야 했다. 교통의 요충지라는 의미는 다른 민족이 쉽게 침입할 수 있는 곳이라는 말과 동일하다. 초창기 스페인을 가장 먼저 점령한 이민족은 로마인들이다. 로마인들은 기원전 1세기에 이베리아 반도 전역의 지배자로 군림했으며 아우구스투스Augustus 황제는 기원전 38년에 스페인의 로마 제국 편입령을 발표했다. 그 뒤로는 5세기 초반 게르만족이 전 유럽을 휩쓸면서 410년 게르만족의 일파인 서고트족이 이베리아 반도를 점령해 300년간 통치했다. 이민족의 스페인 점령은 여기서 그치지 않았다. 711년 북아프리카에서 베르베르족과 일부 아랍 귀족으로 구성된 이슬람교도들이 침공해 무려 800년간 스페인 지역을 통치했다.

이 과정에서 스페인은 로마, 게르만 등 유럽 각 지역의 문화와 중동·아랍 민족의 감수성을 뒤섞는 기회를 갖게 되었다. 특히 스페인은 이민족으로부터의 몇 세기에 걸쳐 점령당했는데 이는 다른 문명권의 문화적 자양분이 스페인 국민에게 이식되기에 충분한 기간이었다.

이처럼 다양한 나라와의 빈번한 충돌은 문화예술 분야에 지속적인 영감을 주었던 듯하다. 페키니아인, 그리스인, 카르타고인, 로마인, 서고트족, 유대인, 무어인 등 서로 다른 민족과 다양한 종교가 섞여 그들 나름의 독특하고 새로운 문화가 형성되었다. 즉, 다양하고 이국적인 문화가 스페인 내부에 융합되어 다른 유럽 국가에서는 쉽게 볼 수 없는 문화를 갖게 된 것이다.

스페인은 한때 복식 유행의 본산이기도 했다. 유럽 지역에서 복식 문화의 전형이 이루어진 것은 르네상스 이후 여러 국가 간에 무역이 활발해지면서부터다. 하지만 그 이전까지는 스페인이 전 유럽의 패션을 주도했다. 여기에는 스페인이 식민지로 점령한 라틴아메리카와 아프리카 각 지역의 이국적인 풍미가 중요한 자양분이 되었다. 아메리카 대륙을 발견한 이후 지역 원주민에게서 배운 독특한 감수성을 의복에 발현시켜 스페인풍 패션이 유럽 각 지역을 휩쓴 것이다. 지금도 라틴아메리카룩이라는 용어는 현대 패션 용어로 고착되었다.

위기를 기회로 바꾸는 문화예술

현대에 와서도 문화예술은 스페인 국민의 가장 강력한 경쟁력이다. 그들은 위기에 처할 때마다 문화예술을 활용해 국가적 고민을 해결하곤 했다. 그 대표적인 사례가 스페인 구겐하임 빌바오 미술관Guggenheim Museum Bilbao이다. 원래 빌바오Bilbao시는 700년 역사를 지닌 스페인 대표 산업 도시였다. 하지만 1970년대 산업과 물류의 변화에 적절히 대응하지 못하면서 쇠락의 길로 접어들었다. 1986년에는 실업률이 26%까지 치솟았다. 심지어 산업 도시로서 기능하다 보니 인근 자연환경 오염 문제마저 심각한 상황이었다. 이 과정에서 점차 몰락해가던 빌바오 도시를 살리기 위해 스페인 국민이 선택한 방식이 문화예술이었다.

1992년, 공공 자금의 지원을 받는 도시개발공사 '빌바오 리아 2000 Bilbao Ria 2000'을 창설하고 도시의 가장 낙후된 지역에 상업, 문화가 어우러진 복합 비즈니스센터를 조성하기로 결정한다. 그리고 그 중심에 구겐하임 미술관을 유치해 빌바오가 산업 도시에서 문화예술 도시로 변모하였음을 대외적으로 알렸다. 이 전략은 주효했다. 구겐하임 빌바오 미술관은 현재 유럽을 대표하는 상징적 조형물로 평가받고 있으며, 빌바오시는 스페인의 대표적인 관광지로 급부상했다. 침체된 산업 도시 빌바오를 일약 문화예술 도시로 바꾸는 데 결정적인 역할을 한 것이다. 1997년 개관한 구겐하임 미술관에는 개관 후 1년 만에 예상 방문객의 세 배에 달하는 연

구겐하임 빌바오 미술관 전경.

간 관광객 130만 명이 몰려들어 1억 6,000만 달러의 수입을 창출했다. 이를 일명 '구겐하임 효과Guggenheim Effect'라고 부를 정도로 지역 혁신에 거점 역할을 수행해낸 것이다.

전통 시장을 활성화하고 도시 재생 문제를 해결하는 데도 스페인은 문화예술을 활용했다. 1800년대 중반 문을 연 마드리드의 산 미구엘San Miguel 시장이 대형마트 등이 생겨나면서 소멸 위기에 처했다. 하지만 유구한 역사를 자랑하는 전통 시장이 소멸 위기라고 해서 이를 허물고 새로운 현대식 건물을 짓는 것은 스페인 사람들의 문제해결 방식이 아니었다. 그들은 산 미구엘 시장의 기둥과 골조를 그대로 살리고, 그 위에 사면을 통유리로 마감해 안쪽이 투명하게 보이도록 했다. 그뿐만 아니라 전통 시장의 가장 큰 단점이 천장이 없어 비를 맞으며 쇼핑을 해야 한다는 사실을 극복하기 위해 천막을 설치했다. 그리고 천막을 현대적인 감각의 회화로 표현해 마드리드를 대표하는 명소로 탈바꿈시켰다. 현재 산 미구엘 시장은 연간 400만 명 이상이 방문하는 명소로 자리잡았다.

"오! 스페인이여! 서양과 인도 사이에 펼쳐 있는 모든 나라 중에서 가장 아름다운 너는 분명히 여왕이다."

이런 말이 있을 정도로 스페인은 국가 자체가 문화예술품이다. 21세기 가장 높은 부가가치를 창출하고 있는 문화예술 분야가 향후 스페인 발달에 어떻게 기여하게 될지 기대해보자.

"한 나라의 지리를 알면 그들의 정책을 이해할 수 있다."

- 나폴레옹 보나파르트

날씨와 자원이
운명을 바꾼 나라

'제2의 중동 붐'을 꿈꾸는 사우디아라비아

- ◆ 인구 ‖ 3,694만 7,025명(40위)
- ◆ 화폐 단위 ‖ 사우디아라비아 리얄(SAR)
- ◆ GDP(2023) ‖ 1조 619억 200만 달러(18위)
- ◆ GDP 성장률(2022) ‖ 8.7%
- ◆ 실업률(2022) ‖ 5.6%
- ◆ 물가상승률(2022) ‖ 2.5%
- ◆ 인터넷 사용 비율(인구 대비) ‖ 100%

중동의 여러 나라 중 단 한 나라만 꼽으라면 많은 사람이 '사우디아라비아'를 꼽는다. 이러한 연상은 어찌 보면 당연하다. 사우디아라비아는 우리나라에 그 어느 국가보다 전략적으로 중요한 나라이기 때문이다. 이 사실을 확인해주는 예가 하나 있다. 외교 분야의 최고위 관료를 선발하는 시험인 외무고시 출신 중에서도 최고의 인재를 파견하는 4대 국가 중 하나가 사우디아라비아이기 때문이다. 미국, 중국, 일본에 이어 우리나라 외교 분야 최고의 인재를 사우디아라비아로 파견하는 이유는 에너지 수급 문제 때문이다. 한국석유공사의 2017년 석유 수급 통계에 따르면 한국은 전체 원유 수입량의 28.5%에 달하는 3억 1,922만 배럴을 사우디아라비아에서 수입했다. 전체 원유 수입 상대국 가운데 가장 큰 비중이다.

국가가 벌고 국민이 받는 독특한 경제 시스템

사우디아라비아가 이처럼 우리 경제에 중요한 비중을 차지하고 있음에도 불구하고 이 나라를 정확히 알고 있는 사람은 많지 않다.

특히 사우디아라비아는 여느 나라와는 전혀 다른 사회 시스템으로 운영되기에 이해하기도 쉽지 않다. 경제나 사회 제도적으로 볼 때 사우디아라비아는 매우 이색적인 나라로 21세기를 살아가는 국가들 중 유사한 사회 제도나 경제 구조를 찾아보기 힘들 정도다. 사우디아라비아를 제대로 이해하기 위해서는 적지 않은 시간과 노력이 필요한 이유다.

먼저 사우디아라비아는 국가의 운영 체계부터 전혀 다르다. 일반적인 국가는 영리를 추구하는 경제 활동을 개인이나 기업과 같은 민간 부문에서 수행하고, 국가는 이들의 수익에 일부 세금을 부과해 국가 운영에 필요한 자금을 확보하는 방식으로 국가 살림을 마련한다. 하지만 사우디아라비아는 경제 활동의 주체가 개인이나 기업과 같은 민간이 아니라 국가다. 국영 석유 회사가 국가의 절대적인 수익원으로 경제 활동을 직접 수행하고, 민간은 국가가 벌어들인 수익을 나누어 갖는 구조다.

물론 사우디아라비아가 건국 초기부터 이러한 구조를 갖추었던 것은 아니다. 석유 부흥기 이전 사우디아라비아의 재정 상황은 매우 열악했다. 원래 이슬람교에서는 강제로 세금을 징수하지 않는다. 율법서인 코란에 따라 자발적으로 내는 세금인 자카트라는 세금만이 재정 수입에 절대적인 비중을 차지했다. 이처럼 부족한 세원으로 공무원과 군대의 급여뿐만 아니라 국가 주도 SOC 건설 등을 하다 보니 1933년 즈음에는 국가가 거의 파산 상태에 이르기도 했다. 이러한 상황에서 캘리포니아의 석유 회사 스탠더드 오일에

사우디아라비아 석유 개발권을 고작 25만 달러에 양도하기도 했
다. 이는 사우디아라비아의 국가 경영 체계를 바꾸는 결정적인 사
건이었다.

이후부터 사우디아라비아는 정부와 국민 사이에 세금 문제를
놓고 신경전을 벌이는 일이 없다. 국민이 세금을 거의 내지 않기
때문이다. 사우디아라비아 재정 수입의 80% 이상을 차지하는 원
유 판매 수익을 바탕으로 국민들은 광범위한 혜택을 누린다. 교육
과 의료 서비스는 물론이고 전기 등 에너지도 싼 값에 제공받는다.

석유 판매 수익의 상당액은 사우디아라비아 왕가로 흘러 들어
간다. 사우디아라비아 국민은 정부의 연간 예산 편성에 대한 발언
권이 거의 없으며, 정부 또한 국민에게 지출의 일부분만을 공개하
고, 원유를 판매한 수익 중 왕가 할당분이 어느 정도인지는 공개하
지 않는다. 대다수 국가의 경우에는 소액의 잡다한 비용만을 추려
'기타' 항목으로 표시하는 것이 일반적이지만, 사우디아라비아에
서는 상황이 전혀 다르다. 국가 재정 수지의 세부 항목 중 '기타' 영
역이 차지하는 비중이 절대적이다. 하지만 국민 대부분은 국가에
세금을 납부하지 않기 때문에 이런 구조에 대해 크게 불만을 드러
내지 않는다.

이처럼 국가가 대부분의 경제 활동을 직접 수행하고, 이에 대한
과실을 국민에 나누어준다고 해서 사우디아라비아 국민이 풍요로
운 생활을 하고 있는 것은 아니다. 사우디아라비아 국민의 40% 가
까이가 빈곤층에 해당하며, 적어도 60% 가까운 국민이 집을 구할

능력이 없는 것으로 알려져 있다. 또한 결혼 적령기 청년 중 절반 정도는 직업이 없거나 결혼 지참금을 만들지 못해 결혼을 하지 못하는 형편이다. 국민 대부분의 경제 상황이 이렇다 보니, 1인당 국민소득은 우리가 알고 있는 사우디아라비아 왕자들의 호화스러운 생활과 달리 2만 달러 초반 수준으로 우리나라보다 낮다.

외국인 노동자에 의존하는 경제, 왕족의 자비에 의존하는 복지

특이한 대목은 또 있다. 사우디아라비아 안에서 왕성하게 경제 활동을 수행하는 사람들은 대부분 외국인 노동자라는 점이다. 사우디아라비아에 출장을 가본 적이 있는 사람들은 이를 쉽게 눈치 챌 수 있다. 공항에 도착해서 호텔에 들어갈 때까지 마주치는 사람들 대부분이 사우디아라비아 현지인이 아니라 인근 지역에서 일자리를 찾아 건너온 외국인 노동자들이기 때문이다.

예를 들어 공항의 수화물 관리자는 인도나 파키스탄, 방글라데시 출신인 경우가 많다. 공항을 빠져 나와도 사정은 마찬가지다. 대부분의 택시기사가 파키스탄 사람들이며, 호텔에서 손님을 맞이하는 도어맨 역시 인도나 파키스탄, 레바논 출신이 절대적인 비중을 차지한다. 실제로 민간 경제 부문에서 외국인 근로자가 차지하는 비중이 90%에 이른다는 통계도 있다. 사우디아라비아에 도착해 한 시간이 넘도록 사우디아라비아 사람을 한 번도 마주치지 못했다는 말이 결코 과장이 아닌 것이다.

이 때문에 사우디아라비아 정부는 외국인 입국을 제한하는 비자 제도를 도입하기도 했다. 외국인 노동자들이 사우디아라비아인들의 일자리를 빼앗고 있다고 판단한 것이다. 또한 일정 수의 자국민을 의무적으로 고용하는 쿼터제를 발표하고 권장하는 일도 벌어지고 있다. 문제는 사우디아라비아인들이 이미 외국인을 기반으로 한 경제 시스템에 익숙해져 있다는 점이다. 외국인을 채용하기 위한 비자 자체가 매매되고 있는 현실이 이를 잘 보여준다. 외국인을 대거 고용할 수밖에 없는 국영 기업들에게 외국인을 입국시킬 수 있는 비자를 몰래 사들여 이를 활용하는 것이다.

사회 제도와 법률 부문에서도 독특한 점이 많다. 사우디아라비아는 지구상에 몇 안 남은 전제군주 국가다. 물론 국왕이 존재하는 국가는 유럽이나 아시아에도 여럿 있다. 하지만 이들 국가 대부분은 입헌군주 국가로, 국왕의 권력이 법으로 제한되어 있다. 하지만 전제군주 국가는 군주가 국가 권력을 실질적으로 장악하고 있으며, 국가 기관 역시 군주의 권력을 집행하는 기관에 불과하다. 전제군주 국가인 사우디아라비아는 국왕이 사법 기관의 판사 전원을 임명할 수 있으며, 입법 기관인 의회의 위원장도 모두 임명할 수 있는 권한을 갖고 있다. 노예제도도 국왕의 의지에 따라 1962년이 되어서야 폐지되었다.

종교가 지배하는 국가인데 왕가의 자율성이 얼마나 있겠냐고 의구심을 제기하는 이들도 있다. 하지만 사우디아라비아 왕가는

사우디아라비아의 도시, 메카는 이슬람 제1의 성지로 매년 수백만 명의 순례객을 맞이한다.

종교적 율법까지 탄력적으로 해석할 정도로 종교계까지 장악하고 있다. 일례로 1990년 사우디아라비아 국왕이 사담 후세인Saddam Hussein과 맞서기 위해 미국 군대를 성지 인근에 배치하는 것을 허용했는데, 이때 사우디아라비아 종교 지도자들은 성지 인근에 이단을 배치하면 안 된다는 종교적 율법을 제시하기는커녕 순순히 국왕의 의견에 동의해 논란이 된 바도 있다.

사우디아라비아는 복지 제도 또한 다른 국가와는 전혀 다른 관점으로 시행한다. 엄밀히 말하면 사우디아라비아의 복지 제도는 '왕족의 자비'와 같은 의미다. 이를 쉽게 확인해주는 사례가 하나 있다. 2008년에 컬러 사진 한 장이 〈아랍 뉴스〉 신문에 게재되었는데, 걸프전에 참전했던 사우디아라비아 군인과 아내, 그리고 자녀까지 열 명이 이슬람 성지 메카 인근에서 텐트를 치고 노숙을 하고 있는 모습이 담긴 사진이었다. 당시 보도는 사진과 함께 이 군인이 원래 택시 운전으로 생계를 유지했지만 급격한 물가 상승과 대출금 때문에 결국 노숙을 하게 되었다는 사실을 함께 소개했다. 해당 군인이 이러한 궁핍을 알라신께 기도를 올려 해결하기 위해 메카 인근에서 노숙하고 있다는 내용도 함께 언급했다. 이 보도가 발표된 다음 날 군인 가족에게 드디어 집이 생겼다. 왕족이 집을 마련해준 것이다. 이것이 사우디아라비아의 복지 시스템이다.

사우디아라비아 국민 중 누군가가 도움이 필요하다면 왕족들 집 앞에 줄을 서서 기다리다 도움을 요청하면 된다. 해외에 나가 공부를 하고 싶다거나, 직업이 필요하다거나, 부모님이 아파서 경제적 도움이 필요하다면 이들 모두 사우디아라비아 왕가의 자비를 통해 자신들의 어려움을 극복하려 한다.

이란을 견제하기 위한 저유가 정책

이쯤 되면 '21세기에 이런 국가가 있나'할 정도로 의구심이 생기는 게 사실이다. 우리와 같은 시대를 살아가는 국가라고 보기 힘든 면이 너무 많기 때문이다. 흥미로운 것은 사우디아라비아 내부에서도 이 같은 제도들이 구시대적이라는 인식이 확산되고 있다는 점이다. 사우디아라비아 내에서도 기존의 제도를 탈피해야 한다는 의견이 점차 늘고 있다. 석유를 중심으로 한 국가 경제 시스템이 더 이상 지속되기 어렵기 때문이다. 석유 중심 경제가 지속하기 어려운 첫 번째 이유는 셰일 혁명 때문이다. 사우디아라비아가 중동 지역에서 맹주 역할을 지속할 수 있었던 가장 큰 배경은 미국의 지원 덕분이다. 미국은 셰일 혁명으로 에너지 자립을 달성하기 전까지 자국에서 필요한 석유의 3분의 2가량을 사우디아라비아로부터 조달해왔다. 당연히 사우디아라비아의 정치적 안정은 미국 경제와 직결되는 문제이기에 미국은 사우디아라비아의 안정에 적극 관여해왔다. 하지만 셰일 혁명 이후 상황이 급반전되었다.

전통적 원유는 사암층의 특정 구간에 집중적으로 매장되어 있지만 셰일은 진흙이 퇴적해 굳은 암석으로, 셰일층에는 전 구간에 걸쳐 넓게 가스와 원유가 분포되어 있다. 셰일층에 매장된 가스나 원유를 시추하려면 암석층까지 파이프로 2,000~4,000m 깊이까지 수직으로 파내려간 뒤 다시 수평으로 파이프를 시추해야 한다. 그 다음 파이프에 난 수많은 구멍으로 물, 모래, 화학 물질을 고압 분사해 암석층을 깨뜨려 거기서 나오는 원유·가스를 채굴한다. 그동안 어느 국가도 수평시추법과 수압 파쇄 공법을 완성하지 못했을 뿐만 아니라 설사 기술을 확보했다 하더라도 경제성을 갖춘 수준까지 이르지 못해 셰일층에서 원유를 시추하지 못했다. 하지만 미국이 가장 먼저 활용 가능한 수준의 셰일 기술을 확보했고, 본격적인 양산에 들어갔다.

이로 인해 미국은 2019년에 67년 만에 에너지 순수입국에서 순수출국으로 돌아섰으며 2019년 초에는 사우디아라비아와 러시아를 제치고 세계 최대 원유 생산국에 올랐다. 미국의 해외 원유 수입량이 2005년에 비해 4분의 1 수준으로 감소한 건 당연했다. 당시 도널드 트럼프 대통령은 "우리는 에너지 독립을 넘어 에너지 시장을 지배하게 됐다"고 호언장담했다. 이러한 셰일 혁명으로 불거진 세계 석유 수급 시장의 변화는 사우디아라비아의 입지를 크게 위축시킬 만한 것이었다.

그렇다고 해서 사우디아라비아가 저유가 정책을 탈피하기 위한 노력을 적극적으로 전개하기도 어렵다. 이란을 견제하는 가장 효과적인 수단이 저유가 정책이기 때문이다. 이란이 2006년 이후 국제 사회에서 고립된 10여 년 동안 사우디아라비아는 중동의 종주국 역할을 해왔기 때문에 이란의 움직임을 견제할 수밖에 없다. 이란은 점차 낙후되어가는 자국 경제를 재건하기 위해서 2015년 미국을 비롯한 국제 사회와 핵 협상을 타결해 국제 사회에서 정상 국가로 복귀하려 시도했다. 이란의 이러한 시도 역시 사우디아라비아에는 커다란 위협 요인이 된다.

이란의 석유 매장량은 세계 4위이며, 천연가스 매장량 역시 세계 2위다. 이 밖에도 철광석, 아연, 구리 등 다양한 지하자원을 보유한 세계 최대의 자원 보유국이다. 이란은 여타 중동 지역과 달리 풍부한 수자원도 갖추고 있다. 풍부한 수자원을 바탕으로 식수를 비롯해 주요 농작물마저 자급자족이 가능한 나라다. 인구 역시 8,200만 명 수준이며 중위 연령이 30.2세로 젊은 층이 대부분인 중동 최대 내수 시장을 갖추고 있기도 하다. 이러한 이란의 내부 역량은 중동 지역의 맹주로서의 역할을 수행하기에 충분하다. 하지만 이란 역시 아직까지는 석유가 모든 경제 체계의 근간이다. 최근에는 꾸준히 산업을 다변화해 원유 의존도가 다른 중동 국가에 비해 크게 낮아지긴 했지만 아직까지 전체 국가 경제에서 원유 의존도가 34%(2017년 기준)에 이른다.

이러한 이란의 경제 구조를 고려해보면, 사우디아라비아가 저유가 기조를 유지해야 할 이유는 분명해진다. 원유 판매를 기반으로 산업 다각화를 지속적으로 모색하는 이란의 힘을 빼는 가장 손쉬운 방법이기 때문이다. 물론 이 전략은 사우디아라비아 경제에도 적지 않은 상처를 입히지만 사우디아라비아 입장에서는 중동 지역의 맹주 역할을 잃는 것보다 일정 부분 손해를 보더라도 이란을 따돌리는 것이 더욱 중요하다 여길 수 있다.

확산되는 개혁의 바람

사우디아라비아 안에서도 개혁의 바람이 불고 있다. 대표적인 변화가 여성의 경제 활동이다. 전통적으로 사우디아라비아 여성은 종교적 전통 때문에 가족에게 전적으로 예속되어 있다. 어린 시절에는 여자아이들도 남자아이들과 큰 차이 없이 자라지만, 여섯 살 이후부터는 완전히 다른 대우를 받는다. 더는 남자아이들과 함께 학교를 다닐 수도 없고, 남성이 있는 곳은 어디든 출입할 수도 없다. 몸은 물론이고 얼굴까지 히잡이나 차도르 등으로 가려야 한다.

경제 활동에 참여하는 것이 철저히 금지되어 여성 대부분이 자신의 재능을 발휘하지도, 사회 발전에 기여하지도 못 한다.

하지만 근래 들어서는 국가 차원에서 여성들에게 다양한 직업 교육과 고등 교육을 제공하는 추세다. 사우디아라비아에서 우리나라와의 교류 협력을 가장 크게 기대하는 부분도 이 지점이다. 몇 해 전 사우디아라비아와의 공적 개발 원조 프로그램에 참여한 바 있는데, 당시 사우디아라비아 정부가 우리 정부에 요구한 사항은 EBS와 방송통신대학교 같은 원격 교육 시스템을 전수받는 것이었다. 대외 활동이 자유롭지 못한 사우디아라비아 여성들이 견실한 직업을 갖기 위해서는 가정 안에서 기술 등 직업 교육을 받을 수 있는 시스템이 필요하다는 이유였다. 원격 교육이 종교계와의 충돌 없이 여성 인력을 경제 활동에 참여시킬 수 있는 대안이라 생각하는 듯했다. 석유의 가채연수가 점점 줄어들면서 이제는 인구의 절반인 여성이 경제 활동에 참여할 필요가 있다고 본 것이다.

이를 위해 종교적 율법도 탄력적으로 바뀌고 있다. 2009년 살만 빈 압둘아지즈Salman bin Abdulaziz 국왕은 열악하기로 악명 높은 왕국의 교육 제도를 개선하기 위해 킹 압둘라 과학기술대학KAUST을 설립했다. 하버드 대학교 다음으로 많은 기부금을 자랑하는 이 대학은 사우디아라비아 최초의 '남녀공학'이다. 종교 지도자들은 남녀공학 대학이 이슬람 율법에 위배된다고 비판하고 나섰는데, 사우디아라비아 국왕은 이런 목소리를 주도한 종교 지도자들을 즉시 해임하는 조치를 단행했다. 그러자 다른 종교 지도자들은 오히려 남녀공학 대학 설립을 지지하는 성명을 발표하는 일도 있었다.

2019년 말에는 '공공장소 남녀 부동석'이라는 금기도 깨졌다. 사우디아라비아 실권자인 무함마드 빈 살만Mohammed bin Salman 왕세자가 사회 전반에 걸쳐 추진 중인 대대적인 개혁의 바람 속에서 가장 보편적인 규율 중 하나였던 남녀 분리의 원칙이 허물어지고 있는 것이다.

또한 비슷한 시기에 사우디아라비아는 국가의 유일한 수입원이라 할 수 있는 국영 석유 회사 아람코Aramco를 주식 시장에 상장해 세계의 이목을 끌었다. 아람코의 영업이익은 2018년 기준으로 2,240억 달러에 달하는데, 우리나라 돈으로 약 290조 원 규모다. 이는 애플과 삼성전자, 구글의 영업이익을 합친 1,998억 달러보다 많은 금액이다. 2023년 7월 기준, 세계 시가총액 2조 달러대 기업

'더 라인'은 사우디 비전 2030 프로젝트에 따라 계획 중인 신도시로 길이 170km의 초고층 건물 두 개가 200m를 사이에 두고 가로지르는 형태다.

은 애플, 마이크로소프트 그리고 아람코뿐이다. 사우디아라비아가 왕실의 자금줄인 아람코를 주식 시장에 상장한 이유는 상장을 통해 외부 투자 자금을 확보해 사우디아라비아의 신규 투자를 적극 추진하기 위함이다. 이 과정에서 사우디아라비아 왕실은 자신들이 실질적으로 소유하고 있는 아람코의 재무제표를 80년 만에 최초로 공개했다.

사우디아라비아 정부가 추진 중인 신도시 '네옴' 역시 석유 의존에서 벗어나 경제 구조를 다각화하기 위한 대형 프로젝트다. 네옴은 약 1,300조 원을 들여 서울의 43배에 달하는 공간에 건설할 신도시로 그중 주거 단지인 '더 라인'은 170km 길이의 거대한 벽처럼 생긴 고층 빌딩 두 개를 나열한 형태로 지을 계획이다. 완전히 새로운 형태의 조감도와 천문학적인 비용 때문에 실현 가능하겠냐는 냉정한 시선을 받기도 하지만, 터파기가 시작되고 글로벌 기업의 수주가 잇따르면서 제2의 중동 붐이 될 수도 있다는 기대도 커지고 있는 모양새다. 네이버가 사우디아라비아 정부와 MOU를 체결하고 현대건설이 인프라 사업을 수주하는 등 우리나라 기업들도 적극 뛰어드는 중이다.

사우디아라비아 왕실의 이 같은 파격 행보는 사우디아라비아가 놓인 환경을 여실히 보여준다. 수십 년 넘게 지탱해온 그들만의 사회 경제 구조가 더 이상 지속가능하지 않다는 것을 스스로 인정한 것이다.

프랑스 행보의 중심에는 언제나 에너지가 있다

- 인구 ‖ 6,475만 6,584명(23위)
- 화폐 단위 ‖ 유로(EUR, €)
- GDP(2023) ‖ 2조 9,234억 8,900만 달러(7위)
- GDP 성장률(2022) ‖ 2.6%
- 실업률(2022) ‖ 7.4%
- 물가상승률(2022) ‖ 5.2%
- 인터넷 사용 비율(인구 대비) ‖ 86%

우리는 대한민국이란 울타리 안에서 일어나는 문제만 해결하는 데도 정신 없이 바쁜 게 사실이다. 그럼에도 해외 국가들의 사정을 살펴봐야 하는 이유는 뭘까? 그 첫 번째는 우리가 처한 과제를 해결하는데 해외 여러 나라의 사례를 타산지석으로 삼을 수 있기 때문이다. 이러한 면에서 향후 우리가 가장 주목할 나라 중 하나는 '프랑스'다. 무엇보다도 최근 들어 유입 속도가 빠르게 늘고 있는 국내 체류 외국인의 숫자 때문이다.

2020년 국내 체류 외국인 숫자는 처음으로 250만 명을 돌파했다. 이 수치는 대한민국 전체 인구의 4.9%에 해당한다. 국내 체류 외국인 숫자는 2007년 처음으로 100만 명을 돌파한 이후, 불과 10년 만인 2016년에 두 배 증가한 200만 명을 넘어섰고, 2020년에는 다시 50만 명이 늘어난 상황으로 점점 그 증가 속도가 빨라지고 있다. 이와 함께 다문화가정도 급격하게 늘었다. 중국이나, 동남아시아뿐 아니라 서구 유럽에서 이주해 정착한 이들도 무척 많다. 이제는 더 이상 대한민국을 단일 민족 국가라고 칭하기 어려운 현실이다.

이제 우리나라도 다른 문화권의 민족들과 더불어 살아가는 방법을 배워야 할 때가 왔다. 그리고 프랑스는 우리나라보다 일찍부터 다양한 국가의 이주민을 받아들여 함께 살아오고 있는 대표적인 나라다.

프랑스는 어떻게 이민자 갈등을 해결할까?

많은 사람이 프랑스가 외국인 체류자에 관대한 이유를 '자유, 평등, 박애'로 대표되는 관용tolerance과 연대solidarity를 추구하는 나라이기 때문으로 알고 있다. 하지만 프랑스가 수많은 이민자를 받아들이게 된 주된 이유는 우리나라와 비슷하게 경제적인 문제가 가장 크다.

프랑스는 제2차 세계대전 이후 오일 쇼크가 촉발되기 이전까지 그야말로 폭발적인 성장을 해왔다. 이 기간을 프랑스인들은 소위 '영광의 30년les Trente Glorieuses'이라고 부른다. 당시 프랑스는 각 산업 분야가 급속히 성장하면서 부족한 노동력을 보충해야만 했다. 이는 프랑스 국민들이 힘들고 어려운 일들을 기피하기 시작했기 때문이기도 하다.

프랑스는 인근 저소득 유럽 국가로부터 이민자를 받아들이기 시작했고, 그뿐만 아니라 과거 자신들의 식민지였던 북아프리카 마그레브Maghreb 지역 알제리, 튀니지, 모로코 이민자들까지 수용했다. 프랑스 경제가 고도성장을 구가하던 기간에 이들 외국 이주민들은 대부분 프랑스인들이 기피하는 3D 업종에 종사하면서 프랑스 경제 발전에 커다란 기여를 해왔다.

하지만 오일 쇼크가 촉발된 이후 상황은 완전히 달라진다. 오일 쇼크로 인해 프랑스를 포함한 유럽 전 대륙이 극심한 경기 침체를 겪게 되었고, 프랑스 역시 고실업 상태에 빠지고 만다. 결국 1974년 프랑스는 노동 이민을 중단하는 조치까지 내리게 된다.

하지만 이미 유입된 상당수 외국인 근로자들은 자신의 가족을 프랑스로 불러들였고, 외국인 불법체류자들에게도 프랑스에서 생활할 기회를 줌으로써 외국 이민자 숫자는 계속해서 늘어났다. 현재 프랑스 전체 인구 중 10%에 해당하는 600만 명 정도가 북아프리카 출신 무슬림 이민자들이다.

이민 1세대보다는 2세대와 프랑스 원주민의 갈등이 훨씬 극렬한데, 이 점은 우리에게 중요한 문제를 시사한다. 프랑스 사회학자들은 프랑스 이민자 2세대, 3세대를 '증오 세대la haine'라고 지칭하기도 한다. 이들이 프랑스 주류 사회에 강한 분노와 저항 의식을 갖고 있기 때문이다. 이민 1세대는 외국에서 성장한 뒤 프랑스로 이주해 온 사람들이기 때문에 스스로를 이주민이라고 인식하는 경향이 많다. 이 때문에 원주민들로부터 어느 정도 차별을 당해도 체념하거나 수용하려는 경향이 있다. 하지만 이들 이주민의 자녀들은 다르다. 그들은 프랑스에서 태어나 프랑스에서 교육받고, 프랑스 국적을 갖고 있는 프랑스인들이다. 그렇기 때문에 프랑스 사회에서 일어나는 인종 차별과 다양한 사회적 편견을 참고 넘기지 못한다.

　프랑스 이민 2세대, 3세대의 불만이 더욱 가중된 또 하나의 이유는 경제적 불평등이다. 이들 이민 2세대, 3세대는 사회적 차별과 학업에 몰두하기 힘든 환경 때문에 부모 세대에 이어 가난을 대물림하는 경우가 대부분이다. 실제로 이들 이민자 청년들의 평균 실업률은 프랑스 전체 평균 실업률의 두 배가 넘는다. 이는 유럽 내 다른 저소득 국가에서 온 이민자를 포함한 실업률로, 북아프리카 무슬림 이민자만을 대상으로 한 실업률 조사 결과는 두 배가 훨씬 넘는 격차를 보인다.

　사회적 차별을 향한 이민 2세대, 3세대의 불만이 프랑스 전역을 넘어 국제 사회에 널리 알려진 계기가 있다. 2005년 10월 저소득층 이민자들이 모여 사는 지역에서 경찰 검문을 피해 달아나던 아프리카계 10대 청소년 두 명이 사고로 사망하는 사건이 벌어진 것이다. 당시 격분한 파리 거주 외국인 이민자들은 수십 대의 차량을 불태우고, 상점을 공격하는 등 폭력적인 시위를 전개했다. 시위는 순식간에 파리뿐만 아니라 인근 교외 22개 소도시까지 확산되기에 이르렀다. 결국 프랑스 정부는 비상사태를 선포하고 야간 통행 금지까지 실시했다. 당시 비상사태는 3주간 계속되었는데, 이 기간에 전국에서 1만 대에 가까운 차량이 불탔고, 3,000명의 이민자가 체포되었다.

　우리나라에서도 다문화 가정이 급속도로 늘어나고 있다. 여기에 발맞춰 2008년부터 다문화가족지원법을 제정해 다문화가족을 지원하고 함께 더불어 살기 위해 노력하고 있지만 좀처럼 성과를 보이지 않는 상황이다.

2021년 수행된 전국 다문화가족 실태 조사 결과를 보자. 결혼이민자 가구 중 3인 다문화가구의 경우 13.0%, 4인 다문화가구의 7.5%, 5인 다문화가구의 11.2%가 기초생활 수급 이하의 소득 수준에 해당하는 것으로 나타났다. 2021년 다문화가구 조사 기준으로 다문화가구 자녀의 평균 연령은 10.7세로, 학령전기에 해당하는 6세 미만 자녀의 비율이 30.9%, 초등학령기에 해당하는 만 6~11세 자녀의 비율이 37.1%에 해당한다. 프랑스와 같은 이민 2세대, 3세대와의 갈등이 아직은 가시화되지 않은 시기임을 알 수 있다.

최근 조사를 보면 만 9세 이상 24세 이하의 청소년기 자녀 수와 국내에서 성장한 자녀의 비중이 늘고 있는데, 초중등학교에 다니고 있는 다문화가족 자녀 중 지난 1년간 학교 폭력을 경험한 자녀가 8.2%로 나타났다. 이는 지난 2015년 다문화가족 실태 조사에서 나온 5.0%에 비해 3.2%포인트 증가한 수치다.

통계가 말해주는 것처럼, 다문화가정 자녀들도 한국 사회에서 성장하면서 다양한 차별과 편견에 노출되어 있는 게 사실이다. 이들이 견실한 경제적 토대를 마련할 수 있는 기회를 박탈당할 경우 우리나라에서도 프랑스와 유사한 사회 갈등이 촉발되지 않으리라는 법은 없다. 지금 프랑스가 우리나라에 주는 값진 교훈인 것이다.

프랑스의 에너지 전략

우리나라가 프랑스로부터 배워야 할 부분은 다문화 가구 정책만이 아니다. 21세기 들어 줄곧 화두에 오른 에너지 부분에서도 프랑스의 사례를 눈여겨 봐야 한다.

특정 국가가 완벽한 주권을 행사하기 위해서는 크게 세 가지 요소를 자체적으로 구축할 역량을 갖춰야 한다. 바로 국방, 식량, 에너지다. 현재 이 세 부분을 국제 사회의 변화에 흔들리지 않고 완벽하게 자립할 수 있는 국가는 미국과 러시아 두 나라뿐이라는 것이 전문가들의 중론이다. 중국을 비롯해 일본, 유럽연합 내 몇몇 회원국 역시 국제 사회에서 지대한 영향력을 행사하지만, 각 국가의 내부 사정 내지 의사결정 내용을 자세히 들여다보면 자신들이 결핍된 부분을 벌충하기 위한 행보들을 선택하는 경우가 많다. 러시아의 우크라이나 침공을 두고 여러 유럽 국가가 선택한 의사결정 역시 이런 상황을 그대로 반영하며, 프랑스 역시 예외는 아니다.

프랑스는 농업 강국이다. 1960년대부터 프랑스가 유럽 통합을 강하게 주장했던 배경에는 농산물 수출과 석탄 수입을 빼놓을 수 없다. 대표적 농산물 과잉 생산국인 프랑스는 자신들의 잉여 농산물을 유럽 각 국가에게 적절히 판매하지 않을 경우 자국 내 농업 문제 해결이 쉽지 않다고 판단한 것이다. 이를 해결하기 위해 원만한 농업 수출 환경을 구축하고자 유럽 통합을 적극 찬성해왔다.

이와 달리 에너지 분야는 항상 프랑스의 골칫거리이자 국제 사회를 이끌어가고 있는 국가들과 끊임없이 비교되는 영역이기도 하다. 미국, 러시아, 캐나다는 익히 알려진 세계적인 자원 부국들이다. 영국 역시 북해 앞바다에서 나는 석유 매장량을 확인한 뒤로는 엄연한 산유국 반열에 올라 있다. 독일도 갈탄과 석탄에 기반해 경제 발전을 이룩하는 초석을 마련할 수 있었다. 이처럼 국제 사회에서 목소리를 낼 수 있는 나라 가운데 에너지 자원을 자체적으로 생산하지 못하는 국가는 거의 없다.

하지만 프랑스의 상황은 전혀 다르다. 경제 발전을 뒷받침할 자체적인 에너지원을 확보하기 어려운 프랑스는 늘 에너지를 원활히 수급하기 위해 노력해야 했다. 프랑스의 국제적 행보를 예리하게 설명하는 방법 이면에는 에너지 수급 문제가 있다는 얘기다. 그리고 이러한 사실은 프랑스가 걸어온 역사적 상황에서 쉽게 확인할 수 있다.

독일의 석탄을 전쟁 배상금으로 받다

제2차 세계대전이 끝난 후 프랑스는 승전국이었지만 그 지위와 권리를 주장하는 데 제약을 받을 수밖에 없었다. 자력이 아닌 미국, 영국 등 연합군의 도움으로 승리했기 때문이다. 그뿐만 아니라 프랑스는 제1차 세계대전 전후에 독일을 가혹하게 다루어 독일이 제2차 세계대전을 일으키도록 유도했다는 비판마저 받았다. 승전국이지만 전쟁 책임론에서 자유롭지 못했던 셈이다. 하지만 프랑스

1923년 루르에서 찍힌 프랑스군과 독일 노인.
당시 루르를 점령한 프랑스군은 독일 주민에게 잔인한 폭력을 행사했다.

가 제1차 세계대전 이후 독일 정부에 가혹할 만한 수준의 피해 보상금을 요구한 까닭은 자원을 독일로부터 조달받지 않고서는 경제 회복이 힘들었기 때문이다.

그리고 이런 사정은 제2차 세계대전이 끝난 후에도 변하지 않았다. 프랑스는 특히 독일의 석탄과 철강 생산 능력을 제한하는 데 초점을 맞췄다. 이 두 부문에서 독일과 비교해 고질적인 열세를 극복하지 못한다면 독일과의 경제력 격차를 영원히 극복할 수 없을 것으로 판단한 것이다. 이에 프랑스는 독일 철강 생산의 중핵이자 석탄 매장량이 풍부한 루르 지방을 장악하고자 했다. 산업 시설을 해체하고, 이 지역의 석탄을 전쟁 배상금으로 받아 자국의 경제 회복에 활용하고자 하는 희망을 국제 사회에 피력했다.

공교롭게도 유럽 대륙에서 철과 석탄의 주요 산지는 독일과 프랑스의 국경 지대에 밀집돼 있었다. 산업혁명과 함께 독일의 루르·자르 지방, 프랑스의 알자스·로렌 지방, 벨기에 등에서 질 좋고 풍부한 석탄과 철광석이 활발하게 생산됐다. 독일은 프랑스의 알자스·로렌 지방을, 프랑스는 독일의 루르·자르 지방을 원했다. 알자스·로렌은 라인강 서쪽에 독일과 국경을 맞대고 있는 지역인데, 중세부터 철광석이 풍부한 곳으로 유명했다. 프랑스가 보유한 철광석 매장량 90%가 알자스·로렌에 묻혀 있었다.

라인강 동쪽 루르 지방에는 양질의 석탄이 풍부하게 매장돼 있다. 독일 석탄 생산량의 절반 가까이가 이 지역의 탄전에서 생산된다. 프랑스 입장에서는 루르 지방을 전쟁 배상금으로 확보하게 되면 전후 피해를 충분히 복구할 수 있을 뿐만 아니라 향후 경제 발전에서도 독일보다 확실한 우위를 점할 수 있는 상황이었다. 따라서 프랑스는 특히 루르 지방 중에서도 자국과 이웃한 자르 지역을 자국 보호령으로 편입시키려는 야망을 숨기지 않았다.

사실 제2차 세계대전이 발발한 건 루르 지방 때문이라고도 할 수 있다. 제1차 세계대전에서 독일이 패한 후 프랑스는 알자스·로렌을 차지했고, 독일이 전쟁배상금을 지불하지 않는다는 이유로 루르 지방도 점령했다. 프랑스가 루르를 점령한 이후 독일은 하이퍼인플레이션(초고물가)에 시달리며 고통을 겪게 된 것이다.

'슈만 플랜'으로 유럽석탄철강공동체를 이끌다

그러나 루르 지방에 대한 미국의 접근법은 전혀 달랐다. 제2차 세계대전 전후 소련을 중심으로 한 공산 진영이 급성장하자 승전국의 분위기가 독일을 너무 가혹하게 처분하기보다는 당시 서독을 공산 진영의 확산을 막는 최전선으로 삼고, 육성·보호하는 쪽으로 기울었다. 이어 미국이 독일뿐만 아니라 서유럽 국가들의 공산화를 막기 위해 대규모 원조 계획을 발표하면서, 결국 프랑스는 독일이 보유한 석탄과 철광석을 기반으로 전후 피해를 빠르게 복구하려는 계획을 접을 수밖에 없었다. 그런데 프랑스가 주도권 행사를 일정 부분 단념하고 미국 정책에 협력하기로 결정하자, 잃어버린 줄 알았던 영향력을 회복할 기회가 다른 모습으로 찾아왔다.

프랑스는 미국이 제안하고 기획한 국가 간 협력 관계 속에서 경제 발전에 필요한 에너지 수급 방식을 추진하기로 결정했다. 특히 당시 영국이 다른 국가들과 협력을 거부하고 특별 대우를 요구하면서 미국과 사이가 틀어지게 된 상황이 프랑스에는 더할 나위 없는 기회를 제공했다.

1950년 5월 9일, 프랑스는 초국가 유럽 공동체 건설을 통해 석탄과 철강 생산을 공동으로 조율하고 관리하는 '슈만 플랜'을 발표한다. 프랑스는 슈만 플랜으로 석탄을 안정적으로 공급받을 수 있을 뿐만 아니라 자국의 철강 산업도 육성할 수 있을 것으로 판단했기 때문이었다. 결국 슈만 플랜이 구체화된 유럽공동체European

Community, EC의 전신인 유럽석탄철강공동체European Coal and Steel Community, ECSC가 1951년 4월에 출범했다.

에너지 수급 문제가 프랑스의 의사결정에 얼마나 중요한 요인으로 작용하는지는 오일 쇼크 시기에 다시금 확인할 수 있다. 1973년 1차 오일 쇼크가 발생하자, 유럽공동체는 그해 11월에 '아랍을 지지한다'는 성명을 발표한다. 당시 유럽의 이 같은 성명은 프랑스가 적극적으로 의견을 개진한 결과였다. 프랑스는 1차 오일 쇼크 이전부터 중동 지역에 대한 미국과 영국의 행보에 불만을 제기해왔는데, 미국과 영국계 정유 회사들이 중동의 석유 이권을 독점해왔기 때문이다. 결국 오일 쇼크 당시 중동 국가들의 석유 감산 조치가 지속되자 유럽공동체는 프랑스 주도로 아랍을 지지하는 결의문을 통과시켰다.

자립을 위해 석유 대신 원자력에 집중하다

이후 프랑스는 석유 의존도를 낮추기 위해 원자력 발전에 집중한다. 프랑스가 원자력에서 대안을 찾기 시작한 건 제2차 세계대전 당시 핵무기의 위력을 실감하고 국방력 강화 방안으로 원자력 기술에 관심을 두면서부터다. 1958년 출범한 유럽원자력공동체의 1, 2, 3대 의장국이 모두 프랑스였다는 사실에서도 프랑스의 의지를 확인할 수 있다. 1950년대부터 줄곧 원자력 관련 기술을 확보하기 위해 노력한 프랑스 입장에서는 원자력 기술을 통한 에너지 자립 시도는 어찌 보면 당연한 수순이었다. 그 결과 프랑스는 2018년 기준, 56개 원전을 운영하는 세계 2위의 원자력 강국이 됐고, 전체 전력 가운데 75%가량을 원자력으로 조달하고 있다. 프랑스 정부는 과거 원자력 발전을 통해 자체 에너지 수급 방안을 확보한 것을 두고 '상실된 주권의 회복'이라고 언급하기도 했다.

러시아의 우크라이나 침공 이후 프랑스의 행보도 에너지 수급이라는 관점에서 설명할 수 있다. 유럽의 러시아산 에너지 금수 조치를 강력하게 지지했던 프랑스는 러시아로부터 액화천연가스(LNG) 수입량을 되레 늘린 것으로 드러나 비판을 자초한 상황이

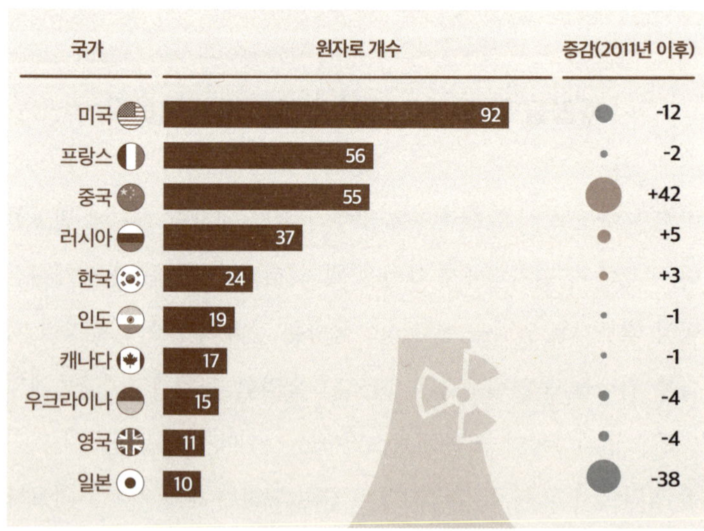

‖ 국가별 가동 원자로 순위(2022년) ‖

출처: 2022년 세계 원자력 산업 현황 보고서

다. 유럽연합이 러시아에 대한 제재 강화 방안을 모색하는 동안 프랑스는 수입을 늘려 세계 최대 LNG 구매국이 된 것이다. 에마뉘엘 마크롱Emmanuel Macron 프랑스 대통령은 전쟁 종식을 위해 "러시아가 우크라이나에서 굴욕을 당해선 안 된다"고 주장해 우크라이나의 반발을 사기도 했다. 프랑스 정부는 최근 원자력 프로그램 재건을 위해 517억 유로(약 70조 원)를 투자해 2035년까지 최대 14개의 원전을 짓겠다는 계획도 발표했다.

유럽의 통합을 지속적으로 추진하고, 국제 사회에서 미국, 영국과는 다른 제3의 의견을 종종 피력해왔던 프랑스. 그 이면에는 줄곧 에너지 수급에 어려움을 겪었던 프랑스의 고충과 함께 국가 이기주의가 혼재돼 있다는 사실을 우리는 목도하고 있다.

신항로의 교두보로 떠오르는 그린란드

- 인구 ‖ 5만 6,643명(206위)
- 화폐 단위 ‖ 덴마크 크로네(DKK, kr)
- GDP(2020) ‖ 30억 7,600만 달러
- GDP 성장률(2021) ‖ 1.3%
- 실업률(2021) ‖ 3.7%
- 물가상승률(2021) ‖ -0.4%
- 인터넷 사용 비율(인구 대비) ‖ 69%

그린란드의 면적은 맥시코보다 큰 약 217만km²로, 캐나다 북쪽에 위치한 세계에서 가장 큰 섬이다. 그린란드는 경제적인 면에서나 정치·외교적 측면에서도 국제 사회에서 주목받을 일이 좀처럼 없었던 은둔의 나라였다. 그것도 그럴 것이 그린란드는 표면의 84%가 빙하로 둘러싸여 있고 인구도 5만 6,000명에 불과하기 때문이다. 비교적 위도가 낮은 그린란드의 수도, 누크에서도 반 년이 넘게 영하의 날씨가 이어지며 여름 기온은 8도 수준에 불과하다. 게다가 이 기간에 극심한 모기떼도 찾아온다. 그린란드의 모기떼는 우리가 상상하는 수준보다 훨씬 독해서 한 여름에는 망사 그물로 얼굴을 가리고 다니지 않으면 안 될 수준이다.

그린란드에 처음 방문한 사람들은 이색적인 경험을 할 수 있다. 그린란드는 세계에서 유일하게 출입국 검문검색 절차가 없기 때문이다. 비행기에 내려 공항 밖으로 걸어나가면 그만이다. 영하 30도의 혹한이 일상인 나라이며, 전 국민이 5만여 명에, 한두 다리만 건너면 서로가 다 알고 있는 나라여서 밀입국을 걱정할 필요가 전혀 없는 것이다.

그린란드의 기후 환경이 이렇다 보니, 내수 경제도 미약해 특정 산업이 성장하거나 이렇다 할 경제 활동을 펼치기도 어렵다. 그린란드는 사법권과 경찰권 등 나름의 자치권을 행사하곤 있지만 실제 땅의 소유권은 18세기 초부터 덴마크에 편입되었다. 참고로 덴마크는 그린란드 덕분에 졸지에 유럽에서 두 번째로 큰 나라가 되었다. 여하튼 여러 이유로 그린란드는 경제적으로도, 외교적으로도 국제 사회에 주목받을 일이 많지 않았다.

그간 국제 사회가 그린란드를 바라보는 시각은 부정적인 면도 있었다. 긴 겨울과 혹한을 이겨내야 하는 그린란드 주민들은 술을 가까이 한다. 이 때문에 자살, 알코올 중독, 실업, 가정폭력과 성폭력 등 사회 문제가 심각한 수준이다. 전체 인구 5만 6,000여 명 중 약 3분의 1이 유년기에 성적 학대를 경험한 바 있다는 설문조사 결과가 있으며, 그린란드 정부도 미성년자를 대상으로 한 성적 학대 근절을 국정 목표로 제시했던 상황이다. 그린란드는 자살률 또한 높다. 정부의 지속적인 노력으로 감소하는 추세이긴 하지만 그린란드의 자살률은 여전히 세계 최고 수준이다.

그린란드는 왜 덴마크령이 되었을까?

그린란드는 986년 노르만족 바이킹인 에이리크 힌 라우디Eiríkr hinn rauði에 의해 발견되었다. 당시 바이킹족은 대탐험가들이었다. 보통 콜럼버스가 아메리카 대륙을 처음 발견했다고 알고 있지만,

실제로는 바이킹족이 콜럼버스보다 훨씬 전에 아메리카 대륙을 발견했다. 바이킹은 일찍부터 원거리 항해에 능숙했고, 그 덕분에 지금의 그린란드도 발견한 것이다. 이후 10세기 후반부터 11세기까지 북유럽의 바이킹족 5,000여 명이 그린란드로 건너가 터전을 잡았다. 이 시기에 지구 기후는 온난기여서 북유럽인들 중 일부가 그린란드로 이주할 수 있었다. 이들 초기 정착자들은 바다표범들을 사냥하거나 일부 풀이 자라는 땅에서 소나 양을 방목하고 작물도 재배하면서 살았다.

초기에 그린란드에 정착한 바이킹족 지배층은 더 많은 사람을 그린란드로 받아들여 자신들의 세력을 키우고 싶어 했다. 이때 생각해낸 아이디어가 자신들이 터를 잡은 지역을 '그린란드green land'라고 부르는 것이었다. 혹한의 날씨로 빙산의 최대 두께가 3,000m가 넘고, 한반도 면적의 열 배가 넘는 빙산이 퍼져 있는 동토만 가득한 곳이지만 그린란드라고 부르면 많은 사람이 호기심을 갖고 들어오지 않을까 생각한 것이다. 거대한 빙하의 섬이 그린란드라는 이름을 갖게 된 배경이다.

이후 15세기 들어 소빙하기가 도래해 다시 지구 기온이 낮아졌고, 이 때문에 그린란드 전체가 얼어붙어 그마나 소와 양을 키울 수 있었던 일부 지역도 사라졌다. 같은 시기에 유럽 본토에서도 흑사병이 창궐해 그린란드와 교역할 여건이 되지 않았다. 그린란드에 정착한 바이킹족은 다시 고향으로 돌아갈 수밖에 없었고, 그린란드에는 바다표범과 고래 사냥을 기반으로 생활하는 이누이트족

1780년 그린란드 해안에서 벌어진 고래와 북극곰 사냥 모습을 담은 그림.

만 남게 된 것이다.

그러다가 18세기 초 덴마크인이 그린란드로 넘어가 거주하기 시작하면서 그린란드는 덴마크령이 되었다. 덴마크인이 그린란드로 이주한 가장 큰 이유는 고래기름 때문이다. 등유燈油는 '등불을 밝히는 기름'이란 뜻으로 영어의 'lamp oil'을 번역한 것인데, 원래 등불을 밝히는 데는 고래기름을 썼다. 이 때문에 덴마크를 비롯해 영국, 프랑스, 러시아의 고래 탐사선이 그린란드 앞바다를 누비게 되었고, 그 과정에서 덴마크인을 비롯해 많은 유럽인이 그린란드에 정착한다.

그린란드에는 '오캇숫'이라는 마을이 있는데, 이는 덴마크어로 붉은 만이라는 뜻이다. 푸른 빛 그린란드 앞바다를 붉은 색 바다라고 지칭하게 된 이유는 당시 사냥을 당한 고래 피로 바다가 붉게

물들었기 때문이다. 당시 고래를 얼마나 무차별하게 사냥했는지 유추할 수 있는 대목이다.

기후변화, 그린란드에는 양날의 검

최근 그린란드에 국제적으로 관심이 커지고 있다. 그 이유는 지구 온난화 때문이다. 그린란드의 만년 빙하가 가파른 속도로 녹아내리기 시작한 것이다. 2019년 그린란드에서 녹아내린 빙하의 규모는 5,320억 톤으로 이는 최근 16년간 평균 유실량의 두 배 수준이다. 당시 빙하가 녹아 바다로 유입되면서 지구 전체 해수면이 1.5mm 정도 상승했는데, 만약 그린란드에 있는 빙하가 전부 다 녹아버리면 지구 해수면은 6m 가까이 상승한다. 런던, 도쿄, 상하이, 홍콩, 인도 콜카타, 방글라데시 다카 등 해안가 도시와 저지대

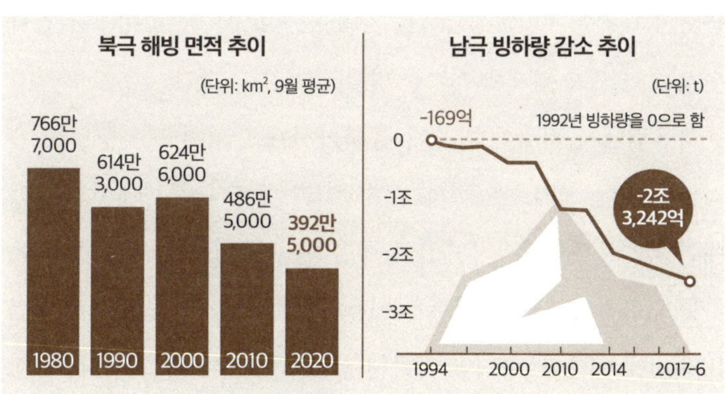

출처: 미국국립빙설자료센터·극지연구소, IMBIE(빙하질량균형비교운동)·극지연구소

도시들은 그야말로 사라질 위기에 처하는 것이다. 해발고도가 낮은 삼각주에 위치한 곡창지대 또한 수몰될 가능성이 매우 높다. 이 때문에 그린란드의 빙하가 얼마나 녹아내리느냐는 그린란드만의 문제가 아니라 전 지구적 관심의 대상일 수밖에 없다.

이처럼 국제 사회가 그린란드에 주목하는 이유는 기후변화로 인한 자국의 피해를 사전에 막고자 하는 노력 때문이기도 하지만, 지구 온난화로 해빙이 가속화할 경우 북극을 비롯한 그린란드의 활용 가치가 크게 높아지기 때문이기도 하다. 북극해 인근의 빙하가 지금과 같은 속도로 녹는다면, 향후 30~50년 내 사시사철 북극 항로가 열려 물류 운송 거리를 크게 줄일 수 있다. 북극 항로는 대서양과 태평양을 잇는 두 가지 경로가 있다. 하나는 시베리아 북부 지역을 거쳐 한국과 중국, 일본의 동북아시아 지역으로 넘어오는 경로다. 또 다른 경로는 캐나다 북부를 거쳐 미국과 맥시코로 넘어오는 경로이고, 북극 항로의 목적지는 세계 교역에서 차지하는 비중이 절대적인 지역으로, 이들 지역으로 향하는 운송비를 절감할 수 있으면 세계 경제에 커다란 영향을 미칠 수 있다.

북유럽에서 북극해를 지나 동북아시아로 넘어오는 항로는 유럽과 아시아 지역을 연결하는 최단거리 항로다. 부산에서 출발해 네덜란드 로테르담까지 수출 물품을 배송할 경우, 보통 수에즈 운하를 경유하는 인도양 항로를 이용하는데, 그 거리는 무려 약 2만 100km에 이른다. 하지만 북극해 항로를 이용할 경우 거리가 1만 2,700km로 약 37%가량 단축되고 운항 일수도 10일 가량 줄어든

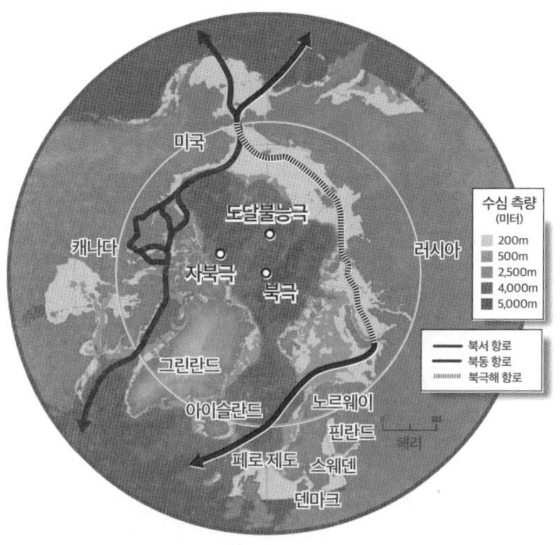

다. 지금 북극해 항로로는 빙하가 녹는 여름철 7월부터 10월까지 약 4개월 정도만 운행할 수 있다. 만약 지구 온난화로 북극해 항로를 상시 이용할 수 있게 되면 자연스럽게 그린란드 연안의 항구 도시들도 크게 성장할 수 있을 것이다.

지하자원과 지정학적 가치가 높은 동토의 땅

그린란드 경제의 잠재력에 대한 기대도 크다. 그린란드가 자원의 보고이기 때문이다. 그린란드의 빙하층이 얇아지면서 동토층 밑에 무엇이 묻혀 있는지에 본격적으로 탐사하기 시작했고, 대표적으로 반도체, 레이저 등 첨단 제품 생산에 필수 원자재인 희토류가 다량 매장되어 있는 것으로 알려져 있다. 그린란드 남서부 일대에만

1,000만 톤 정도가 매장되어 있을 것으로 추정된다. 이는 중국 전체 매장량의 40배에 해당하는 것으로, 개발될 경우 전 세계 희토류 수요량의 4분의 1 가량을 대체할 수 있는 규모다.

현재 전 세계 희토류 생산의 80%는 중국이 맡고 있다. 미중 간의 무역 갈등이 점차 고조되면서 미국 입장에서는 희토류를 수급할 수 있는 새로운 대안이 필요한 상황이다. 많은 전문가가 예상하듯 그린란드에 막대한 양의 희토류가 매장되어 있다면 미국 입장에서는 그린란드를 점유하는 것이 국제 사회에서 전략적 우위를 유지할 수 있는 최선의 방책인 셈이다. 그린란드에는 다이아몬드와 금, 납, 아연 등도 풍부하다고 알려져 있다. 최근에는 그린란드 남부에 위치한 크바네필드Kvanefjeld에서 우라늄을 발견하기도 했다.

그린란드가 관심을 받는 또 다른 이유는 지정학적 위치 때문이다. 그린란드는 중국과 러시아를 견제할 수 있는 전략적 요충지가 될 수 있다. 그린란드에서 모스크바까지의 거리는 3,600km다. 이 때문에 미국은 덴마크와 군사 방위 조약을 체결하고, 1953년부터 그린란드에 툴레 공군 기지를 운영 중이다. 냉전 시절부터 미국이 그린란드를 점유하고 있는 상황은 분명 소련 입장에서는 적지 않은 위협으로 다가왔을 것이다. 최근 푸틴 러시아 대통령이 군사력을 증강하면서 그린란드는 러시아를 견제할 수 있는 군사적 요충지로 또다시 부각되고 있다.

그린란드의 지정학적 가치는 중국에도 크다. 중국이 최근 적극 추진하고 있는 '일대일로—帶—路' 프로젝트에서 그린란드는 북극

실크로드 경로에 포함되어 있다. 중국 정부가 최근 그린란드에 공항을 건설하는 자금을 지원하려 하자, 미국 정부가 이를 무산시킨 바 있다. 그린란드에 공항 건설을 본격적으로 논의할 수 있는 가장 큰 배경 역시 지구 온난화로 빙하가 녹아 비행기가 이착륙할 수 있는 땅을 확보하기 쉬워졌기 때문이다.

그린란드는 미사일 기지를 설치하는 데도 최적지라 할 수 있다. 북극권을 지나 미국으로 향하는 대륙간 탄도미사일이 지나는 최단 경로가 그린란드이기 때문이다. 이 사실을 진작부터 인지하고 있는 미국은 냉전 초기부터 그린란드에 미사일 조기 경보 체계와 우주 감시 체계를 가동하고 있다.

미국은 그린란드를 살 수 있을까?

이러한 이유들로 트럼프 전 미국 대통령은 재임 시절 덴마크 정부에 그린란드를 사고 싶다는 의사를 표명한 바 있다. 중남미에 위치한 미국령 푸에르토리코를 줄 테니 그린란드와 맞바꾸자는 내용도 피력했다. 2019년에는 인구 2만 명도 안 되는 그린란드 주도主都 누크에 미국 영사관을 다시 설치하겠다는 계획을 발표했고 2020년 6월에 영사관을 열었다. 과거 제2차 세계대전 시절, 누크에 미국 영사관을 열었다가 1953년에 닫았는데, 다시 그린란드에 영사관을 설치한다는 것은 제2차 세계대전 당시 못지않게 그린란드의 지정학적 가치가 커졌음을 보여준다.

사실 그린란드에 미국 대통령이 관심 피력한 것은 트럼프가 처음이 아니다. 1867년 앤드루 존슨Andrew Johnson이 그린란드를 매입하려고 시도한 바 있으나 실패했다. 제2차 세계대전이 끝난 뒤 해리 트루먼Harry Truman 시절에도 그린란드를 1억 달러에 매입하겠다고 덴마크에 제안했으나 덴마크의 거부로 성사되지 못했다.

덴마크로부터 영토를 매입하려는 미국 대통령들의 계획은 성사 불가능한 제안은 결코 아닌 듯하다. 이전에도 미국은 덴마크로부터 영토를 구매한 적이 있기 때문이다. 버진 제도에 속해 있는 면적 346.36km²의 버진 아일랜드는 원래 덴마크의 식민지였으나 이를 미국이 1917년 덴마크로부터 2,500만 달러에 매입해 지금까지 미국령에 속해 있다. 이러한 역사를 익히 알고 있는 미국 대통령들이라면 덴마크에 또 다시 영토 매입을 제안할 수 있을 것이다.

자신들의 이러한 위상을 알아서일까, 그린란드는 지금 덴마크의 영향력을 벗어나 완전한 정치적 독립국가를 지향하고 있다. 그린란드는 1721년부터 덴마크의 식민지가 되었다가 1953년이 되어서야 식민지 상태를 벗어났다. 그 뒤에도 완전한 독립국이 되지는 못하고 덴마크 왕국에 편입된 채 지금까지 이어오고 있다. 그나마 2009년에는 국방과 외교권을 제외한 자치권을 확보했는데, 이는 2008년 그린란드 전 주민을 대상으로 한 주민투표 덕분이다. 당시 주민 투표 자체가 덴마크 의회에서 공식적으로 인정한 투표는 아니었지만 당시 투표 참여자 중 75% 가까이가 독립을 희망했다. 이에 덴마크 정부는 주민 의견을 반영해 외교와 국방, 화폐 발행권을 제외하고 치안, 사법권 등을 대폭 보장해주었다. 또한 덴마크어가 아닌 이누이트의 방언인 그린란드어를 공용어로 지정했고, 6월 21일을 자치 기념일로 선포했다.

당시 그린란드가 완전한 독립국가가 되지 못한 가장 큰 이유는 경제적인 문제가 컸다. 그린란드 경제는 어업과 관광업에만 의존하는 구조다 보니, 국가 재정을 덴마크로부터 매년 받는 보조금으로 충당한다. 덴마크로부터 받는 보조금은 그린란드 국가 재정의 3분의 1에 달해 그린란드는 이를 포기하기 어려운 실정이다.

최근 그린란드의 날씨는 지구 온난화로 따뜻해지면서 과거 중세 시대처럼 많은 사람이 터전을 잡고 살아갈 수 있는 땅의 면적이 넓어지고 있다. 또 많은 해외 국가들이 그란란드에 매장되어 있는 다양한 천연자원에 관심을 두고 투자하기를 희망하고 있는 상황이다. 이러한 변화는 오랫동안 잠자고 있던 그린란드 국민의 마음에 희망을 심고 있다. 지구 온난화가 그린란드인들에게는 1,000년 만에 찾아온 기회일지도 모를 일이다.

미중 갈등의 대리전을 수행하는 호주

- 인구 ‖ 2,643만 9,111명(55위)
- 화폐 단위 ‖ 오스트레일리아 달러(AUD, A$)
- GDP(2023) ‖ 1조 7,075억 4,800만 달러(13위)
- GDP 성장률(2022) ‖ 3.6%
- 실업률(2022) ‖ 3.7%
- 물가상승률(2022) ‖ 6.6%
- 인터넷 사용 비율(인구 대비) ‖ 96%

호주는 우리에게 그리 가깝게 여겨지는 나라는 아니다. 비행기로 10시간 가까이 걸리는, 지구 정반대쪽에 있는 국가이기에 호주와 직접적으로 교류하는 사람은 흔치 않다. 하지만 전 세계 많은 나라가 호주를 전략적으로 중요한 나라로 여기는 것이 사실이다. 호주는 세계 최대의 자원 보유국이기 때문이다.

우리나라도 유연탄, 철광석, 천연가스, 알루미늄, 원유 등 제조산업에 필요한 여러 필수 자원들을 호주에서 수급하고 있다. 그뿐만 아니라 우리가 호주에 더욱 주목해야 할 이유가 최근에 하나 더 늘었다. 미중 간의 갈등이 호주를 통해 대리전 형태로 진행되고 있기 때문이다.

유배지 호주에서 금광이 나오다

호주가 발달하기 시작한 것은 죄수들 때문이었다. 영국에서 산업혁명이 촉발한 이후, 많은 사람이 직장을 찾아 도시로 몰려들었는데 이와 동시에 다양한 범죄도 속출했다. 이 때문에 당시 영국에서

〈호주의 금 채굴An Australian Gold Diggings〉(1855).
영국 화가 에드윈 스톡켈러Edwin Stockqueler의 작품이다.

는 범죄자를 수감할 교도소가 부족한 지경에 처했다. 이를 해결하고자 당시 호주 대륙을 처음 발견한 제임스 쿡James Cook의 친구인 조지프 뱅크스Joseph Banks가 정부에 죄수들을 호주로 보내자는 아이디어를 제안했다. 당시 영국 내무부 장관이 이를 수용했고, 1788년 1,500명의 죄수들과 교도관들을 실은 11척의 배가 호주 대륙으로 향했다.

초창기 호주는 유배지로서는 최고의 입지였다. 유럽 대륙에서 멀리 떨어져 있기 때문에 죄수들이 탈출을 감행해도 사실상 유럽 대륙으로 돌아가는 게 불가능했기 때문이다. 영국은 1868년까지 약 16만 명의 죄수를 호주로 강제 이주시켰다. 하지만 이후 호주를 찾는 이민자가 급격히 늘어나면서 1800년대 중반에는 전체 거주민 중에서 죄수가 차지하는 비중은 3% 수준까지 내려갔다. 이처럼 호주 인구가 급증한 계기는 1851년 뉴사우스웨일스주와 빅토리아주에서 대규모 금광이 발견되면서부터다.

금은 호주 전역에서 발견되었다. 초기 금광이 발견된 뉴사우스웨일스와 빅토리아를 시작으로 남부 지역의 섬들에서도 금광이 발견되었고, 퀸즐랜드 등 다른 지역에서도 소식이 들려왔다. 지금의 호주를 대표하는 도시들이 유럽과 가까운 일부 지역에 국한되지 않고 다양한 지역에 걸쳐 있는 이유는 호주 대륙 전체가 거대한 금광이기 때문이었다.

호주는 지금도 자신들이 보유한 막대한 지하자원에 기반해 발전하고 있다. OECD 국가 중 3위의 주요 광산물 수출국인데, 특히 세계 최대의 석탄 및 철광석 수출국이며, 세계 5대 자원이라 일컫는 석유, 천연가스, 철광석, 석탄, 구리에서 모두 세계 톱3의 공급자 역할을 담당하고 있다.

더욱 놀라운 것은 세계 최대 매장량을 보유한 자원들이 모두 주요 광물 자원이라는 것이다. 석탄과 철광석 외에도 금, 납, 니켈, 금홍석, 탄탈룸, 우라늄, 아연, 지르콘의 매장량 역시 세계 1위에 해당한다. 보크사이트, 갈탄, 코발트, 동, 티탄, 니오븀, 텅스텐의 매장량은 세계 2위, 다이아몬드, 리튬은 세계 3위, 망간, 주석, 흑탄 등은 세계 4위로 호주의 땅은 그야말로 보물창고다.

호주의 자원으로 돌아가는 중국의 공장

이처럼 막대한 자원을 보유한 호주와 떼려야 뗄 수 없는 관계에 놓인 국가 중 하나가 중국이다. 세계의 공장 역할을 담당하고 있는 중국은 호주에서 수출하는 주요 광물 자원을 소비하는 가장 큰 고객이다. 한동안 호주 경제가 호황인지 불황인지는 중국 경제가 좌우한다는 말이 돌 정도였다. 실제로 호주의 전체 수출액 중 대중국 수출액이 차지하는 비중은 38%에 달한다.

중국 경제가 호주 지하자원에 의존한다는 사실에 주목한 것은 다름아닌 미국이다. 그리고 미국은 호주를 이용해 중국 경제를 견제하기 시작했다. 미중 갈등이 심화되면서 호주는 화웨이 5G 장비 사용 금지, 코로나19 발원지 조사 촉구, 홍콩 국가안보법 시행 비판, 중국의 남중국해 영유권 주장 반박, 신장위구르 인권 문제 등 중국 정부가 민감해하는 문제들을 두고 지속적으로 강한 목소리를 내고 있다.

이러한 호주 내부의 움직임은 비단 미국의 영향 때문만은 아니다. 호주 국민들 사이에서도 호주 경제에서 중국이 차지하는 비중이 너무 커지는 상황을 우려하기 시작했기 때문이다. 2020년 6월에 발표된 호주 로위연구소Lowy Institute의 설문조사 결과만 보더라도, 호주 국민의 94.4%가 중국 의존도 감소를 위한 정책에 찬성한다고 응답했다.

이처럼 호주 내에서 반중 정서가 퍼지면서 중국과 호주의 갈등도 고조되었다. 2019년 중국 정부는 향후 5년간 호주산 보리에 80%의 반덤핑 관세를 부과하기로 결정했으며, 이와 함께 호주산 쇠고기 수입을 제한하는 조치를 발표했고 중국에 체류 중인 호주 기자들을 추방하는가 하면, 중국 학생들에게 호주 유학 자제를 권고하기도 했다. 참고로 호주는 중국인 학생들이 가장 선호하는 유학지 중 하나로 최근 4년간 중국 유학생 전체의 25%가 호주를 유학지로 선택하는 수준이었다.

자원을 무기로 중국 견제의 선봉에 서다

이러한 중국 정부의 조치에 호주 정부 역시 강력히 대응했다. 2020년 12월에는 외국인 투자 사전 심사를 강화해 중국 기업의 호주 기업 인수합병을 거부할 수 있는 법적 근거를 마련했고, 호주 지방 정부가 중국 정부와 추진해왔던 일대일로 사업 역시 주 정부 차원에서 거부할 수 있도록 법안을 통과시켰다.

중국과 호주 사이의 갈등은 적어도 단기적으로는 중국 정부에 더 큰 부담으로 작용했다. 중국 정부는 호주에 경제적 타격을 입히기 위해 호주산 석탄의 수입을 금지했지만, 이 과정에서 중국의 후난성, 저장성 일부 지역에서 전력을 수급하는 데 어려움을 겪기도 했다. 세계적인 석탄 공급처인 호주를 대체할 거래처를 찾지 못했기 때문이다.

철광석 역시 마찬가지다. 중국과 호주의 갈등이 본격화된 2020년

4월 이후 철광석 가격이 톤당 83.5달러에서 161.5달러(2020년 12월 18일 기준)로 6개월 동안 두 배 가까이 상승한 바 있다. 중국의 철광석 총수입량 중 호주산이 차지하는 비중이 60% 이상인 상황에서 급등한 철광석 가격은 중국 경제에 적지 않은 부담으로 작용했다.

중국 정부가 호주를 강하게 압박하는 데 맞서 호주는 국제 사회에서 반중국 기조의 선봉에 나섰다. 1956년 결성된 미국·영국·캐나다·호주·뉴질랜드 등 5개국 기밀정보 동맹체인 파이브 아이스Five Eyes는 중국의 호주산 제품 수입 금지 조치에 대응하기 위해 호주를 지지하는 선언과 함께, 호주산 제품을 대신 수입해주려는 움직임을 보였다. 중국이 호주산 와인에 대해 보복성 관세를 부과하자 미국·영국·호주 등 서방 19개국 의원들도 중국을 견제하기 위해 2020년 6월에 결성한 단체인 '대중국 의회 간 연합체Inter-Parliamentary Alliance on China, IPAC'는 '호주 와인 마시기' 캠페인을 펼치기도 했다.

그렇다고 중국 역시 호주와의 일전에서 쉽게 물러설 수 없는 상황이다. 향후 미국과 공조할 가능성이 큰 캐나다, 일본, 유럽연합 내 많은 국가가 반중 기조를 높일 수 있는 상황에서, 중국은 호주를 본보기로 전 세계에 강력한 경고 메시지를 보내야만 했다. 특히 호주는 자원 이외의 분야에서는 국제 사회에서 그리 큰 영향력을 행사하는 국가가 아니기 때문에 중국 입장에서는 호주를 경고 메시지로 삼을 적합한 대상으로 봤을 수도 있다. 이러한 상황에서 중국 정부가 호주에 한 발 물러서는 모양새를 보이면, 다른 여러 국가가 앞으로 중국을 우습게 볼 수 있기 때문이다.

자원 강국 호주는 우리 경제와도 밀접한 관련이 있을 뿐만 아니라, 전 세계 경제의 주도권을 쥔 미중 갈등의 전장이기도 하다. 지금 이 순간 우리가 지구 반대편의 호주 경제에 촉각을 곤두세워야 하는 이유들이 바로 여기에 있다.

Brazil

브라질은
과거도 지금도
기회의 땅이다

- ◆ 인구 ‖ 2억 1,642만 2,446명(7위)
- ◆ 화폐 단위 ‖ 브라질 헤알(BRL, R$)
- ◆ GDP(2023) ‖ 2조 812억 3,500만 달러(10위)
- ◆ GDP 성장률(2022) ‖ 2.9%
- ◆ 실업률(2022) ‖ 9.5%
- ◆ 물가상승률(2022) ‖ 9.3%
- ◆ 인터넷 사용 비율(인구 대비) ‖ 81%

주변 국가 사람들에게 '기회의 땅'으로 여겨지는 나라가 있다. 대표적으로 미국을 아메리칸 드림American Dream으로 부르며 전 세계 많은 사람이 자신의 꿈을 실현해줄 수 있는 기회의 땅으로 여긴다. 최근 우리나라 역시 아시아 저개발 국가들에는 기회의 땅으로 여겨지고 있다. 한국에서 한두 달만 일해도 1년 수입을 얻을 수 있다는 사실 때문에 많은 아시아 국가에서 사람들이 밀려들고 있다. 그런데 우리에게 좀처럼 알려지지 않은 기회의 땅이 하나 더 있다. 다름 아닌 '브라질'이다.

브라질에서 기회를 찾은 포르투갈

브라질에서 가장 먼저 기회를 찾으려 했던 나라는 포르투갈이다. 스페인과 포르투갈은 라틴아메리카를 개발하는 과정에서 콜럼버스가 신대륙을 발견한 지 2년 뒤인 1494년, 알렉산데르 6세Alexander VI 교황 주제 아래 지도상에서 대서양을 수직으로 갈라 동쪽은 포르투갈이, 서쪽은 스페인이 지배하는 토르데시야스 조약Treary of

Tordesillas을 맺는다.

그런데 조약이 맺어진 1494년 당시에는 남미 대륙에 브라질 지역의 존재가 알려지지 않았다. 일부 학자는 당시 스페인보다는 항해술이 발달한 포르투갈이 브라질 지역의 존재를 알고 있었음에도 숨겼다는 의견을 내놓기도 한다. 무엇이 진실이든 간에 브라질 지역은 토르데시야스 조약을 기준으로 동쪽에 있고, 결국 포르투갈의 지배 아래 놓이게 되었다.

포르투갈 왕실은 16세기 후반부터 브라질을 직접 개발하기로 결정했고, 이때부터 본격적으로 브라질 땅에 이주하기 시작한다. 당시 포르투갈 왕실은 브라질 이민을 적극 유치하기 위해 수익률이 높은 투자 대상을 찾아야만 했다. 이때 주목받은 것이 바로 설탕이다. 설탕 재배는 노동집약적인 산업으로 많은 노동력을 필요로 한다. 이 때문에 초창기 포르투갈인들은 남미 대륙 원주민을 노예로 삼기 시작했다. 이 과정에서 원주민들은 포르투갈인으로부터 홍역과 천연두와 같은 전염병을 옮았는데, 면역력이 없던 원주민이 떼죽음을 당하자 포르투갈 본국에서는 원주민을 노예로 삼는 것을 금지하는 법안을 제정했다.

원주민 노동력을 지속적으로 활용하기 어렵다고 판단한 포르투갈인들은 새로이 노동력을 확보할 수 있는 대안을 모색해야만 했다. 이들은 아프리카 원주민으로 눈을 돌렸다. 하지만 아프리카 원주민들도 혹독한 사탕수수 노동 현장을 견디기는 어려웠다. 아프리카에서 끌려온 원주민들은 몇 년 안에 죽는 경우가 허다했고, 결국 더 많은 아프리카 원주민을 잡아오는 악순환만 계속되었다. 오늘날 브라질 인구 구조가 백인 45%, 백인과 흑인의 혼혈인 물라토 45%, 흑인 8~9%로 구성된 배경도 이러한 역사적 과정 때문이다.

포르투갈보다 더 부강했던 브라질

리우데자네이루 인근 지역에서 금광이 발견되면서 브라질로 향하는 포르투갈인은 더 늘어났다. 18세기 초 포르투갈의 본토 인구가 200만 명 수준인 데 반해, 브라질로 이주한 인구가 40만 명에 달하게 되었다. 18세기 중반에 이르러서는 유럽 본토의 포르투갈보다 브라질이 경제적으로도 더욱 부강한 상황이 되었다.

포르투갈은 처음에는 브라질의 급격한 발전을 지켜보기만 했다. 브라질과 포르투갈의 거리가 워낙 멀기 때문에 실질적으로 통제하기가 어려웠을 뿐만 아니라 당시 포르투갈 지배층은 브라질 경제가 커져 더 많은 세금을 납부한다면 오히려 더 좋다고 생각했기 때문이다.

하지만 주앙 6세João VI 포르투갈 국왕이 나폴레옹의 침략을 피해 1807년 왕실을 브라질로 옮기면서 포르투갈 지배층의 생각은 변한다. 왕실을 식민지인 브라질에 빼앗긴 포르투갈 본토의 지배층들은 다시 국왕을 되찾기 위해 움직였고, 왕이 사라진 사이에 포르투갈 본토에서는 자유주의자들이 크게 늘어났으며, 브라질과의 경제적 격차는 더더욱 벌어지고 있었다.

〈독립 아니면 죽음!〉. 페드루가 브라질 독립을 선언하는 순간을 그렸다.

결국 주앙 6세는 본국 여러 귀족의 요청에 따라 1821년 포르투갈 본토로 돌아갔고, 브라질 통치는 아들인 페드루Pedro에게 맡긴다. 국왕이 돌아오자 본토의 귀족들은 브라질에 강압적인 세금과 억압적인 차별 정책을 펼쳤는데, 특히 브라질의 모든 영토를 포르투갈에서 직접 통치하는 법안마저 준비하기에 이른다. 이러한 사실을 알게 된 브라질인들은 결국 1822년 독립을 선언하고, 페드루를 황제로 추대한다. 만약 주앙 6세가 포르투갈 본국으로부터의 귀국 요청을 거절하고 그대로 브라질에 남아 있었더라면, 오늘날 브라질이 어쩌면 포르투갈이 되었을지도 모를 일이다.

브라질에서 기회를 찾는 일본과 한국

1900년대 들어 브라질에서 기회를 모색한 사람들은 다름 아닌 일본인들이다. 일본은 가난한 농민들을 지원하기 위해 브라질 이민을 적극 장려했다. 농업에 적합한 브라질의 기후 환경을 바탕으로 국가 차원에서 적극적으로 홍보한 덕분에 1908년부터 브라질 이주를 시작해 제2차 세계대전 이후 1970년대까지 지속되어 오늘날 일본인이 가장 많이 살고 있는 일본 밖의 지역은 브라질이 되었다. 2018년까지 브라질로 이주한 일본인 수는 150만 명에 달한다.

일본인 이민자들은 브라질에서 감, 사과, 딸기, 무, 고추 등 수십 종류의 작물을 경작하기 시작했고, 브라질 현지 농민들에게도 적지 않은 영향을 미쳤다. 일본인들은 농업협동조합을 조직해 생산한 농산물의 유통 및 판매망을 구축하는가 하면, 조합원들의 복리후생 프로그램을 운영하는 등 혁신적인 농업 경영을 브라질에 전파했다.

브라질은 지금도 여전히 기회의 땅이다. 브라질 국토 면적은 한반도의 37배에 달해 남미 대륙의 47.3%를 차지하며, 러시아, 캐나다, 중국, 미국에 이어 세계 5위의 규모를 자랑한다. 브라질은 광활한 영토 덕분에 다양한 천연자원을 확보하고 있는데, 미국에 이어 세계 2위의 식량 자원 수출국이며 석유, 철강, 천연가스 등 주요 자원 대부분을 자급할 만큼 충분하게 보유하고 있다. 인구 규모 또한 2억 1,000만 명 수준으로 세계 7위다. 브라질 경제의 잠재력은 넓은 영토와 풍부한 천연자원 때문만은 아니다. 중화학 공업을 비롯한 제조업 기반이 갖춰져 있어 제조업이 발달할 수 있는 기본 조건이 준비된 상황이다.

브라질의 경제적 위상이 남미를 넘어 세계적으로 주목받는 수준이다 보니, 인근 중남미 국가 주민들로 하여금 브라질이 '기회의 땅'으로 여겨지면서 이주민이 꾸준히 유입되고 있는 실정이다. 특히 브라질은 에콰도르와 칠레를 제외한 남아메리카의 모든 국가와 국경을 접하고 있어 이주민이 접근하기 용이하기도 하다.

브라질이 기회의 땅인 것은 우리나라에도 마찬가지다. 현재 우리 경제를 지탱하는 주력 산업 부문인 화장품 시장에서 세계 4위, 자동차 시장에서 세계 7위, 의료기기 분야에서 세계 6위를 기록하는 등 높은 시장성을 담보한 세계적인 소비 시장이기 때문이다.

아시아 부국에서 최빈국으로 전락한 미얀마

- 인구 ‖ 5,457만 7,997명(27위)
- 화폐 단위 ‖ 미얀마 짜트(MMK, K)
- GDP(2023) ‖ 639억 8,800만 달러(87위)
- GDP 성장률(2022) ‖ 3.0%
- 실업률(2022) ‖ 1.5%
- 물가상승률(2022) ‖ 8.8%
- 인터넷 사용 비율(인구 대비) ‖ 44%

언론에서 내전으로 가장 자주 언급되는 나라 중 하나는 '미얀마'일 것이다. 2021년 군부 세력이 총선 결과에서 압승한 아웅 산 수 치Aung San Suu Kyi를 구금하고 쿠데타를 일으킨 이후, 2년이 지난 지금까지도 민간인에게 폭력을 가하는 사태가 벌어지면서 미얀마 군부는 국제적 공분의 대상이 되고 있다. 미얀마의 폭력적인 상황을 그린 보도는 쏟아지지만, 미얀마의 정치, 경제, 사회적 상황을 정확히 이해하고 언급하는 내용은 사실 그리 많지 않다.

가장 대표적인 것으로는 아웅 산 수 치를 대통령으로 오해하는 것이다. 결론부터 말하자면, 아웅 산 수 치는 미얀마의 대통령은 아니다. 수 치는 외교부 및 대통령실 장관이자 국가자문역을 역임했으며, 구금 전까지 국가의 중요 결정을 맡아 사실상 실권을 행사한 인물이다.

미얀마는 20세기 들어 국가 명칭을 바꾼 몇 안 되는 나라이기도 하다. 나이가 지긋한 분들에게는 미얀마보다 버마라는 이름이 더 친숙할 것이다. 버마는 원래 미얀마 국민을 구성하는 대표적인 민족 이름이다. 미얀마는 여러 민족으로 구성된 연방 국가로 인구

2012년 9월 19일, 아웅 산 수 치와 버락 오바마 전 미국 대통령이 백악관에서 얘기를 나누고 있다.

5,300만 명 중에서 버마족이 약 70%로 다수를 차지하고 있다. 샨, 카렌, 카친 등의 소수족(25%)과 기타 중국계, 인도계(5%) 등은 모두 합쳐도 30%정도밖에 되지 않는다. 이 때문에 과거에는 국가명을 다수 민족명인 버마로 표기했지만, 이후 민족 간의 융합을 도모한다는 이유로 미얀마로 변경한 것이다.

최근 미얀마 군부에 저항하는 민병대 중에는 미얀마 소수 민족이 다수 포함되어 있다. 이들 소수 민족은 군부에 적극적으로 저항해 추후 자신들의 자치권을 확보하려는 움직임을 보이고 있다. 2017년 미얀마 군부가 소수 민족인 로힝야족을 공격해 대규모 사상자와 난민이 발생해 다른 미얀마 소수 민족들이 강하게 비난한 바도 있다. 이러한 사실만 보더라도 미얀마가 향후 풀어야 할 가장 큰 숙제는 성숙한 민주화와 소수 민족 간의 융합임을 알 수 있다.

가장 주목받던 투자 대상 국가

미얀마의 정치, 사회 상황은 이처럼 혼란 속에 놓여 있지만, 군부 쿠데타가 일어나기 전까지는 동남아시아에서 가장 주목받는 투자 대상 중 하나였다. 국제 사회가 미얀마에 주목한 이유는 다양하다.

가장 먼저 인근 국가에 비교해 수준 높은 국민성을 꼽을 수 있다. 최근 중국과 베트남 등 아시아 국가들의 임금이 빠르게 상승하자 각국의 기업들은 미얀마, 캄보디아, 라오스 등 소위 메콩강 신흥 3국으로 생산 기지를 이동하려 준비하고 있다. 이 과정에서 미얀마는 이전 선호도가 가장 높은 국가로 꼽힌다. 미얀마의 문해율은 92%로 국민 대부분이 글을 읽고 쓸 수 있는 수준이다. 이는 인근의 캄보디아(78%)나 라오스(73%)보다 월등히 높다.

더불어 미얀마의 임금은 중국의 5분의 1 수준이다. 매년 최저 임금이 가파르게 오르고 있지만 여전히 여타 아시아 국가보다 낮다. 2020년 기준 미얀마 평균 임금은 약 110달러였지만 인근 지역인 태국은 300달러, 라오스는 124달러, 필리핀은 170달러로 이보다 높은 실정이다.

풍부한 천연자원도 미얀마가 투자 대상인 이유다. 미얀마 지역은 복잡한 지질구조로 되어 있어서 다양한 천연자원이 매장되어 있다. 우선 천연가스 매장량은 2,832억m³로 세계 40위에 해당한다. 원유 매장량 또한 5,000만 배럴 이상 보유한 것으로 확인됐다. 이 밖에도 우라늄, 루비 등의 지하자원도 다량으로 매장돼 있다. 이 중에서 미얀마를 대표하는 지하자원으로 '옥'을 꼽을 수 있다. 미얀마 북부의 카친 주 롤링 산악 지대는 세계 제일의 질 좋은 비취 생산 지역이다. 미얀마는 세계 경옥의 70%를 생산한다. 옥은 특히 중국인이 선호하는 보석류로, 미얀마에서 채취한 옥은 1온스에 수만 달러를 호가하기도 한다.

이처럼 미얀마는 많은 지하자원을 보유하고 있음에도, 이를 자체적으로 개발할 수 있는 기술력과 자본이 부족한 상황이다. 이 때문에 다국적 기업과의 합작 투자를 적극 도모해왔다. 미얀마 국가 재정의 절대적인 비중을 차지하고 있는 천연가스 개발 사업도 미얀마석유가스공사Myanmar Oil and Gas Enterprise, MOGE가 다국적 기업과의 협력을 통해 운영하고 있다. 미얀마에는 유연탄, 우라늄, 구리, 철, 니켈, 아연 등 전략 광물도 상당히 매장되어 있으나, 현재 생산되는 양은 극히 적어 향후 개발 가능성이 크다.

미얀마는 아시아의 미래 소비 시장으로도 꼽히고 있다. 미얀마의 인구 구조는 젊은 편인데 유소년 인구가 전체 인구의 32.3%를, 15~60세의 생산 가능 인구가 60%를 차지하고 있다. 지금 현재도 젊은 층 인구 구조가 높은 편이지만, 10~20세 인구가 차지하는 비중이 커 향후 생산 연령 인구가 더욱 크게 늘 것으로 전망되고 있다.

인프라 부족 등 과제가 산적한 미얀마

이처럼 미얀마가 잠재력을 품은 국가임은 분명하나, 견실한 경제적 성과를 달성하기 위해서는 해결해야 할 과제들 또한 많다. 가장 큰 문제점 중 하나가 경제 활동을 수행할 만큼의 충분한 인프라가 없다는 것이다. 미얀마에는 교통, 통신, 전기 등 국가 인프라가 절대적으로 부족하다. 최근 전력 수요가 급증하고 있는 데 반해 전력 설비는 여전히 부족해 산업체뿐만 아니라 일반 국민에게도 전기가 충분히 공급되지 않는 지역들이 많다.

최근 기업 활동을 수행하기 위해서는 전통적인 인프라 못지않게 정보통신 환경도 중요하다. 미얀마는 동남아 국가 중에서 라오스와 함께 IT 환경이 가장 취약한 국가로 분류된다. 특히 정보통신에 대한 투자, 컴퓨터 이용자 수로 대표되는 정보기술 부문에서 국가 경쟁력이 가장 낮은 것으로 드러났다. 여기에 2003년 발생한 금융위기로 여러 은행이 도산했고, 이후 은행권의 신뢰가 많이 무너져 있는 상태다. 미얀마의 은행 이용률은 약 10% 미만에 머물고 있으며, 민영 상업 은행들도 여전히 매우 영세한 수준에 머물고 있다. 담보, 처분, 법 실행력 및 개인 식별 제도 등 금융 관련 각종 인프라가 미비하다 보니 100% 담보 내에서 가능한 여신만 취급하고 있는 실정이다. 아세안 국가 중 미얀마는 라오스와 캄보디아 정도를 제외하고는 경제 규모 대비 은행 대출 비중이 가장 낮은 것으로 나타났다.

미얀마 정부의 만성적인 재정 부족 상황 역시 경제 발전을 저해하는 큰 걸림돌이다. 재정 수입 부족의 가장 큰 원인은 세금 수입이 부족한 것이다. 무엇보다 지하경제 문제, 회계·세무 정보의 불투명, 세무 공무원의 부정부패 등이 원인으로 지목되고 있다.

미얀마는 인근 동남아 국가보다 우수한 인적 자본과 풍부한 자원을 보유하고 있음에도, 동아시아 10개국을 대상으로 한 국가 경쟁력 상호 비교에서 하위권으로 분류된다. 캄보디아, 라오스에 비해서는 상대적으로 국가 경쟁력이 높지만, 싱가포르, 말레이시아, 태국 등에 비하면 경쟁력이 낮은 것으로 보는 시각이 일반적이다. 미얀마는 제2차 세계대전 이후 독립한 아시아의 신생독립국 중에서 가장 부유한 국가 중의 하나였지만 현재 1인당 국민소득이 1,140(약 148만 원)달러 수준으로 최빈국으로 전락한 상황이다. 미얀마가 지금의 위기를 극복하고, 수준 높은 국민성을 발휘할 날이 도래하기를 고대해본다.

“미래를 예측하는 가장 확실한 방법은
미래를 창조하는 것이다.”

- 에이브러햄 링컨

미리 가본
미래의 나라

디지털 화폐로
승부수를 던진
나이지리아

- **인구** ‖ 2억 2,380만 4,632명(6위)
- **화폐 단위** ‖ 나이지리아 나이라(NGN, ₦)
- **GDP(2023)** ‖ 5,066억 100만 달러(32위)
- **GDP 성장률(2022)** ‖ 3.3%
- **실업률(2022)** ‖ 5.8%
- **물가상승률(2022)** ‖ 18.8%
- **인터넷 사용 비율(인구 대비)** ‖ 55%

평소 친숙하지 않은 나라의 이야기를 우연히 듣게 되고, 이렇게 우연히 알게 된 나라가 우리 경제에 큰 영향을 미치고 있다는 걸 알게 되는 순간이 있다. 나에게는 '나이지리아'가 그런 나라다. 나이지리아는 아프리카에 위치한 국가라는 사실 말고는 우리나라 대중에게 그리 큰 관심 대상이 아닌 것이 사실이다. 하지만 앞으로 우리가 나이지리아에 관심을 가져야 할 이유는 지대하다. 그 첫 번째 이유는 인구 때문이다.

유엔에서 집계한 인구 구조 변화 추이에 따르면, 2050년 나이지리아는 미국 인구를 뛰어넘어 세계 3위 인구 대국에 해당하는 국가로 올라설 전망이다. 참고로 유엔이 최근 펴낸 세계 인구 전망 보고서에 따르면 전 세계 인구는 지난 2020년부터 1% 미만의 증가율을 보이기 시작했다. 그 결과 세계 인구는 오는 2080년대쯤 약 104억 명으로 정점을 찍은 뒤 2100년까지 횡보하고 그 뒤에는 감소세로 돌아설 것으로 전망된다. 특히 지금 전 세계에서 큰 영향력을 행사하는 미국, 중국, 일본, 독일 등 OECD 국가들의 인구가 2100년까지 계속해서 줄어들 것으로 예상하고 있다.

1982년까지만 해도 나이지리아 인구는 8,000만 명을 밑돌아 세계 10대 인구 대국 대열에도 들지 못했다. 하지만 최근 나이지리아 인구는 2억 2,000만 명 수준으로 폭증했고 그 결과 세계 6위의 인구 대국으로 부상했다. 이러한 추세는 계속될 예정이어서 2050년에 3억 7,700만 명 수준이 되면 미국을 제치고 세계 3위의 인구 대국으로 올라선다.

인구가 급증할 나라로 나이지리아만 있는 것은 아니다. 아프리카의 다른 국가들 역시 인구가 급증할 것으로 보인다. 대표적으로 콩고민주공화국과 에티오피아도 2050년이 되면 각각 세계 8위와 9위의 인구 대국으로 올라설 것으로 예상된다. 주로 아프리카의 인구가 급증할 것으로 예상되는 이유는 지금 아프리카 국가의 인구 중 70% 이상이 30세 미만의 젊은이들이기 때문이다. 그리고 그 중심에는 나이지리아가 있다.

나이지리아에 주목해야 할 또 다른 이유는 종교다. 현재 지구 곳곳에서 종교 분쟁이 다시금 불거지고 있다. 이는 전쟁, 이상기후, 기아 등으로 인해 많은 사람이 다른 지역으로 이주하고 있기 때문으로 이 과정에서 서로 문화권이 다른 사람들끼리 이전보다 훨씬 더 빈번히 마주치게 되었다. 물론 과거에도 이주는 계속 있었지만 이주한 사람들이 소수에 불과했기에 자신들의 목소리를 내기가 쉽지 않았다. 어찌 보면 이주한 곳에서 숨죽이며 사는 신세였다. 하지만 상황이 달라졌다. 이제는 아프리카 지역에서 이주한 사람들이 유럽과 미국 등지에 상당히 넓게 퍼져 있다. 이제 이들이 자신들의 이권을 강하게 주장하기 시작했고, 쉽게 관철되지 않으면 시위나 무력 투쟁으로 보다 적극적으로 피력하는 형국이다.

제국주의가 만들어낸 분쟁의 씨앗들

나이지리아는 약 250개 부족과 종족으로 구성되어 분쟁이 끊이지 않는 나라다. 대표적인 민족으로 하우사풀라니Hausa-Fulani, 요루바Yoruba, 이보Igbo, 이조Ijaw 등이 있다. 나이지리아에는 언어도 500개가 넘는다. 이렇게 서로 다른 부족과 종족이 함께 모여 살게 된 것은 제국주의 때문이다. 제국주의 국가들이 식민지화 과정에서 민족, 언어, 종교, 문화 등 다양한 요소를 전혀 고려하지 않은 채 자신들의 입장과 이익에 근거해 식민지 지역에 경계선을 긋고 행정 구역을 나눴기 때문이다. 그리고 이런 행정 구역에 근거해 제2차 세계대전 후에는 개별 독립 국가로 나뉘게 된다. 이런 역사들 때문에 나이지리아를 비롯해 아프리카, 중동, 동남아시아에서 분쟁이 계속되고 있다 해도 과언이 아니다.

　나이지리아에 유럽인이 발을 들여놓은 것은 15세기 때부터다. 1470년 포르투갈인들이 유럽인들로서는 최초로 나이지리아 해변 중 하나인 라고스Lagos 해안에 상륙했다. 16세기에는 유럽인들이 대거 진출해 노예 무역에 종사했고, 특히 영국은 16세기 중엽 이후 노예 무역 회사를 다수 설립했다. 1815년부터 노예 무역이 금지되자 영국은 야자유와 원료 제품을 수입하는 무역으로 전환해 나이지리아 경제권을 장악했고 1861년 10월 6일 마침내 라고스에 대한 영토권을 획득, 1862년에 식민지화하기에 이른다.

영국은 1874년부터 1886년까지 라고스 식민 보호령Colony and Protectorate of Lagos이라는 이름으로 나이지리아 지역 일부를 먼저 장악한 뒤 1885년 베를린 회의에서 열강으로부터 나이저강 유역 일대의 지배권을 인정받았다. 1893년에는 '니제르 해안 보호령Niger Coast Protectorate'를 선포했으며, 1900년 1월부터 이를 확대 개편해 남나이지리아 보호령Protectorate of Southern Nigeria과 북나이지리아 보호령Protectorate of Northern Nigeria으로 구분 통치한다.

나이지리아는 1958년 런던 제헌의회 결과에 따라 1960년 10월 1일이 돼서야 영연방의 일원으로 독립한다. 하지만 독립은 나이지리아에 축복이 아닌 더 큰 고통의 시작이었다. 나이지리아는 독립한 이후 빈번한 쿠데타와 군부 통치를 겪는다. 1979년에 군부 통치가 종식되고 민정이 복귀되었지만 4년 만인 1983년 또다시 군부 쿠데타가 일어났으며, 그 뒤에도 민정과 군부 통치가 계속해서 반복되었다.

이러한 내부 분쟁 역시 서구 국가들과 무관하지 않다. 가장 대표적인 분쟁 중 하나인 비아프라 전쟁만 보더라도 알 수 있다. 비아프라 전쟁은 1967년 7월부터 1970년 1월까지 하우사족과 이보족 간에 발생한 것으로 평소 정치적·종교적 불평등에 시달리던 이보족은 1967년 5월에 분리 독립을 선언하고 '비아프라 공화국'을 세운다. 특히 이보족이 주로 활동하고 있던 비아프라 공화국 지역은 원유가 매장되어 있던 지역이다. 결국 원유를 품은 지역이 나이지리아에서 분리 독립하는 것을 허용할 수 없었던 하우사족을 중심으로 한 정부는 이보족을 무차별 살상하기 시작했다. 이때 하우사족을 지원한 것이 소련으로 막대한 무기와 군비를 하우사족에 지원했다. 이보족은 끝까지 저항했지만, 하우사족과 소련이 비아프라 공화국 지역의 식량 보급로를 차단하자, 1969년 1년간 이보족 전체 인구의 4분의 1인 200만 명 이상이 아사할 수밖에 없었다. 그중 50만 명은 7세 이하의 어린이들이었다. 결국 이보족은 항복을 선언했다.

지역마다 다른 분쟁의 원인

나이지리아에서는 종교 갈등 또한 첨예하다. 현재 나이지리아 인구의 52%는 기독교를, 41%는 이슬람교를 믿는다. 나이지리아 남부는 기독교 기반의 지역이고, 북부는 이슬람 기반 지역이다. 경제적 기반도 다르다. 주로 하우사풀라니인이 거주하는 북부는 사막성 기후이며, 일부 목초 지대를 중심으로 목축업 또는 건조 지역에서 자라는 농작물을 주로 경작한다. 남부 지역에는 요루바, 이조, 이보 등의 민족이 주로 거주하며, 해안가를 중심으로 농업에 종사하는 이들이 많다. 남부와 북부는 역사적 변천 과정도 다르다. 특히 북부와 내륙 지방은 9세기 이후 보르누Bornu 왕국에 이어 19세기에 풀라니 대제국이 건설되는 등 강력한 국가가 성립해 발전해온 지역이다. 이에 반해 남부 해안 지역 주민들은 17세기 이후 정치적 구심점이 미비한 상황이다.

이 때문에 나이지리아에서는 지역에 따라 분쟁의 내용도 다르다. 종교 분쟁은 주로 중부 지역에서 일어난다. 남부의 기독교 세력과 북부의 이슬람 세력이 마주치는 지역이 주로 중부다 보니 중부에서는 종교 갈등으로 인한 분쟁이 끊이지 않는다. 중부 지역에는 원래 기독교인들이 모여 살고 있었는데, 20세기 초반에 이슬람교 중심의 하우사풀라니인이 주석 광산 노동자로 대규모 이주해오면서 기독교인들과 빈번히 충돌하게 되었다.

북부 지역에서는 이슬람 세력 간의 분쟁이 일어난다. 북부 지역은 산업 기반이 약해 평균 소득이 상대적으로 낮고, 현대식 교육도 충분하지 않은데 인구 증가율은 높아 청년층 실업이 심각한 상황이다. 이러한 환경에서 혈기왕성한 청년들은 테러리스트가 되어갔다. 북부 지역을 중심으로 순수 이슬람 국가를 건설하자는 주장을 펼치며 무장 항쟁을 전개하는 보코하람Boko Haram이라는 세력 때문이다. 보코하람은 '서구식 교육은 신성모독'이라는 의미로 그 이름에서도 드러나듯이 강경 노선의 종교 단체다. 보코하람은 IS의 서아프리카 지부로 자칭하는데, 강경파인 보코하람은 이슬람 온건파도 공격 대상으로 삼아 자살폭탄 테러, 요인 암살, 경찰청 테러, 총기 난사와 방화 등을 일삼고 있다.

남부 지역은 원유가 많은 지역이다. 이 지역에서는 다수 원주민인 이조인들을 중심으로 석유 자원에 대한 통제권을 주장하면서

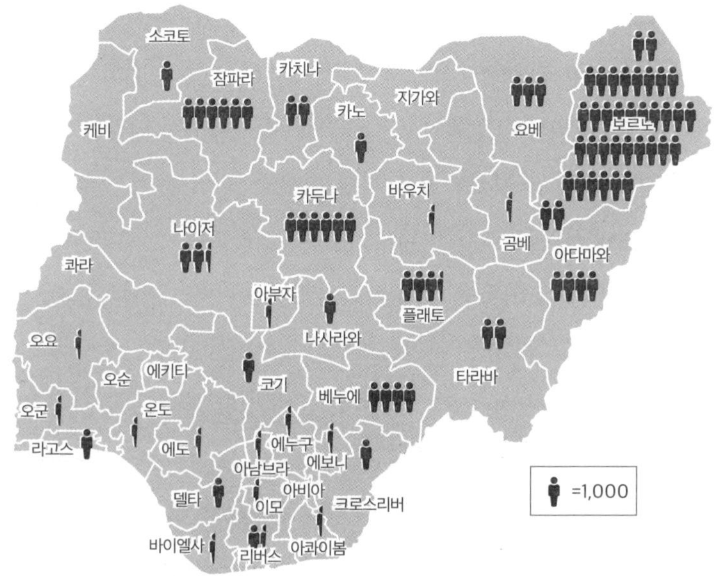

정부군을 상대로 게릴라식 테러를 자행하고 있다. 이들 지역은 석유 수급을 좌우하기 때문에 나이지리아 중앙 정부에서도 회유책과 강경책을 함께 전개한다. 무장 단체로 활동한 경력이 있는 사람들을 대거 사면해주면서 무장 해제와 재교육을 통해 사회 통합을 추진하는 동시에, 계속해서 무장 세력으로 활동하는 사람들은 색출해 처벌하고 있는 상황이다. 현재 남부 지방의 반군 세력은 과거에 비해 조직력이 많이 와해된 상태로 이제는 대규모 납치 범죄를 저지르며 경제적 이익을 추구하는 범죄 조직으로 변질됐다.

이 때문에 나이지리아에서는 대규모 납치 사건이 끊이지 않는

데, 관광버스를 습격해 관광객 전원을 납치하는가 하면, 무장 괴한들이 학교에 난입해 교원과 학생 등 수백 명을 납치해가는 사건도 발생한다. 200~300명의 학생을 한 번에 납치하는 사건도 비일비재하다. 납치 대상도 영유아부터 대학생, 관광객까지 다양한데, 나이지리아 무장 단체들은 학생 집단 납치를 '수익성 있는 범죄'로 인식하는 듯하다.

남부 지역에서 이처럼 납치 사건이 많은 이유는 경제적인 이유와 무관하지 않다. 기후 위기의 영향으로 방목 지역이 계속 줄고 남은 지역들 역시 사유지가 되면서, 유목 생활을 하는 부족과 농업을 중심으로 정착 생활을 하는 부족 간의 갈등이 점점 깊어졌다. 나이지리아 통계청에 따르면 성인 인구의 40%가 하루 1달러 미만으로 생활하고 있다. 결국 이러한 환경에 불만을 품은 젊은 층이 무장 단체를 조직해 납치 범죄에 가담, 피해자 가족들에게 몸값을 요구해 거액을 벌어들이는 것이다. 이들 남부 지역의 무장 단체는 북동부의 종교 단체보다 더 많은 인명 피해를 야기하고 있고, 나이지리아에서 가장 치명적인 안보 위기로 부상하고 있다.

이러한 나이지리아 내부의 민족, 종교 갈등 문제는 이제 나이지리아만의 문제가 아니다. 이미 나이지리아인의 상당수가 유럽 지역에서 활동하고 있다. 영국에 거주하고 있는 나이지리아계 인구만 100만 명이 넘는다. 현재 더 많은 나이지리아인이 생활고에 시달리다 대안을 찾아 유럽으로 넘어가고 있다. 나이지리아 분쟁으로 현재까지 220만 명이 삶의 터전을 잃고 떠돌고 있다. 이 과정에서 점차 유럽 내부에서도 적지 않은 나이지리아계 이주민이 정치 세력화되고 있는 추세다. 결국 이러한 추세는 머지않아 유럽 내에서도 나이지리아인들의 목소리가 점점 커질 수밖에 없는 상황을 만들고 있다. 이제는 유럽을 비롯한 다른 지역에서도 나이지리아처럼 기존 세력과 유입 세력 간의 갈등이 점점 더 증폭될 것으로 보인다.

나이지리아의 디지털 화폐, e나이라

나이지리아에서 우리가 미래를 엿볼 수 있는 부분은 또 있다. 바로 암호화폐 영역이다. 현재 나이지리아는 아프리카 국가 중에서 암호화폐 최대 보유국이 되었다. 나이지리아에는 암호화폐 보유자가 대략 2,000만 명이 넘을 것으로 추정된다. 이는 아프리카 내 암호화폐 보유자의 40% 이상이다. 나이지리아가 이처럼 암호화폐 천국이 된 가장 큰 이유는 정부의 통화 정책 실패 때문이다.

나이지리아인이 암호화폐를 선호하는 이유는 물가 폭등 때문이다. 코로나19와 러시아-우크라이나 전쟁 등으로 나이지리아의 물가가 폭등하면서 기초적인 생필품을 구매하려 해도 막대한 현금이 필요한 환경에 처했다. 사람들은 당연히 현금이 부족해졌고 나이지리아의 현금지급기 앞에는 현금을 인출하려는 사람들이 항상 길게 늘어서 있다. 결국 현금을 못 찾아 발을 동동거리다가 홧김에 은행에 불을 질러버리는 사람도 있었다.

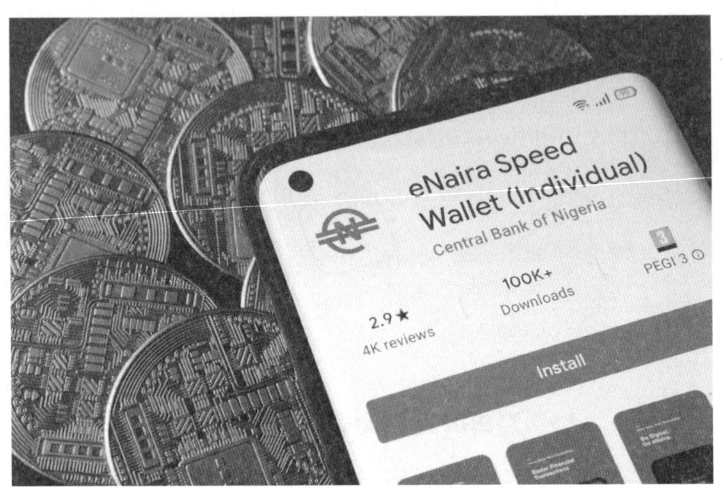

2023년 5월에 나온 IMF의 평가에 따르면 e나이라의 주간 활성율은 약 1.5%로, 98.5%는 전혀 거래가 없는 상황이다.

나이지리아의 화폐 가치가 폭락한 것도 원인이다. 나이지리아는 달러 페그제를 폐기하면서 수년에 걸친 달러 배급제도 끝내기로 결정한다. 달러 페그제는 자국 화폐와 달러의 교환 가치를 일정 비율로 고정하는 제도다. 다시 말해 달러를 기준으로 한 고정 환율 제도인 것이다. 나이지리아 정부가 이러한 고정 환율 제도를 계속해서 유지해왔던 이유는 자국 화폐의 가치가 하락하는 것을 최대한 막기 위한 조치였다. 하지만 나이지리아는 국제 사회로부터 다양한 투자를 유치하기 위해 달러 페그제를 기반으로 한 달러 배급제를 종료했다. 환율이 시장에서 자유롭게 결정되면 지난 수년간 떠났던 외국인 투자자들이 다시 복귀할 것이라고 여긴 것이다. 하지만 이는 화폐 가치의 급락만을 초래했다.

결국 나이지리아 정부는 화폐 개혁을 단행했다. 급락하는 화폐를 계속해서 인쇄해 공급할 수는 없기 때문이다. 나이지리아 중앙은행이 신권을 발행해 4개월 안에 구권과 교환하라고 했으나 문제는 현금지급기나 신권이 턱없이 모자라는 데 있었다. 신권을 충분히 인쇄해 공급하기에는 이미 물가가 너무 상승했고, 2억 명 이상이 사용할 신권 화폐를 한번에 공급할 만큼 나이지리아 행정력은 효율적이지 않았다.

결국 나이지리아는 블록체인을 기반으로 한 디지털 화폐를 대안으로 선택했다. 원래 나이지리아 정부는 암호화폐에 부정적이었다. 2021년 2월 나이지리아는 규제 대상인 금융 기업이 암호화폐를 거래하는 행위를 금지하는 서한으로 비트코인 사용을 금지한 바 있다. 이렇게 디지털 화폐에 부정적이었던 나이지리아 정부가 스스로 디지털 화폐를 발행하는 길을 선택한 것이다. 나이지리아 중앙은행이 발행한 디지털 화폐의 이름은 'e나이라e-Naira'다. e나이라는 기존 화폐인 나이라와 함께 나이지리아의 공식 통화로 쓰이기 시작했다. e나이라는 실물 화폐를 디지털 형태로 구현한 것이다. e나이라와 나이라 화폐의 가치는 같다. e나이라는 단기간에 대규모로 공급할 수 있으며, 음성적이고 부정적인 산업으로 자금이 흘러들어가는 경로를 확인할 수 있어서 이론적으로는 좋은 대안처럼 보였다.

하지만 2021년 11월 처음 발행된 'e나이라'는 지금 현지 은행들로부터도 외면을 받고 있다. 현재 나이지리아 주민의 0.5%만이 'e

나이라'를 사용 중이다. 나이지리아 국민들이 이미 자국 정부가 발행한 화폐를 더 이상 신뢰하지 않기 때문이다. 나이지리아 사람들은 저축할 자금이 생기면 비트코인 등 암호화폐로 환전하기 시작했다. 계속해서 추락하는 자국 화폐로 가치를 저장하기보다는 암호화폐가 훨씬 가치를 유지하기 수월하다고 판단했기 때문이다. 청년들의 경우에는 열심히 일해도 나아지지 않은 상황에서 비트코인과 같은 암호화폐에 투자해두면 한 방에 성공을 거둘 수 있다고 여겼다. 정상적으로 경제 활동을 하고 있는 사람들도 마찬가지다. 나이지리아 시중 은행을 거치면 해외로 보내는 송금 수수료가 비싼데 암호화폐는 수수료 걱정이 없다. 물론 달러가 더 믿을 수 있는 화폐라는 것은 잘 알고 있지만 달러 구경은 하늘에 별 따기다. 현재 비트코인 등 암호화폐는 나이라의 급격한 환율 변동과 정부 통제를 피해 대체 화폐 역할을 하는 중이다.

물가 폭등으로 나날이 자국 화폐의 가치가 떨어져가는 개도국들은 나이지리아와 같은 실험을 시작하고 있다. 바하마는 2020년 10월 공식 디지털 화폐인 '샌드달러'를 출시하며 세계 최초로 CBDC(중앙은행 발행 디지털 화폐)를 상용화했다. 더 급진적인 나라도 있다. 엘살바도르는 세계 최초로 비트코인을 달러와 함께 법정 통화로 인정했다. 하지만 지금까지는 디지털 화폐 내지 암호화폐를 기반으로 법정 통화를 대체하는 여러 국가들의 시도가 성공했다고 보기는 어려운 상황이다. 하지만 향후에도 통화 정책에 실패한 개도국들은 더 많이 등장할 것으로 예상되고, 이들이 선택할 대안 중 하나는 디지털 화폐 발행일 것이다. 이러한 상황에서 나이지리아가 시도하고 있는 디지털 화폐 발행이 어떻게 전개될지 전 세계가 지켜보는 중이다.

나이지리아는 미래의 나라다. 나이지리아 인구의 70% 가량이 젊은 세대다. 나이지리아에는 노동력과 자원이 풍부하다. 석유와 천연가스는 아프리카 전체 매장량의 30%를 차지하며 배터리의 핵심 자원인 리튬도 매장되어 있다. 이렇게 풍부한 자원과 인구를 기반으로 한 나이지리아는 아프리카의 희망이 될 수 있을까?

베트남,
중국을 대신할
세계의 공장

- 인구 ‖ 9,885만 8,950명 (16위)
- 화폐 단위 ‖ 베트남 동 (VND, ₫)
- GDP(2023) ‖ 4,490억 9,400만 달러 (34위)
- GDP 성장률(2022) ‖ 8.0%
- 실업률(2022) ‖ 1.9%
- 물가상승률(2022) ‖ 3.2%
- 인터넷 사용 비율(인구 대비) ‖ 74%

베트남은 최근 우리나라에서 가장 관심이 뜨거운 나라다. 우리 기업과 개인의 유망한 투자처로 떠올랐기 때문이다. 코로나19가 유행하기 전에도 베트남에 투자한 외국 자본 중 우리나라의 투자 비중이 가장 높았다. 1988년에서 2017년까지 베트남에 투자한 외국 자본 중 우리나라의 투자 건수는 6,324건, 투자 금액은 558억 2,700만 달러를 기록해 1위에 해당한다. 2위는 투자 건수 3,523건에 투자 금액 461억 5,100만 달러를 기록한 일본, 3위는 투자 건수 1,927건, 투자 금액 414억 달러를 기록한 싱가포르다.

우리나라가 베트남을 투자 대상으로 주목하게 된 가장 큰 배경은 베트남과의 경제적 교류가 급격히 늘어났기 때문이다. 한국과 베트남의 무역 추이를 살펴보면, 베트남은 2014년만 해도 한국의 6위 수출국이었으나 2015년에는 4위, 2017년에는 중국, 미국에 이어 3위 수출국으로 발돋움했다. 양국 무역 관계는 더욱 늘어날 것으로 전망되어, 향후에는 베트남이 미국을 뛰어넘어 한국의 2대 수출국으로 올라설 것으로 예상된다.

1억 명 내수 시장을 바탕으로 성장하다

베트남 경제에 우리 기업이 미치는 영향력도 커지고 있다. 삼성전자 베트남 법인의 경우, 베트남 전체 GDP의 무려 20%를 차지한다. 그야말로 삼성전자의 실적이 베트남 GDP를 좌우한다는 말이 나올 정도다. 개인 간 교류도 나날이 많아져 2019년 기준으로 연간 베트남에 방문하는 한국인의 숫자가 400만 명에 이르렀다. 2023년 들어 5월까지 베트남을 찾은 한국인 관광객은 130만 명이 넘어 압도적인 1위다. 이처럼 양국 간의 교역이 많아지면서 많은 사람들이 베트남의 변화를 직간접적으로 접했고, 자연스레 베트남 투자에 관심이 커진 것이다.

우리 기업들이 베트남 투자에 관심을 갖게 된 또 하나의 이유는 베트남 시장이 내포하고 있는 미래 가능성 때문이다. 인구 구조를 살펴보면, 2023년 3월 기준으로 베트남의 총인구는 약 9,885만 명으로 세계 16위의 인구 대국이다. 2025년경 1억 명을 돌파하고 2040년경 1억 500만 명에 달할 것으로 전망된다. 그뿐만 아니라 인구 구조 또한 전형적인 피라미드 형태다. 2019년 기준, 25~64세 인구가 55.1%로 왕성한 소비 여력을 갖고 있는 20~30대가 중심이다.

베트남 현지 상황을 직접 목격한 사람들은 베트남을 미래지향적인 시장이라고 평가하기보다는 현재진행형인 시장으로 보는 경우가 더 많다. 베트남 경제가 하루가 다르게 급성장하면서 소비 트

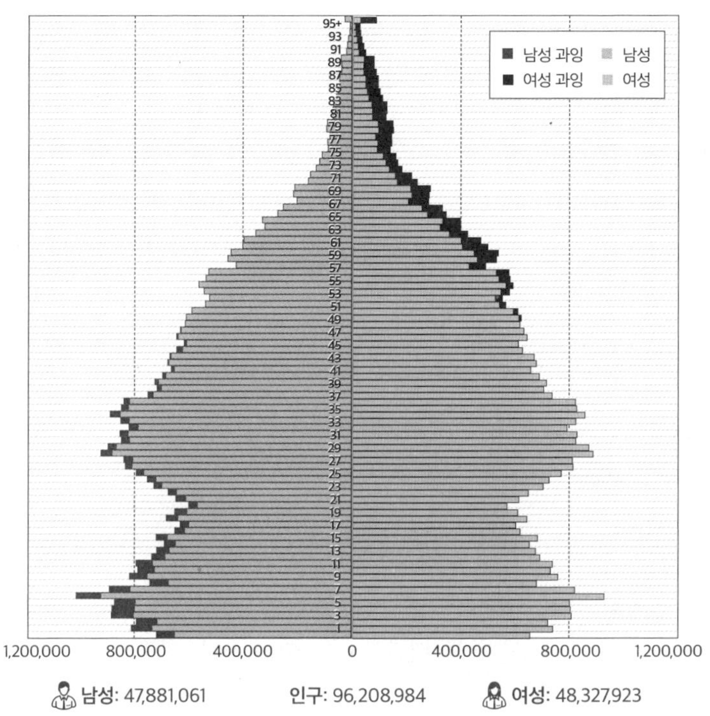

렌드 역시 웬만한 중진국 이상의 모습을 보여주기 때문이다. 하노이, 호치민 등 대도시 사람들이 즐겨 애용하는 시장은 전통 시장이 아닌 편의점, 대형 마트 등으로 변화한 지 오래다. 소비 성향을 봐도 여느 선진국처럼 건강과 웰빙에 대한 관심이 높아지고 있는 상황이다. 이 때문에 마트에서도 저렴한 제품이 아닌 고품질의 믿을 수 있는 제품들을 찾는 경향이 높다.

보스턴 컨설팅 그룹에서 베트남 중산층을 대상으로 한 소비 행태 조사 결과도 베트남의 빠른 경제 성장을 대변한다. 조사 결과, 베트남 중산층은 가장 관심이 많은 소비 지출 항목으로 해외 여행을 꼽았다. 베트남에서도 저가항공 등이 발달하면서 인근 아시아 국가를 중심으로 한 해외 여행 수요가 급격히 늘 것으로 전망되는 대목이다.

해외 여행 다음으로 가장 관심이 높은 품목은 고급 화장품과 개인 건강 관리 제품이었다. 앞서 언급한 것처럼 베트남의 주요 소비층은 자신의 외모에 관심이 많은 젊은 계층이다 보니 화장품 등 미용 용품에 관심이 많다. 이 밖에 자신의 부를 과시할 수 있는 최신 전자 제품에도 관심도 많은 상황이다.

베트남 온라인 전자상거래 시장의 성장 속도 역시 빠르다. 2022년 기준 온라인 전자상거래의 시장 규모는 전체 소매 시장의 약 7% 수준으로, 5년 전보다 두 배가량 증가한 수치다. 베트남에서 인터넷을 사용하는 사람 중 약 74.8%가 온라인 쇼핑을 하며 연간 구매액도 전년보다 14% 늘었다. 이처럼 가파른 성장세를 보이는 베트남 시장을 두고 현재 일본과 한국 기업이 쇼핑몰, 온라인 쇼핑, 편의점, 백화점 등 모든 분야에서 경쟁 중이다.

세계의 공장으로 떠오르다

이처럼 베트남 내수 시장이 급성장할수록 우리 경제에도 기회가 될 것으로 보인다. 최근 베트남에서 가장 인기 있는 제품이 주로 한국산 제품들이기 때문이다. 베트남 바이어들을 대상으로 한 설문조사에서 베트남인들이 가장 좋아하는 제품으로 한국, 태국, 일본 제품을 꼽고 있다.

베트남은 내수 시장도 매력적이지만, 지리적으로 약 6억 3,000만 명이 살고 있는 아세안의 중심부에 위치해 있어 인근 아세안 국가로 향하는 수출 거점 지역으로도 최적지라 할 수 있다. 또한 베트남은 남북으로 길게 해안 지역을 접하고 있어, 가깝게는 동아시아, 서남아시아 등을 잇는 거점에 위치하고, 멀리로는 베트남의 값싼 노동력을 활용해 생산한 물건을 미국과 유럽연합 등지로 수출하기도 용이하다.

시장조사업체 IHS 마켓은 최근 미중 무역 전쟁으로 베트남이 중국을 대신하는 세계의 공장으로 떠오르고 있음을 주목했다. 해당 보고서는 "다국적 기업들이 중국을 피해 공급 사슬을 다변화함에 따라 중기적으로 베트남 등의 국가에 해외 직접 투자를 더 많이 늘릴 것으로 예상된다"고 전망하고 있다.

수많은 기업이 베트남에 주목하는 또 다른 이유는 이전 가격을 통한 경제적 이익 때문이다. 먼저 이전 가격에 관해 살펴보자. 이전 가격transfer price이란 관련 기업related party 간에 거래가 이루어질 때 원재료나 제품, 용역에 적용되는 가격을 말한다. 다국적 기업의 본사에서는 해외 지사에 운영 자금을 빌려주거나 완제품을 제작하는 데 필요한 고사양의 부품을 제공하는데, 이때 여러 해외 지사와 거래에 어느 정도 수준의 가격을 적용할지 판단한다. 그리고 그 가격에 따라 해외 지사로부터 부품 판매 대금과 이자를 수취하는데, 여기서 부품 판매 대금과 이자 수취 수익이 이전 가격에 해당한다. 우리나라에서도 이전 가격이 대중의 주목을 받게 된 계기가 있다. 한국GM과 미국 본사 간의 거래 때문이다. 한국GM이 그간 미국 본사에 납부해온 이자율이 5.3% 수준에 달하며, 본사로부터 수입해 오는 여러 부품을 비싼 가격에 수입하고 있다는 사실이 알려져 파장이 일기도 했다.

이와 같은 이전 가격은 내부자 사이의 거래 가격이라는 점에서 가격 결정이 비교적 수월하다. 따라서 가격을 조정해 얼마든지 자회사의 이익을 본사 이익으로 조정할 수 있다. 경우에 따라서는 해외 지사의 이익을 한 푼도 남기지 않고 모두 본사로 이전할 수도 있다. 문제는 이 과정에서 특정 국가의 법인세 과세 규모가 달라

‖ 한국 무역 흑자 교역국 순위 ‖

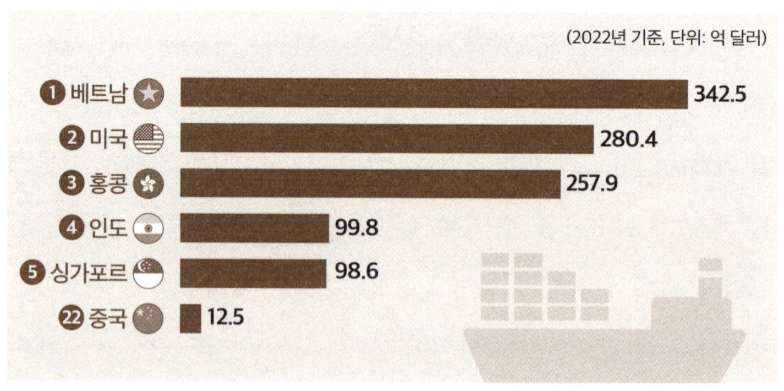

출처: 산업통상자원부

진다는 점이다. 만약 특정 기업이 이전 가격을 조정해 해외 지사의 이익을 고스란히 본사로 이전할 경우, 해외 지사가 속한 국가에서는 법인세를 한 푼도 징수하지 못하는 것이다. 현재 많은 국가가 대외 개방을 늘리면서 글로벌 기업들의 이전 소득 조정이 자국의 법인세 수익에 큰 영향을 미친다는 사실을 눈치채고 있다. 우리나라에서도 1998년 국제조세조정에 관한 법률을 제정하면서 글로벌 기업들이 이전 가격을 조정해 경감되는 국내 법인세 소득을 보전할 수 있는 법적 근거를 마련했다. 중국 역시 2008년부터 법인세법과 특별 납세 조정 방안을 시행하면서 이전 가격으로 조정되는 수익에 과세를 부과할 수 있게 했다.

다시 베트남으로 돌아와서 살펴보면, 베트남은 앞서 말한 나라와 달리 최근까지 다국적 기업들의 이전 가격 조정 문제에 크게 주목하지 않고 있다. 베트남 재무부에서 2017년 4월 서큘러 20 Circular 20을 발표하기 전까지 베트남은 이전 가격을 가장 수월하게 조정할 수 있는 몇 안 남은 제조 국가였으며 이는 수많은 외국 투자 기업들이 베트남을 주목한 이유다.

'손바닥도 마주쳐야 소리가 난다'는 말이 있다. 앞서 언급한 여러 기회 요인을 주목해 해외 유수의 투자자와 기업들이 베트남으로 몰려오는 것은 그만큼 베트남 내부에서도 외국 투자자들을 적극적으로 받아들이고 있기 때문이다.

베트남 정부는 일찍부터 수출지향적인 경제 정책을 수립하고 여러 국가와 FTA를 적극 추진해왔다. 대표적으로 유럽연합과의

FTA를 꼽을 수 있는데, 얼마 전까지만 하더라도 아시아에서 유럽연합과 FTA를 발효한 국가는 우리나라가 유일했다. 하지만 베트남이 한국에 이어 2020년 8월 1일자로 EU-베트남 FTA를 공식 발효했고, 이로써 베트남에 진출한 기업들은 세계 3대 시장 중 하나인 유럽 시장에 수출할 때 특혜를 받을 수 있게 되었다. 현재 베트남은 자신들의 지리적 이점을 강화하기 위해 아세안경제공동체AEC 출범과 여타 국가들과의 FTA 등을 더욱 강화하고 있어, 중국을 대체할 수 있는 수출 거점 지역으로 더욱 주목받고 있는 상황이다.

부동산 투자처로서의 베트남

베트남에 대한 개인 투자자들의 가장 큰 관심사는 단연 부동산이다. 2015년 7월 1일 개정된 주택법과 2015년 12월 10일 시행된 주택법 시행령 개정안에 따라 일부 제약 조건은 있지만, 베트남 입국 승인을 받은 외국인과 해외 기업이 베트남에서 주택을 구입할 수 있게 되었다.

또 베트남은 물가가 낮아 건축 비용이 적게 들 뿐만 아니라 날씨 덕분에 난방 시설도 구축할 필요가 없어 상대적으로 부동산 가격이 저렴하다. 이 때문에 국내 투자자 상당수가 저렴한 가격에 베트남 아파트를 구입하고, 월세 수입과 시세 차익의 기회를 엿보면서 베트남 투자에 대한 관심이 높아진 것이다. 현재 국내 투자자들은 은행이나 증권사 프라이빗뱅킹센터 등을 통해 베트남 부동산에 투자하고 있다. 우리나라는 싱가포르, 말레이시아, 일본, 홍콩 등과 함께 베트남에 가장 많은 부동산 자산을 보유하고 있는 상위 5개 국에 해당한다.

급격히 악화된 미중 간의 무역 갈등 또한 베트남에는 호재다. 미국이 중국산 물건에 고율의 관세를 부과하고, 다양한 제재를 가할 것으로 예상되면서 중국에 있는 글로벌 기업 생산 기지들 중 상당수가 베트남으로 이전하기 시작했기 때문이다. 나이키, 아디다스, 유니클로, 애플, 샤오미 등이 중국에서 베트남으로 생산 기지를 이전하거나 이전할 것을 발표한 상황이다. 미국 상공회의소에서 지난 2018년 중국 법인들을 대상으로 실시한 설문조사에서도 조사 대상 430개 기업 중 3분의 1에 가까운 기업들이 중국 밖으로 사업체를 이전할 것으로 검토하고 있다고 응답했고, 이들 기업들 중 18.5%의 기업이 새로운 대상지로 베트남을 선호한다고 답변했다. 미중 무역 갈등으로 인한 베트남의 경제적 수혜를 통계 수치에서도 확인할 수 있다. 미국 인구조사국US Census Bureau의 발표에 따르면 2022년 베트남은 1,161억 달러의 무역흑자로 중국과 멕시코에 이어 대미 무역흑자 3위에 올랐다. 이는 베트남이 기록한 사상 최대 규모다.

세계 열강들을 물리친 베트남의 저력

한국인을 포함한 글로벌 기업들이 베트남 시장에 주목한 이유는 단순히 최근 베트남과의 경제 교류가 커져서만이 아니다. 베트남 역사가 증명한 베트남인의 저력을 높이 샀기 때문이다. 베트남은 당대 세계 최강국에 해당하는 몽골, 프랑스, 미국, 중국 등과 전쟁에서 모두 승리한 보기 드문 나라다.

역사적으로 한 시대를 풍미했던 왕조 내지 국가들은 많다. 하지만 이들 대부분은 다른 민족의 침입으로 국력이 쇠락해지고, 이민족의 지배를 장기간 받게 되면 역사 속에서 그 흔적을 찾아보기 어려워지는 게 일반적이다. 하지만 이러한 이야기가 베트남에는 적용되지 않는 듯하다. 기원전 111년 한나라 무제武帝가 베트남 왕조 남비엣南越을 멸망시키면서, 베트남은 이때부터 1,000년(BC 179~AD 938) 가까이 중국의 지배 아래 놓인다. 하지만 베트남인들은 중국의 지배에 맞서 끈질기게 독립운동을 전개했고, 983년 결국 독립을 쟁취한다.

베트남은 세계 최대 규모의 제국을 건설한 몽골과의 전쟁에서도 승리한다. 당시 몽골은 총 세 차례에 걸쳐 베트남을 침략했다. 1257년 몽골의 장수 우량카다이兀良合台가 베트남을 침공해 하노이를 함락시켰고, 다시 20여 년 뒤에 50만 대군으로 베트남을 침공해 또다시 하노이가 함락되었다. 당시 통치자인 년 똥仁宗은 백성들이 고통받지 않도록 몽골에 항복하자는 의견을 내비쳤으나 쩐흥다오陳興道 장군은 끝까지 항전할 것을 주장했고, 실제 전쟁의 총지휘를 맡아 몽골군을 물리치고 하노이를 탈환했다. 몽골은 1287년 또다시 30만 대군을 이끌고 베트남을 침공하는데, 이 과정에서 쩐흥다오 장군의 박당강 전투는 베트남인들이 가장 자랑스럽게 여기는 승전의 기록이다. 이 전투에서 쩐흥다오 장군은 조수간만의 차이가 큰 박당강의 수위에 주목한다. 쩐흥다오 장군은 미리 강바닥에 나무 기둥을 심은 뒤 만조 때 몽골의 군대를 유인했고, 간조가 되어 몽골군의 배가 나무 기둥에 걸려 오도가도 못하는 상황이 되자 배에 불을 질러 대승을 거둔다. 그렇게 베트남은 세계에서 유일무이하게 몽골 침략을 세 차례나 막아낸 국가가 되었다.

제2차 세계대전 이후에는 프랑스와의 전쟁에서 승리한다. 제2차 세계대전 이전까지 베트남에서 프랑스의 영향력은 상당했다. 일례로 베트남에서 사용하고 있는 문자가 프랑스 덕분에 만들어졌다는 사실만 보더라도 쉽게 알 수 있다. 교역의 요충지에 위치한 베트남에는 16세기부터 유럽의 여러 선교사들이 파견되었는데, 당시 베트남에 가장 많이 진출한 선교사들이 포르투갈 출신이었다. 이들 선교사들은 라틴어, 포르투갈어 등을 활용해 베트남어를 표기하기 시작했고, 이러한 표기 방식을 프랑스 주교인 알렉상드르 드 호데Alexandre de Rhodes가 정리해 1651년《베트남어-포르투갈어-라틴어 사전》을 출판함으로써 현재 사용되고 있는 베트남 문자의 효시가 되었다.

오랜 기간 동안 베트남을 지배해왔던 프랑스는 제2차 세계대전

미군들이 다낭 근처에서 북베트남 군인에게 물고문을 하고 있다.

종전 후 베트남이 독립한 뒤에도 여전히 베트남의 지배권을 요구
했다. 프랑스는 1946년 국민투표로 대통령에 선출된 호찌민Hồ Chí
Minh조차 인정하지 않았고 결국 호찌민군이 프랑스를 공격하면서
제1차 인도차이나 전쟁이 발발한다. 당시 미국은 베트남이 공산권
진영에 편입되는 것을 막기 위해 프랑스를 지원한 반면 소련을 비
롯한 공산 진영은 호찌민을 지원했다. 결국 1954년 베트남이 프랑
스군 요충지인 디엔비엔푸를 함락하면서 1차 인도차이나 전쟁이
끝났다.

이후 베트남은 프랑스를 통한 미국과의 대리전이 아니라 미국
과의 직접 전쟁을 치르게 된다. 1964년 8월 4일 북베트남 수도인
하노이 앞바다를 순찰하던 미국 구축함이 공해상에서 북베트남군
의 공격을 받는다. 이를 일명 '통킹만 사건Gulf of Tonkin Incident'이

라 부른다. 당시 북베트남은 이러한 사실을 부인했지만 미국은 이를 빌미로 북베트남을 폭격했고, 결국 베트남 전쟁으로 알려진 제2차 인도차이나 전쟁이 발발한다. 베트남은 이 전쟁에서도 세계 최강국인 미국을 물리치고 승리했다. 당시 세계 언론들은 간신히 프랑스 식민지에서 벗어난 신생 독립국인 베트남이 그것도 완전한 독립 국가도 아닌 분단 상태인 베트남이 세계 최강대국인 미국을 상대로 이긴 것을 대서특필했다. 비로소 베트남은 1976년 하노이를 수도로 하는 베트남사회주의공화국으로 통일되었다.

하지만 베트남을 기다리고 있는 것은 또 다른 강대국과의 분쟁이었다. 1979년 덩샤오핑鄧小平의 중화인민군이 베트남을 전격 공격하면서 제3차 인도차이나 전쟁이 발발한 것이다. 당시 중국은 베트남이 친중국계 캄보디아 정권과 무력 충돌했다는 이유로 베트남과의 전쟁을 감행했다. 하지만 이 역시 베트남이 승전하면서 오늘날 베트남의 국경선이 확정되었다. 이처럼 베트남은 과거 몽골을 비롯해, 프랑스, 미국, 중국 등과의 전쟁에서 모두 승리한 저력의 국민성을 갖춘 국가다.

강대국과의 전쟁에서 탁월한 성과를 낸 베트남이지만 의외로 우리나라처럼 단일 민족으로 이뤄진 것도 아니다. 베트남은 다민족 국가로 모두 54개 민족이 함께 어울려 살고 있는데, 전체 인구의 약 88%를 점하고 있는 낀족과 나머지 53개 소수 민족이 있다. 이들 소수 민족의 대부분은 산악 지대나 고원 지대에 흩어져 살고 있으며, 주로 수렵이나 화전을 일구며 생계를 이어가고 있다. 민족마다 고유의 전통 문화와 언어가 있는데, 베트남에는 모두 다섯 개의 언어 계통이 있고 그 언어 계통에는 민족이나 지역에 따라 수십 종류의 언어가 존재한다. 이처럼 상이한 민족들이 위기 때마다 합심해 세계 최강국과의 전쟁에서 승리를 쟁취했다는 사실이 더더욱 놀랍기만 하다.

이러한 베트남 국민들의 근성은 경제 분야에서도 드러난다. 베트남에 진출한 다국적 기업 대부분이 베트남 국민의 교육열과 근면성을 높이 평가하고 있기 때문이다.

공산주의 베트남의 과제

최근 베트남에 외국인 투자가 급증했다고 해서, 베트남이 기업 활동을 하기 쉬운 곳이라고 생각한다면 크게 낭패를 볼 수 있다. 물론 베트남이 법인세율을 인하하고 불필요한 규제를 폐지하는 등 기업 환경을 개선하고 있는 것은 사실이지만, 그 수준은 아직 인근 아세안 국가에도 미치지 못하기 때문이다. 세계은행이 베트남을 포함해 아세안 주요 국가인 말레이시아, 태국, 인도네시아, 필리핀을 대상으로 수행한 조사에서 베트남의 기업 환경은 평균 이하로 평가된 바 있다. 세계경제포럼에서도 베트남의 기업 환경은 싱가포르를 제외하고도 아세안 역내에서 7위 수준에 불과한 것으로 조사되었다.

베트남의 열악한 기업 환경은 제도 정책 측면에만 국한되지 않는다. 더 심각한 것은 베트남 내부의 열악한 SOC 인프라다. 베트남 내 운송 비용이 베트남에서 미국으로의 운송 비용보다 많이 드는 지역도 있다. 일례로 호치민에서 랑선Lang Son까지 운송비가 250달러인데 반해, 호치민에서 미국 서부 지역까지 배송비가 200달러 수준이다. 현재 베트남은 도로뿐만 아니라 항만, 철도, 공항 등 기업 활동에 필요한 기초 인프라 구축이 절실한 상황이다.

이제는 베트남 내부에서도 무조건적으로 외국 자본을 유치하려는 움직임에서 벗어나 기술 이전이 가능한 분야, 고부가가치 산업을 중심으로 한 외국 자본을 유치하는 것으로 정책 기조가 바뀌고 있다. 또 경제 발전을 위한 개발에만 방점을 찍기보다는 환경 보호와 낙후 지역 경제 활성화 등 경제 성장의 질적 부분도 고려하기 시작했다.

베트남의 정치 구조 역시 우려되는 부분이다. 베트남은 전 세계적으로 몇 안 남은 전통적인 공산주의 국가다. 지금도 레닌주의를 고수하고 있는 베트남 공산당 단일 지도 체제 아래 있는데, 베트남 공산당은 정치뿐만 아니라 행정, 군사, 외교 등 모든 영역의 국가 권력을 총괄하고 있다. 가장 큰 문제는 공산당 간부의 부정부패다. 국제투명성기구가 조사한 2018년 국가별 부패 인식 지수에서 베트남은 180개 조사 대상국 중 117위를 기록했다. 최근 베트남은 이러한 문제를 개선하기 위해 부정부패 척결을 위한 국가적 차원의 노력을 전개해, 2019년에는 공산당 간부 100여 명을 부정부패 혐의로 징계하기도 했다. 하지만 아직까지 가시적인 성과를 거두었다고 보기는 어렵다.

베트남이 전통적인 공산주의 국가이다 보니, 베트남 경제 역시 국영 기업을 중심으로 돌아가고 있다. 베트남의 100대 기업 중 국영 기업의 비중은 31% 수준으로, 베트남 현지 민간 기업 비중이 39%라는 점을 고려하면 현지 기업 두 개 중 하나가 국영 기업인 셈이다. 현재 베트남 국영 기업들은 낮은 수익성과 비효율성의 늪에 빠져 있으며, 부채 비율 또한 높아 부실 경영을 초래하고 있는 상황이다. 향후 베트남 경제가 견실한 구조를 갖기 위해서는 국영 기업의 경영 성과 달성이 무엇보다 급선무다.

현재 베트남 경제 규모는 태국의 절반 정도에 불과하다. 하지만 국제통화기금, 세계은행, 아시아개발은행 등 주요 글로벌 경제 기관들은 향후 베트남의 경제성장률을 6% 중반대를 꾸준히 유지할 것으로 전망하는 분위기다. 베트남의 무역 구조는 중국이나 한국에서 중간재를 수입해 이를 가공해 미국이나 유럽연합 등 선진국으로 완제품을 수출하는 형태인데, 그동안 세계 시장에서 중국이 이러한 역할을 수행해왔는데 앞으로는 베트남이 이를 대체할 것으로 예상된다.

베트남은 전 세계에서 가장 급성장하는 국가이며, 정부 차원에서 다양한 SOC 사업을 전개할 예정이고, 미래지향적인 신산업을 내부 동력으로 삼기 위해 노력하고 있다. 이 과정에서 SOC 구축을 위해 우리나라 건설 회사 및 철강 회사들이 진출하고 전자, 유통, 서비스 부문의 우리 기업들의 기회도 많아질 것으로 기대된다. 베트남의 이러한 환경은 단기적인 경기 변동 요인과 정치적·정책적 불확실성을 감수할 근원적인 호재임이 분명하다. 지금 이 순간 우리가 베트남에 주목해야 할 이유도 바로 여기에 있다.

인도,
신분 상승을 위해
'공학'을 택한 사람들

- 인구 ‖ 14억 2,862만 7,663명(1위)
- 화폐 단위 ‖ 인도 루피(INR, Rs)
- GDP(2023) ‖ 3조 7,368억 8,200만 달러(5위)
- GDP 성장률(2022) ‖ 7.0%
- 실업률(2022) ‖ 7.3%
- 물가상승률(2022) ‖ 6.7%
- 인터넷 사용 비율(인구 대비) ‖ 46%

미중 무역 갈등이 심화될수록 관심을 끄는 나라가 있다. 포스트 차이나 시대의 대표주자로 꼽히는 인도다. 코로나19 사태도 전 세계가 인도를 주목하는 계기로 작용했다. 비대면(언택트) 문화가 퍼지면서 정보통신 기술과 의약 부문이 중요해지고 있는데, 인도는 이 분야의 우수 인력을 대거 보유하고 있어서다.

하지만 밖에서 보기에 인도는 접근하기 쉬운 나라가 아니다. 인도만이 갖고 있는 독특한 점이 많기 때문이다. 인도 진출을 시도하다 예기치 않은 어려움에 직면해 포기하는 기업들이 유독 많은 이유도 이와 무관치 않다.

압도적인 인구 1위 국가

2023년 들어 국제 사회의 가장 큰 변화 하나를 꼽으라면 인구수 세계 1등 국가가 중국에서 인도로 바뀌었다는 사실이다. 사실 인구경제학자들 사이에서는 그 이전부터 실제로는 인도가 중국을 넘어 인구가 제일 많을 가능성이 높다고 여겨져 왔다.

중국은 세계 최대 인구를 보유한 소비 시장이라는 점을 내세워 해외 투자를 유도하기 위해 인구를 부풀리는 경향이 있다는 지적을 받는 반면 인도는 공식 인구가 14억 2,000만 명 수준이지만 실제로는 더 많다는 게 정설이다. 인도는 1872년부터 10년마다 인구 조사를 실시하는데, 양쪽 부모가 모두 명확히 확인되지 않은 아이들은 등록을 하지 않기 때문이다.

그렇다고 인도를 세계적인 소비 시장으로 부르기에는 시기상조다. 경제 규모로는 2014년 이래 매년 7%대 성장률을 기록했고 2018년 세계 5위까지 상승했지만 1인당 국내총생산은 아직 3,000달러 미만이다. 국민 대부분의 생활 소득이 아직 유의미한 수준의 구매력을 갖추지 못한 상태인 셈이다.

예를 들면 인도의 14억 명의 인구 중 스마트폰을 보유한 사람은 3억 명 정도에 그친다. 대표적인 소비재인 TV 역시 마찬가지다. 시장조사 업체 '카운터포인트 리서치'에 따르면 2019년 인도의 TV 판매량은 전년 대비 15% 증가한 1,500만 대로 사상 최대 판매량을 기록했지만, 주로 판매된 TV는 32인치와 150달러 가격대 제품들이다. 우리나라의 주력 제품인 프리미엄 중대형 TV의 소비는 아직까지 미미한 수준이다.

이런 점을 고려하면 우리 기업들이 당장 인도에 진출해 큰 성과를 기대하기는 어렵다. 이제 본격적으로 성장하는 국가인 만큼 향후 소비 시장이 성숙되었을 때를 대비하는 전략이 더 현명해 보인다.

중앙 정부보다 센 지방 정부

인도를 바라보는 시선에는 정치 제도가 후진적일 것이라는 편견이 있다. 하지만 인도는 민주주의의 천국으로 불릴 만큼 선진화된 정치 제도를 갖추고 있다. 투표권을 가진 인구만 9억 명에 달해 선거를 하면 투표소가 100만 개에 이른다.

인도 선거관리위원회에 등록된 정당은 2023년 5월 기준으로 무려 2,657개다. 인구가 많다 보니 투표 시작 후 최종 결과가 나오기까지 한 달 가까운 시간이 소요된다. 영국으로부터 독립한 이후 최초로 치른 1951년 10월 인도 총선에서는 투표 이후 발표까지 무려 네 달이 걸렸다고 한다.

지방자치도 상당히 발달했다. 인도는 29개 주로 구성된 연방 국가인데, 각 지역은 자신들이 원하는 지도자와 정치 제도를 투표에 의해 자유롭게 선택한다. 공산당이 집권하는 지역이 있거나, 분리주의 운동이 일어나는 지역이 있는 것도 이런 이유다.

그리고 이 대목은 인도 시장에 진출하려는 기업이 반드시 고려해야 한다. 다른 개발도상국과 달리 인도는 중앙 정부가 지방 정부의 의사결정에 영향을 미칠 수 있는 부분이 제한적이다. 지방 정부가 마치 독립 국가처럼 독자적인 의사결정 권한을 갖고 있다고 보면 된다. 인도 진출 기업이 중앙 정부와 관련 내용을 조율했더라도 해당 지방 정부와 다시 협상을 해야 하는 것이다. 인도 진출 초기에 중앙 정부 말만 믿고 시장에 진출했다가 지방 정부의 허가를 받지 못해 낭패를 본 기업들이 여럿 있었다.

언어나 문화적 특성에 지역마다 큰 차이가 있다는 점도 염두에 두어야 한다. 같은 인도인들끼리도 통역을 두거나 영어를 사용해야 의사소통이 가능한 경우가 있을 정도다. 그나마 최근에는 지역마다 상이한 조세 제도와 행정 처리 제도 등을 통일해 외국 투자자들의 편의를 돕고자 노력하는 추세지만, 아직 지역 구석구석까지 바뀌고 있는 형편은 아니다.

신분 상승을 위해 '공학'을 택하다

이 같은 어려움에도 불구하고 인도 시장을 포기할 수 없는 이유 중 하나는 우수한 ICT 인력 때문이다. 미국 실리콘밸리의 경우 인도인이 없으면 가동되지 않는다는 말이 있을 정도로 인도 엔지니어에게 절대적으로 의존하고 있다. 구글과 마이크로소프트, 어도비 등 세계적인 혁신 기업의 최고경영자CEO 중에 인도 출신들을 쉽게 찾아볼 수 있다. 게다가 미국 항공우주국 과학자 중 36%가 인도 출신이다.

인도에 우수한 과학기술 인재가 많은 이유는 카스트 제도의 영향이 크다. 법적으로는 카스트 제도가 사라졌지만, 현실에서는 여전히 강력한 영향을 미친다. 인도에서 사업할 때는 상대방 기업가의 카스트가 어느 위치에 해당하는지에 따라 이후 사업의 성과가 달라진다는 말이 있을 정도다.

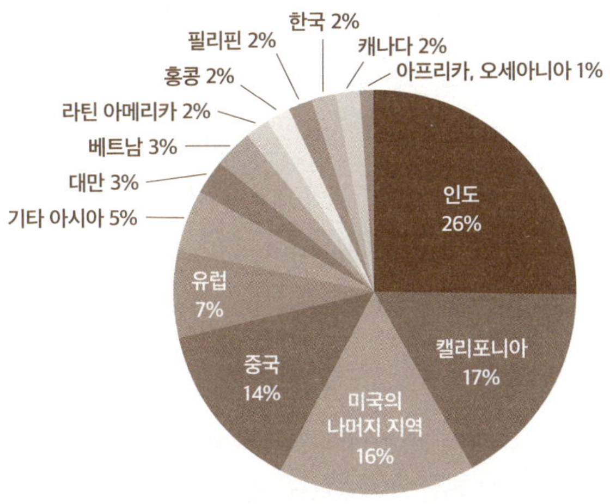

출처: 미국 인구조사국, 아메리칸 커뮤니티 서베이

이런 현실에서 많은 인도 청년이 공학을 탈출구로 택한다. 인도 국내 기업에 취업하기 위해서가 아니라, 구글이나 페이스북, 아마존, 삼성과 같은 글로벌 기업에 취업하거나 창업을 통해 큰 돈을 벌기 위해서다.

실제로 인도 최고 명문 대학인 인도공과대학Indian Institutes of Technology에 입학하기 위한 입시 열기는 어느 나라보다 뜨겁다. 많은 글로벌 기업이 우수하고 저렴한 IT 인력을 영입하고자 인도공과대학에서 취업 설명회를 열기 위해 줄을 선다. 너무 많은 기업이 줄을 서기 때문에 졸업생 취업자 현황 및 재학생의 선호도 등을 고려해 엄선할 정도다.

'크고 느린 코끼리'가 달리기 시작했다

최근 들어 인도는 해외 기업 유치를 위해 다각적으로 노력 중이다. 특히 'Make in India'라는 슬로건 아래 자국 경제의 제조 경쟁력을 강화하기 위한 시동을 본격화했고 2025년까지 제조업의 GDP 기여율을 25%까지 끌어올린다는 계획이다. 이를 위해 화학, 섬유, 철강, 금속, 소비재 품목 관세를 인하하고, 해외 기업과 교류 협력을 늘리고자 노력하고 있다.

특히 최근 경기 침체에 대한 우려가 고조되고 있는 상황에서 인도의 적극적인 움직임은 국제 사회로부터 더 큰 주목을 받고 있다. 지금 국제적인 경기 침체에 대한 우려는 과거 글로벌 금융 위기 당시와도 유사해 보인다. 다만 당시에는 2000년대 이후 급성장한 중국 경제의 소비, 투자에 힘입어 전 세계 경제가 빠르게 선순환으로 돌아설 수 있었다.

미국 재무부의 〈월간 자본 유출입 보고서〉에 따르면 글로벌 금융 위기가 발생한 2008년 9월 이후 3년간 중국이 사들인 미국 국채는 4,814억 달러(약 626조 원)에 달했다. 글로벌 금융 위기 발생 이후, 중국은 미국 국채를 꾸준하게 매입해 미국의 저금리 유지와 소비 진작에 적잖은 도움을 줬다. 또 중국의 경기 부양 정책으로 중국 안에서 푼 4조 위안(약 720조 원) 덕분에 세계 경제도 빠르게 회복할 수 있었다. 중국은 2008년 글로벌 금융 위기 이후 세계 경제에서 소방관 역할을 톡톡히 해줬던 셈이다.

국제 사회는 최근 급격히 둔화되고 있는 세계 경제를 되살릴 수 있는 역할을 이제 인도에 기대하는 듯하다. 러시아의 우크라이나 침공 이후 중국은 러시아와 강력한 반미 연대를 형성해 예전과 같은 소방관 역할을 할 수 없는 상황이기 때문이다. 경기 침체 우려로 인해 중국은 내수 진작에 매달리고 있기도 하다.

무궁무진한 인도의 성장 잠재력

인도의 잠재력은 충분하다. 인도는 328만 km²(한반도의 15배, 남한의 33배)나 되는 세계 7위의 넓은 국토를 자랑한다. 인구는 14억 2,000만 명으로 세계 인구 6명 중 1명이 인도인이다. 매년 우리나라 인구의 약 3분의 1 정도인 1,600만 명씩 늘고 있기도 하다. 방대한 영토와 거대한 인구는 무한한 성장 가능성으로 치환된다. 과거 중국처럼 현재의 경제적 난관을 헤쳐 나갈 대안으로 인도가 꼽히는 이유다.

조금 더 들여다보자. 240년 동안 이어진 영국의 식민 통치 시대를 1947년에 청산한 인도는 거대한 내수 시장을 기반으로 구소련의 사회주의 경제 개발 모형을 도입했다. 정부 주도의 자급자족형 경제 개발을 추진한 것이다. 이는 인도의 독립운동가 자와할랄 네루Jawaharlal Nehru가 주장한 방식으로, 독립 이후 서구 열강에 의존하지 않기 위해 수입 대체 및 유치 산업 보호를 목표로 삼고 있다. 정부 주도 성장 정책으로 인도는 식량 자급을 달성했고, 기초 공업과 중화학 공업에서 부분적인 산업화에 성공했다. 또 대규모 숙련 노동력을 포함해 많은 과학기술 인력을 육성할 수 있었다. 1960년 대 개발경제학 분야의 세계적 학자 라울 프레비시Raúl Prebisch와 한스 싱어Hans Singer는 "개발도상국은 수출을 통한 대외지향적 발전 전략보다 국내 수요를 우선적으로 충족하는 것이 중요하다"고 강조했는데, 그 말이 인도에서 현실화한 것이다. 중남미 일부 국가와 파키스탄 등도 같은 길을 걸었다.

하지만 성장은 오래가지 못했다. 수입 대체 산업 육성 전략을 택한 국가들의 성과는 잠시 반짝이는 데 그쳤다. 많은 경제학자가 자급자족형 수입 대체 전략을 추구한 국가들이 실패한 이유를 아프리카 대륙 국가들을 통해 비교·설명한다. 아프리카 국가 대부분은 세계대전 이후 신생 독립국으로 비슷한 시기와 상황에서 출범했는데, 수출 지향 정책과 수입 대체 정책을 택한 국가들의 경제성장률을 비교하면 그 문제를 쉽게 확인할 수 있다는 얘기다.

수출 지향 정책과 수입 대체 정책이 가른 경제 성장

실제 가나는 제2차 세계대전 이후 독립할 당시만 하더라도 대표적인 코코아 수출국이었다. 코코아 수출이 GDP의 20%를 차지할 정도였다. 독립국 가나는 경제적 자립을 위해 수입 대체 전략을 택했다. 코코아 생산에 투입할 자본을 다른 산업에 분산해 투자했고, 이로 인해 코코아 수출은 급격히 감소했다. 그 결과 가나의 1인당

GDP는 1957년 1,500달러에서 1983년 310달러로 줄어들었다.

이에 반해 비슷한 시기에 독립해 비슷한 자원을 갖고 출범한 코트디부아르는 대표 생산품인 커피, 코코아, 목재 등의 수출을 촉진하는 정책을 시행했다. 수출이 효자가 되면서 코트디부아르는 1957년부터 1983년까지 연평균 5~7%씩 성장했고 1인당 GDP 역시 두 배 이상 상승했다.

우리나라 역시 수출 지향적 경제 모델을 바탕으로 성장해온 대표적인 국가다. 경제 개발 초기 내수 시장 규모가 크지 않았던 한국은 협소한 국내 시장보다 방대한 세계 시장을 대상으로 제품을 판매하는 전략을 취했다. 이는 내수뿐 아니라 해외 시장까지 고려해 대규모로 생산할 경우 규모의 경제 효과도 거둘 수 있었기에 더욱 효과적이었다. 더군다나 대외지향적 경제 체제의 경우, 국내 기업 간의 경쟁이 아닌 해외 기업과의 경쟁 상황에 노출된다. 이러한 환경에서 국내 기업들은 자연히 자신들의 경쟁력 수준을 국제적인 수준과 비교해 파악할 수 있었고, 그 과정에서 생산성 향상과 기술 개발에 더욱 박차를 가할 수 있었다.

다시 인도로 돌아가보자. 네루식 자급자족형 모델 역시 시행 초기에는 성공적이었지만 곧 역효과가 나타나기 시작했다. 특히 폐쇄적인 사회주의식 경제 모델을 운용하기 위해 과도한 규제를 도입함으로써 이른바 '규제의 천국'이 됐다. 영세 기업을 보호한다는 명분으로 대기업 진출을 금지하고, 중화학 산업 대부분을 국영 기업으로 운영했다. 생산 품목과 시설 규모, 지역 등에 대한 허가 절차를 엄격하게 운영함으로써 해당 산업 부문 발전의 저해, 생산성 저하, 보조금 지급 증가 등 부담만 키웠다. 더욱이 규제 일변도 정책은 인도 전역을 부패 관료의 온상지로 만들었다.

또 외국인 지분 한도를 규정하는 외환관리법을 도입해 외국인 투자를 막았고, 엄격한 노동법을 적용해 노동 환경이 경직되었다. 이는 자연히 기업의 경영을 어렵게 했다. 네루식 경제 개발 모델은 더 이상의 성장을 유인해내지 못했으며, 오히려 실업의 증가, 빈부 격차 등 경제 전반의 실패로 이어졌다. 그리고 결국 1991년, 금융 위기를 맞았다.

네루식 자급자족형 정책으로 되돌아가려는 인도

실패의 쓴맛을 본 인도는 1990년대부터 시장 경제 원리를 근간으로 하는 혁신적인 개혁·개방 정책으로 전환했다. 각종 규제 철폐, 공기업의 민영화, 보조금 삭감 등을 바탕으로 자유 시장 원칙을 도입, 외국 자금과 해외 기업 유치를 적극적으로 추진했다. 수출입 분야에서도 종전의 포지티브(허용된 것만 가능) 승인 제도에서 네거티브(허용하지 않은 것만 제외하고 모두 가능) 승인 제도로 개편했으며, 특정 분야를 제외한 산업 대부분에 외국인 직접 투자를 허용했다. 이런 전환은 인도 시장이 급속하게 성장하는 전기가 됐다. 1951~1974년 3.6%, 1981~1991년 5.4%로 저조하던 GDP 성장률은 개혁 이후 1992~2005년까지 14년 동안 연평균 6.3%라는

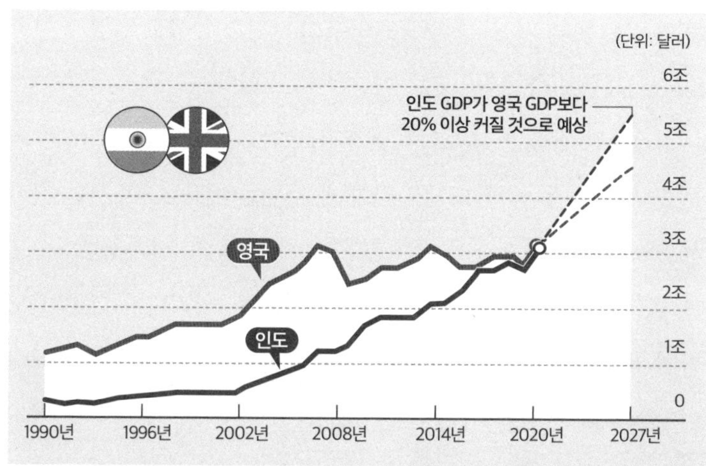

놀라운 수치로 화답했다. 2000년대로 한정하면 연평균 8% 수준을 넘는 초고속 성장세를 보여왔다.

하지만 인도가 보여준 최근 성과가 뛰어나다 하더라도 향후 이 같은 성장 속도를 지속할 것으로 기대하기는 어렵다. 정확히 말해 코로나19 이후 급격히 냉각되고 있는 전 세계 경제를 인도가 되살릴 수 있다는 믿음을 갖기에는 너무 이른 듯하다. 최근 인도가 처한 비즈니스 환경이 그리 녹록지만은 않기 때문이다.

우선 고질적인 지정학적 갈등이 경제에 악재가 되고 있다. 인도는 안정적인 국내 정치에도 불구하고 중국, 파키스탄 등과 접경 지역에서의 분쟁이 끊이지 않는다. 1947년 인도-파키스탄 분리 독립 이후 당시 인도와 파키스탄에 각각 63%, 37%로 분할된 카슈미르 지역은 언제 터질지 모르는 화약고다. 인도 동북부 접경과 인도양 지역에서도 중국과의 갈등이 지속되고 있다.

지정학적 갈등의 결과로 나렌드라 모디Narendra Modi 정부는 최근 중국산 제품 중 인도산으로 대체 가능한 제품 3,000개를 제시하고 이를 지속적으로 대체하겠다고 밝혔다. 인도 전자정부기술부는 동영상 서비스 틱톡, 메신저 서비스 위챗, 알리바바 그룹의 모바일 브라우저 등 59개 중국 앱을 영구 퇴출시키기도 했다. 5세대 이동통신5G 사업에서도 중국 기업을 공식적으로 배제했다. 최근 다른 나라를 향해서도 자국의 유치 산업을 보호하기 위해 관세를 인상하거나 수입 규제를 다시 확대하고 있는 실정이다. 네루식 자급자족형 정책으로 되돌리고 있는 셈이다. 무한한 성장 잠재력을 가진 인도지만, 세계 경제에서 주도적인 역할을 기대하기에는 아직 불안한 모습이다.

"빌어먹을 레드클리프 라인"

국제통화기구는 인도 경제가 '크고 느린 코끼리'에서 '달리기 시작한 코끼리'로 바뀌고 있다고 표현했다. 달라지고 있는 인도의 모습을 단적으로 설명하는 말이다. 하지만 인도가 본격적으로 달리기 위해서는 해결해야 할 난제가 산적해 있다. 그중 하나가 국경선 문제다.

오늘날 각국의 국경선은 대부분 물리적인 자연 환경과는 무관하게 설정된 경우가 많다. 가장 극단적으로 인위적인 국경선은 미국과 캐나다 사이의 국경이다. 수백km로 이어지는 두 국가 사이의 국경은 물리적 환경이 아니라 위도선에 맞추어 정확히 가로로 그어진 국경이다. 기껏 자연 경관을 고려해 분리한 곳이라고는 뉴욕주 북부와 캐나다 온타리오주 사이에 놓인 세인트로렌스강 정도다. 물론 5대호 중 네 곳인 슈피리어호, 휴런호, 이리호, 온타리오호 등도 자연적인 국경으로 활용되고 있다고 볼 수 있다. 하지만 이들 호수를 기반으로 그어진 국경선 역시 직선 형태로 호수 형태와 지형에 대한 고려가 전혀 없다.

미국과 캐나다 간의 국경선은 이미 양쪽 영토에 많은 거주자가 자유롭게 활동하기 시작한 지 한참 뒤에 그어졌다. 이 때문에 자연스럽게 두 국가에 걸쳐 있는 것들이 많다. 일례로 버몬트주에 있는 도서관은 국경선이 도서 대출실에 걸쳐 있다. 또 다른 지역의 호텔 한 곳은 캐나다 퀘백주와 미국 뉴욕주에 걸쳐 있기도 하다. 이밖에도 수많은 개인 주택이 미국과 캐나다 양쪽에 걸쳐 있다. 이런 이색적 풍경 때문에 버몬트주의 국경 마을인 더비 라인Derby Line은 관광지 아닌 관광지가 됐다. 더비 라인에는 도로 하나를 두고 한쪽 인도는 캐나다, 반대쪽 인도는 미국 국경인 장소도 있다. 그렇다 보니 이 도로를 지나는 사람들은 국경 경비대의 통제를 받아야 한다. 한쪽 인도에서 반대쪽으로 이동하는 그 흔한 행위가 국경을 넘어서는 것이어서, 이민법 위반 등의 처벌을 받을 수도 있다.

이런 독특한 풍경을 직접 눈으로 확인하기 위해 일부러 이곳을 방문하는 관광객도 많다. 더비 라인의 예는 국경선이 경우에 따라 우스꽝스럽고 독특한 체험을 할 수 있는 공간이 되는 경우다.

하지만 국경선이 현실적인 상황을 고려하지 않고 잘못 그어지면 두 나라 간 전쟁과 같은 유혈사태를 불러오는 경우도 적지 않다. 그 대표적인 나라가 '인도'다.

현재 인도와 인도 주변국가 파키스탄, 방글라데시, 네팔 등의 국경선을 결정한 주체는 다름 아닌 영국이다. 제2차 세계대전이 끝날 무렵 영국은 인도와 그 주변국의 국경을 정해야 했다. 그리고 그 임무를 당시 영국 정보부 사무총장을 역임했던 시릴 래드클리프Cyril Radcliffe에게 맡겼다. 하지만 래드클리프는 인도 국경을 확정해달라는 영국 정부의 요청을 받기 전까지 인도를 단 한 번도 방문해본 적이 없는 인물이었다.

래드클리프는 인도의 국경을 결정하는 데 있어 가장 중요한 고려 요인으로 종교를 꼽았다. 당시 인도 종교 지도자들 역시도 그 방식을 선호했다. 이슬람교 지도자인 무하마드 알리 진자Muhammad Ali Jinnah가 이슬람교도들을 위해 국가를 분리해 달라고 영국 정부에 공식 요청했고, 영국 정부 역시 이 요구를 적극 수용하기로 결정한 것이다. 영국 정부로부터 국경 확정 요청을 받은 래드클리프가 인도 인근 지역의 국경을 설정하기까지 인도에 체류한 기간은 고작 37일에 불과했다. 래드클리프는 현재까지 논란이 되는 국경 확정 업무를 마치고 난 바로 다음 날 인도를 떠났으며, 또한 국경을 정하기 위해 취합한 자료들을 모두 불태웠다. 래드클리프는 자신이 그은 국경선을 래드클리프 라인Radcliffe Line이라고 부른다는 사실을 듣자 "그 빌어먹을 선"이라고 불렀다고도 전해진다.

발목을 잡는 국경 분쟁

래드클리프 스스로도 자신이 그은 국경선에 부정적인 평가를 내린 것은 어찌 보면 자신이 설정한 국경선이 가져올 비극을 직감했기 때문일 수도 있다. 실제 래드클리프 라인을 바탕으로 국경선이 그어진다는 소식을 전해들은 국경 인근 주민들은 종교에 따라 자신의 새로운 조국이 될 땅을 향해 이동하기 시작했다. 인도 우타르프라데시주에 살던 이슬람교도들은 인근의 이슬람교도가 모인 지역으로 이동했고, 반대로 파키스탄 라호르에 갇힌 힌두교도와 시크교도는 델리나 암리차르 등을 향해 이동했다. 인도, 파키스탄, 당시 동파키스탄이었던 방글라데시를 향한 탈출은 이후에도 수개월 동안 이어졌으며 그 과정에서 여러 유혈 참사도 발생했다.

이들 지역에서 특히 혼란이 컸던 이유 중 하나는 고립 영토Exclave가 형성됐기 때문이다. 고립 영토란 본국에서 떨어져 다른 나라의 영토에 둘러싸인 땅을 뜻한다. 미국 본토에서 떨어져 있는 알래스카가 그 예다. 인도와 방글라데시 인접 지역에도 이런 고립 영토가 수없이 많이 생겨났다. 다름 아닌 래드클리프가 국경을 구분하기 위해 선택한 기준인 종교 때문이었다.

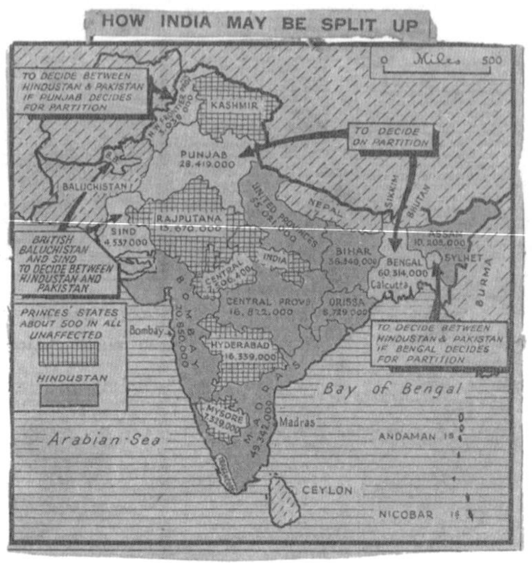

영국이 어떻게 인도를 분할할지 추측하는 지도. 1947년 6월 4일 자 〈데일리 헤럴드〉 신문에 실렸다.

인도와 방글라데시 접경 지역인 쿠치 베하르Cooch Behar 지역은 과거부터 교통의 요충지로, 다른 지역과의 교역이 빈번한 곳이었다. 교역과 함께 힌두교, 이슬람교, 불교 등 다양한 종교가 유입됐고, 특정 마을에 같은 종교로 뭉친 집단 거주지가 형성됐다. 이 때문에 인도와 방글라데시 접경 지역에는 수많은 고립 영토가 생겨났다. 인도 영토 내부에 방글라데시 영토가 생겼고, 방글라데시 영토 안에 수많은 인도 영토가 생기는 식이었다. 어처구니없는 영토 구분은 여기서 그치지 않았다. 심지어 방글라데시 영토 안에 섬처럼 인도 영토가 있고, 그 인도 영토 안에 다시 방글라데시 영토가 들어 있는 경우도 발생했다. 마치 인형 안에 또 다른 인형이 있고,

그 인형 안에는 또 다른 작은 인형이 들어 있는 러시아 전통 인형, 마트료시카와 같은 형태로 국경이 생겨난 것이다.

당연히 갈등이 생길 수밖에 없는 잘못된 구획 설정이 분명했다. 인도와 방글라데시가 여러 고립 영토를 조정하기 위한 노력을 현재까지도 지속할 수밖에 없는 이유다. 인도와 방글라데시는 1958년 처음으로 각자의 영토 내에 있는 고립 영토를 통째로 맞바꾸려 시도했지만 성공하지는 못했다. 이후 1974년 다시 한번 맞교환을 시도했으며, 가장 최근인 2011년에도 영토 교환을 추진했지만 역시 이해관계가 얽혀 합의에는 이르지 못했다.

그 결과 여전히 인도와 방글라데시에는 서로의 영토가 남아 있다. 2015년 기준 방글라데시 내 인도 고립 영토는 모두 111곳에 달하고, 이곳에는 인도인 3만 8,521명이 거주하고 있다. 인도 내 방글라데시 고립 영토 역시 51곳에 달하며, 이곳에 거주하는 방글라데시인은 1만 4,863명에 이른다. 고립 영토에 거주하는 주민들은 시민권을 취득하거나 행사할 수 없는 상황이다. 이는 고립 영토 거주자가 자국 관청에 가기 위해서는 다른 나라 영토를 지나야 하는데, 각각의 비자 발급 제도를 유지하고 있는 인도와 방글라데시에서 비자 없이 국경을 통과해 자국으로 들어가려는 시도 자체를 불법으로 보기 때문이다. 실제 방글라데시 고립 영토 주민 75% 정도가 자국으로 가기 위해 인도 영토를 지나다 투옥되기도 했다.

래드클리프 라인을 둘러싼 파키스탄과 인도 간의 분쟁은 제3자가 영토를 구획했기 때문이라 생각할 수도 있다. 하지만 영국인의 손에 그어진 또 다른 지역의 국경선은 전혀 다른 양상을 보인다. 대표적 사례가 듀랜드 라인Durand Line이다. 영국 공무원 모티머 듀랜드Motimer Durand는 아프가니스탄 국경선을 획정하는 업무를 담당했다. 듀랜드 역시 이역만리 밖에서 온 사람일 뿐이지만, 접근 방법은 달랐다. 듀랜드는 국경선을 결정하는 과정에서 기존에 여러 부족 사이에 그어진 경계선을 최대한 수용하려 노력했으며, 유목민의 특성을 고려해 계절에 따라 어느 지역으로 이동했다가 다시 어디로 돌아가는지를 감안하려고 노력했다. 이런 노력에도 불구하고 국경선 확정 이후 한동안 부족 간의 다툼이 발생하기도 했지만 듀랜드 라인은 래드클리프 라인과 달리 상당 기간 안정적으로 유지되고 있다.

이처럼 한 번 확정된 국경선은 이후 국경이 맞닿아 있는 국가 간의 지속적인 분쟁을 유발할 수 있다. 물론 과거에 그려진 모든 국경이 인간의 오판 내지 실수에 기인한 것은 아니다. 20세기 초반까지 명확한 지도를 확보하지 못한 지역이 많아서 지형을 오인해 잘못 그려진 국경도 많았다. 다만 의도치 않은 이유로 잘못 설정된 국경선이라 하더라도 인근 국가 간 커다란 분쟁 요인으로 작용하기는 마찬가지였다.

다행히도 우리나라에서는 아직까지 국경으로 인한 분쟁이 크게 발생하지 않는다. 하지만 통일 이후 두만강과 압록강을 접하는 중국과의 국경 문제라든가, 우리나라와 직접적인 관계는 없다 하더라도 러시아와 일본 간의 쿠릴 열도 문제, 중국과 일본의 남중국해 문제 등 언제 어느 순간 우리 지역 내 분쟁 요인으로 작용할지 모를 일이다. 이런 분쟁이 야기되었을 때 우리의 입장을 명확하게 설정하기 위해서라도 지금 그려진 지구상의 국경선들이 누구에 의해서 어떠한 기준으로 설정된 것인지 다시 한번 점검해볼 필요가 있다.

Africa

지구에 남은 마지막 성장 엔진, 아프리카

- 인구 ‖ 약 14억 5,000만 명
- 나라 ‖ 54개국

우리나라 사람들은 대개 아프리카에 대해 무관심하거나 무지하다. 그러다 보니, 아프리카 국가들에 잘못된 선입견이나 오해도 많은 편이다. 이처럼 아프리카가 지니고 있는 잠재력을 간과하다 보면 큰 기회를 놓칠 우려가 있다.

우리가 아프리카에 대해 오해하는 대표적인 것 중 하나가 아프리카에는 1인당 국민소득이 4,000달러도 안 되는 가난한 나라만 있다고 생각하는 것이다. 하지만 세계은행에서 집계한 1인당 GNI(구매력평가기준)를 기준으로 보면 세이셸 2만 4,300달러, 모리셔스 2만 2,390달러, 가나 1만 5,370달러, 가봉 1만 4,130달러, 적도기니 1만 3,350달러 등 적지 않은 국가들이 1만 달러 이상의 국민소득을 유지 중이다.

인도의 1인당 GNI는 6,390달러, 중국의 1인당 GNI는 1만 7,200달러에 불과하다. 지금은 인도와 중국 경제가 급부상하면서 상황이 바뀌었지만 2010년까지만 해도 아프리카의 12개 국가가 중국보다 GNI가 더 높았고, 20개 국가가 인도보다 높았다.

자원과 인구가 풍부한 '기회의 땅' 아프리카

유럽을 비롯한 많은 다국적 기업이 아프리카를 주목하는 이유가 있다. 아프리카 대륙은 지구 육지 면적의 5분의 1을 차지하는 광활한 대륙으로 지하자원의 보고다. 2000년대 초반 이후 세계 유가가 고공행진을 기록하면서 많은 국가가 아프리카를 새로운 자원 개발 대상지로 주목하게 되었고, 2000년대 이후 아프리카 대륙이 연평균 5% 이상의 성장세를 기록하게 된 배경 역시 이러한 자원 개발과 무관하지 않다.

그렇다고 해서 아프리카 모든 나라가 전부 자원 개발에만 의존해 성장하는 것은 아니다. 아프리카 54개국 중 산유국은 10여 개국에 불과하다. 아프리카 전체가 지속적으로 성장할 수 있는 가장

‖ 아프리카 국가들의 GDP 변화 추이 ‖

	1990	2005	2020	(단위: 10억 달러)
1.	남아프리카공화국	남아프리카공화국	나이지리아	432.3
2.	알제리	나이지리아	이집트	363.1
3.	나이지리아	알제리	남아프리카공화국	301.9
4.	이집트	이집트	알제리	145.2
5.	모로코	모로코	모로코	112.8
6.	리비아	리비아	에티오피아	107.6
7.	수단	앙골라	케냐	98.8
8.	카메룬	튀니지	가나	72.4

출처: World Bank

큰 이유는 14억 인구가 살고 있는 거대한 소비 시장이 있기 때문이다. 이들 소비자들을 대상으로 다양한 비즈니스를 모색하는 글로벌 기업들이 아프리카에 적극적으로 투자를 해왔고, 이를 바탕으로 높은 성장세를 유지하는 것이다.

아프리카 시장은 규모의 경제를 실현할 만큼 큰 시장이다. 14억 명에 달하는 아프리카 인구는 세계 인구의 16.4%를 차지한다. 더욱 주목할 부분은 인구 증가 추세다. 아프리카 인구는 2100년이 되면, 세계 인구의 36%인 44억 6,000만 명 수준이 될 것으로 유엔은 전망한다. 이때가 되면 세계 인구 10명 중 4명은 아프리카 대륙 출신인 것이다. 글로벌 컨설팅 그룹 매킨지 또한 2034년 아프리카의 노동 가능 인구는 인도와 중국을 추월해 가장 젊은 대륙으로 부상할 것으로 예측하고 있다.

현재 북아프리카를 포함한 아프리카의 소비 시장 규모는 1조 4,000억 달러(약 1,850조 원)로 아시아 다음으로 가장 빠르게 성장 중이다. 지난 10년간 아프리카의 자동차 보유 대수가 두 배 가까이 늘어났으며, 휴대전화 보급률은 2017년 10억 명에 달해 모바일 산업 역시 어느 대륙보다 빠르게 성장하고 있다. 휴대폰과 인터넷 뱅킹 사용자 수가 급격히 늘면서 미디어 제품, 의류, 개인용품, 식료품을 구매할 때 모바일 머니도 적극 사용하고 있다.

건강, 뷰티 산업 주도하는 아프리카

아프리카인들의 주거 욕망 또한 커지고 있다. 덕분에 아프리카의 도시들은 세계 어느 지역보다 빠르게 발전하고 있으며, 각국의 정부도 주도적으로 도시 개발에 앞장서고 있다. 현재 아프리카의 도시 인구는 5억 명에 다가서고 있는데, 이는 1950년 3,500만 명에서 약 14배 증가한 것이다. 2016년 기준, 도시 인구의 비중은 전체 인구의 40% 정도로 다른 대륙에 비해 현저하게 낮았지만 2030년에는 인구의 절반 이상이 도시에 거주할 것으로 전망하고 있다.

이러한 변화에 발맞춰 아프리카에서는 건설 수요가 빠르게 느는 추세다. 이는 우리나라 건설사에도 큰 기회다. 해외건설협회 통계를 보면 아프리카 지역 건설 수주액은 1980년대(1980~1989년) 5억 6,722만 달러(약 7,374억 원)에서 1990년대 13억 달러, 2000년대 116억 달러로 급격히 성장 중이다. 2010년부터 2016년까지 누적 수주액은 2000년대 수주액의 92% 수준인 107억 달러 정도다. 이러한 사실은 최근 아프리카 지역에서 건설 수요가 얼마나 많이 늘고 있는지를 여실히 보여준다.

아프리카 국민의 소득 수준이 올라가면서 뷰티 산업 역시 크게 성장하고 있다. 정확히 말해 지금 아프리카만큼 외모에 관심이 많은 대륙은 없을 듯하다. 특히 주목할 곳은 가발 시장이다. 우리나라는 탈모 등의 이유로 가발을 쓰지만 아프리카인의 경우에는 미용을 목적으로 가발을 쓴다. 아프리카인들의 상당수가 태어날 때부터 극심한 곱슬머리를 갖고 있으며 머리카락이 두피를 파고들어 기를 수 없는 사람들도 많다. 그래서 다양한 머리스타일을 해볼 수가 없는 것이다. 아프리카인들이 가발에 주목하게 된 이유도 여기에 있다. 가나의 여성들은 월수입 600달러 중 100달러를 가발 구입과 시술에 사용하고 있다.

아프리카인들은 미백 화장품도 무척 좋아한다. 아프리카 국가 대부분에서 미의 기준은 밝은 피부다. 이 때문에 피부 미백 용품이 크게 인기를 끌고 있으며, 남성들 역시 최근 외모에 관심이 많아지면서 남성 화장품도 성장세를 기록 중이다.

아프리카의 국민소득이 높아지면서 건강에 대한 관심도 커지는 상황이다. 아프리카에서도 부유한 국가에서 주로 나타나는 질병인 비만과 당뇨 환자가 크게 늘고 있다. 이 때문에 무가당Sugar-Free 음료, 저탄수화물·저지방 식품 같은 다양한 건강식품이 각광받고 있으며, 일반 콜라보다 제로콜라를 찾는 사람이 늘어나고 있다. 트레이닝복과 피트니스 사업이 최근 크게 성장하는 이유도 건강한 라이프스타일을 원하는 사람들이 늘고 있기 때문이다.

이러한 사실들을 한 데 모아놓고 보면, 아프리카를 왜 '지구상의 마지막 성장 엔진'이라 부르는지 알 수 있다. 아프리카의 소비 시장은 경제 발전과 소득 증대에 힘입어 지속적으로 성장할 것으로 보인다. 다수의 글로벌 민간 컨설팅 회사에서 아프리카 소비자들을 대상으로 실시한 설문조사를 살펴보면 많은 아프리카의 소비자들도 미래의 경제 상황과 소비에 대해 긍정적인 평가를 내리고 있다.

우리나라 역시 아프리카 시장의 잠재력에 주목해 아프리카 시장을 공략할 기회를 모색해왔다. 특히 2019년 5월에는 아프리카 대륙을 포괄하는 역내 자유무역협정인 아프리카대륙자유무역지대AfCFTA 협정이 발효되어 국내 기업의 아프리카 대륙 진출이 더욱 용이해진 상황이다.

아프리카 국가들은 물 분쟁 중

세계적인 미래학자 앨빈 토플러Alvin Toffler는 20세기가 석유의 시대였다면 21세기는 물의 시대가 될 것이라고 전망한 바 있다. '지구 표면의 70%가 물인데 정말 물이 부족할까'라고 생각할 수도 있다. 하지만 지구상의 물 중에서 우리 인간이 사용할 수 있는 담수량은 2.5% 수준에 불과하며, 이 중에서도 빙하를 제외하면 우리가 현실적으로 쓸 수 있는 담수량은 0.8%밖에 되지 않는다.

이처럼 물 공급은 제한된 데 반해 수요는 지속적으로 증가하고 있다. 수요가 늘고 있는 가장 큰 이유는 세계 인구가 매년 8,300만 명씩 늘고 있기 때문이다. 이 추세가 지속될 경우 지구상의 인구는 지금 80억 명에서 2050년이면 100억 명에 육박할 것으로 전망된다.

산업 발달도 물이 부족해지는 주요 요인이다. 일례로 미국의 경우 지난 30년간 물 사용량이 세 배 가까이 증가했는데, 이 중 60% 이상이 산업용수의 증가 때문인 것으로 확인됐다. 참고로 저소득 국가들은 용수 사용량의 80% 이상을 농업용수로 쓰고, 고소득 국가들은 60% 가까이를 산업용수로 사용한다.

코로나19의 영향으로 전 세계의 물 사용량은 더욱 증가했다. 많은 사람이 수시로 손을 닦거나 물을 이용한 방역이 늘면서 물 사용량도 현격히 늘어난 것이다. 2020년 유네스코는 코로나 시대를 거치며 물 관리가 위기에 처했으며 각국이 즉각적인 조치에 나서야 한다고 우려를 표명한 바 있다. 데이비드 해나David Hannah 유네스코 물 분야 책임자가 발표한 보고서에 따르면, 저소득 및 중간 소득 국가에 속한 국민 네 명 중 한 명은 물이 부족해 제대로 손을 씻지 못한 것으로 나타났다.

최근 에티오피아를 중심으로 인근 지역에서 벌어지는 갈등을 보면, 물을 확보하기 위한 각국의 노력은 이제 분쟁 수준까지 다다른 듯한 인상을 지울 수 없다. '북아프리카의 젖줄'이라 할 수 있는 나일강 수자원을 두고 국가 간의 갈등이 점점 고조되고 있기 때문이다. 사건의 발달은 에티오피아가 나일강 상류에 '그랜드 에티오피아 르네상스 댐'이라는 대규모 수력 발전 댐을 건설하면서부터다. 그랜드 에티오피아 르네상스 댐은 아프리카 최대 규모의 댐이자, 세계에서도 일곱 번째로 큰 수력 발전소로 현재 공정이 80% 이상 완료된 상태다.

나일강 상류 지역에 있는 에티오피아가 이러한 대규모 댐을 건립하자, 하류 지역에 있는 수단과 이집트 입장에서는 수자원을 원활하게 확보하기 어려워질 것을 크게 우려하고 있다. 특히 이집트

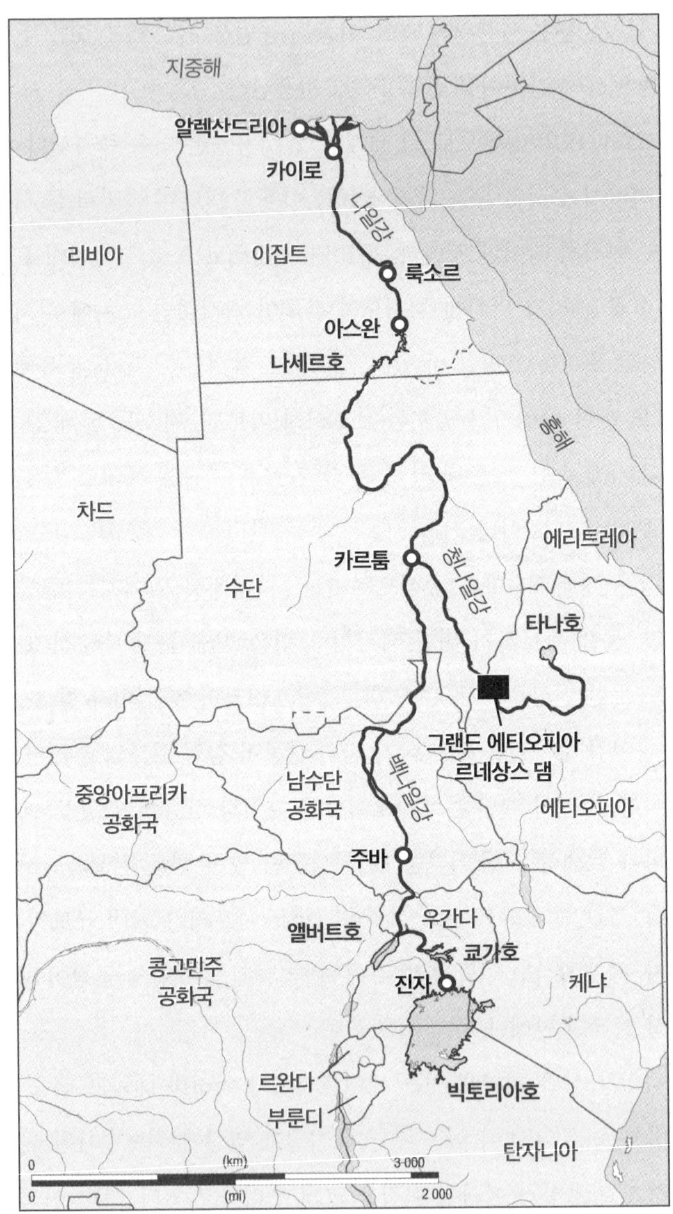

지중해
알렉산드리아
카이로
룩소르
아스완
나세르호
리비아
이집트
나일강
차드
수단
카르툼
청나일강
에리트레아
타나호
그랜드 에티오피아
르네상스 댐
에티오피아
중앙아프리카
공화국
남수단
공화국
백나일강
주바
우간다
앨버트호
쾨가호
진자
콩고민주
공화국
케냐
르완다
부룬디
빅토리아호
탄자니아
홍해
0
(km)
3 000
0
(mi)
2 000

인구의 절대다수는 나일강 인근에 거주하고 있으며 이들은 식수나 농업용수 등을 나일강에 90% 이상 의존하고 있기 때문이다. 수단 도 이집트와 정도의 차이는 있지만 비슷한 우려를 표명하는 중이다.

최근 이집트와 수단은 '나일의 수호자'라는 이름 아래 양국의 해 군과 공군이 참여하는 합동 군사 훈련도 실시하고 있다. 이집트에 서는 무력을 사용해 댐을 저지하자는 목소리마저 나온다. 현재 이 들 지역의 수자원을 둘러싼 분쟁은 유엔에 안건으로 올라갔고, 유 엔환경계획UNEP에서는 이들 세 국가 간의 원만한 합의가 조속히 이루어져야 한다고 촉구하고 나섰다. 이렇게 인근 국가뿐만 아니 라 국제 사회의 저항에 부딪치면서까지 에티오피아가 댐을 건립하 는 이유는 무엇일까.

경제 발전을 위해 에너지가 필요한 에티오피아

에티오피아는 사실 잠재력에 비해 좀처럼 꽃을 피우지 못하는 대 표적인 국가다. 에티오피아는 솔로몬과 시바의 후예로 불릴 만큼 3,000년 이상의 긴 역사를 보유하고 있다. 인구 역시 1억 명이 넘 는데, 이는 아프리카 대륙에서 두 번째이자 전 세계 11위 규모다. 국토 면적도 한반도의 다섯 배 수준에 달한다. 금을 비롯한 다양한 광물 자원을 보유하고 있으며, 최근에는 유전이 발견되기도 했다. 에티오피아는 여느 아프리카 국가들과 달리 살기 좋은 기후 환경 을 갖췄는데 한여름 에티오피아의 평균 기온은 섭씨 25도에서 최대 30도를 넘지 않는다. 연평균 기온 역시 우리나라 가을 날씨와 비슷한 15~20도 수준으로 심지어 기온이 떨어질 때는 서늘해 에티오피아 사람들은 사시사철 긴팔 옷을 입는다.

이러한 기후는 에티오피아가 고원 지대에 위치하고 있기 때문인데, 이는 에티오피아의 애칭이 '아프리카의 지붕'인 이유이기도 하다. 에티오피아는 국토의 상당 부분이 해발고도 최저 1,500m에서 최대 4,550m에 이르는 고산지대에 있다. 이처럼 서늘한 기후는 말라리아나 뎅기열 같은 아프리카 특유의 풍토병을 줄이는 요인으로도 작용한다. 그렇다면 에티오피아는 유구한 역사, 좋은 기후 환경과 넓은 영토, 수많은 저임금 근로자를 보유하고 있음에도 왜 발전하지 못했을까?

그 이유로는 산업 구조가 고도화되지 못한 점이 주로 지적된다. 현재 에티오피아는 GDP의 40%, 전체 고용의 약 80% 이상이 농업에서 창출된다. 물론 농업을 통해서 고부가가치의 수익을 창출하는 국가도 많다. 하지만 에티오피아가 주력으로 수출하는 품목은 커피(33%), 참깨(15%), 채소류(8%) 등 주로 저부가가치 농산품에 치중되어 있다. 또한 품질 수준이 전반적으로 떨어져 적절한 가격을 받기 어려울 뿐만 아니라 유사 작물을 재배하는 국가에 비해 가공이나 포장, 운송 기술이 미흡해 수출 경쟁력도 갖추지 못한 상태다.

에티오피아가 대규모 수력 발전소를 건립하게 된 배경은 여기에 있다. 낙후된 농업만으로는 더 이상 에티오피아의 미래를 그릴 수 없다는 판단에서다. 에티오피아는 제2차 경제개발계획(GTP II, 2016~2020년)에 따라 제조업을 육성해 경제 체질 개선을 추진해왔다. 전체 GDP에서 건설·제조 부문을 20% 이상으로 끌어올리고, 서비스 부문의 비중도 40% 이상으로 키우겠다는 계획이다.

그런데 제조와 서비스 부문을 육성하기 위해서는 가장 먼저 에너지 수급 문제를 해결해야 한다. 고속도로 건설 및 개보수, 송전망 구축 사업 등 대규모 인프라 구축 사업을 수행하기 위해서도 원활한 전력 수급은 가장 먼저 해결해야 할 숙제다. 에티오피아 정부는 미래 에너지 정책을 수립하는 과정에서 미래지향적인 신재생에너지를 기반으로 한 에너지 수급 전략을 선택한 것이다.

현재 에티오피아전력공사는 르네상스 댐을 기반으로 한 수력 발전뿐만 아니라 고산 지대라는 특성을 활용할 수 있는 풍력 발전과 아프리카 초원을 활용한 대규모 태양광 및 지열 발전 프로젝트를 추진 중이다.

강을 둘러싼 에너지 분쟁은 어디서든 발생할 수 있다

이러한 일련의 상황은 비단 에티오피아에만 국한된 것은 아니다. 많은 개도국이 코로나19로 인한 경제적 피해를 복원하고 자국의 새로운 성장을 담보하고자 대규모 에너지 공급망을 구축하기 위해 노력하고 있다. 그리고 그 수단으로 수력 발전을 적극 모색하고 있다.

메콩강은 4,180km의 동남아시아 최대의 국제 하천이다. 인도차이나반도 5개국인 태국, 라오스, 베트남, 캄보디아, 미얀마를 관통하며, 이들 국가들은 저마다 메콩강을 활용한 발전 계획을 수립하고 있다. 메콩강 유역 5개국의 경제가 발전하면서 에너지 생산 및 소비 증가율도 세계 평균을 상회하고 있기에, 향후 메콩강 유역 국가들에도 수력 발전은 중요한 전력원이 될 것으로 예상된다.

중남미의 경우 아마존강이 에콰도르를 비롯해 콜롬비아, 베네수엘라, 가이아나, 프랑스령 기아나, 페루, 볼리비아, 브라질, 수리남까지 남미 9개국에 걸쳐 흐르고 있다. 현재 아마존강 유역에서 여러 중남미 국가들이 부족한 재원 확보를 위해 금광 개발 등에 열을 올리자 인근의 원시 부족들이 생존에 위협을 받고 있는 상황이다.

나일강, 메콩강, 아마존강 유역에 위치한 국가들은 정도의 차이만 있을 뿐 에티오피아와 비슷하게 농업 중심의 저개발 산업에서 고부가가치 산업으로의 전환을 꿈꾸고 있다. 이러한 환경은 나일강을 둘러싼 분쟁처럼 세계 각지에서 얼마든지 벌어질 수 있음을 뜻한다. 국제 사회가 에티오피아와 인근 국가 간의 나일강 분쟁을 먼 나라 이야기로 치부하지 못하는 이유도 바로 여기에 있다.

팬데믹 이후를 알고 싶다면 이집트를 보라

- ◆ 인구 ‖ 1억 1,271만 6,598명(14위)
- ◆ 화폐 단위 ‖ 이집트 파운드(EGP, £E)
- ◆ GDP(2023) ‖ 3,871억 1,000만 달러(40위)
- ◆ GDP 성장률(2022) ‖ 6.6%
- ◆ 실업률(2022) ‖ 7.0%
- ◆ 물가상승률(2022) ‖ 13.9%
- ◆ 인터넷 사용 비율(인구 대비) ‖ 72%

2023년 5월 세계보건기구는 3년 4개월만에 코로나19로 인한 비상 사태를 해제한다고 발표했지만, 코로나가 세계 경제에 미친 파급 효과는 여전히 진행형이다. 포스트코로나 시대의 세계 경제를 두고 여러 전망이 교차하는데 전염병이 장기화되면서 개인이나 회사뿐 아니라 특정 국가의 운명까지 완전히 바뀔 수 있다는 사실을 모두가 체감했기 때문이다. 이러한 사실을 확인시켜주는 역사적 사례가 하나 있으니, 바로 '이집트'의 사례다.

최초로 고양이를 키운 사람들

원래 이집트는 일찍부터 문명이 발달한 나라였다. 기원전 27세기부터 번성해 전염병으로 쇠락하기 시작한 14세기까지, 등락은 있었지만 역사적으로 가장 융성한 국가였다. 이집트가 일찍부터 번영할 수 있었던 건 나일강이 만들어낸 광대하고 비옥한 곡창 지대 덕분이다. 그리스 역사가 헤로도토스Herodotos가 "이집트는 나일 강의 선물"이라고 언급한 기록도 있다. 이집트 땅의 비옥함은 북아프리카 지역뿐 아니라 유럽에서도 선망의 대상이었다.

이집트인이 인류 최초로 고양이를 사육한 것도 나일강 때문이다. 나일강은 빅토리아호와 에티오피아 고원에서 발원해 북쪽으로 흘러 이집트의 지중해로 흐르는 강으로 세계에서 가장 긴 강이다. 또한 아프리카 대륙의 지류들이 모두 모이는 강으로, 상류에서 폭우가 올 경우 수시로 범람하곤 했다. 나일강 하류 인근 지역이 비옥한 토지를 갖게 된 가장 큰 이유도 잦은 범람 때문이다. 나일강이 주기적으로 범람하면서 비옥한 미립질의 검은 토양이 하류의 충적 지대에 쌓인 것이다.

잦은 범람으로 비옥한 토지를 갖게 된 것은 좋지만 문제도 일으켰는데, 바로 들쥐들의 공격이다. 강이 범람할 때마다 곡식 창고에 들쥐들이 침입했고 이 때문에 고대 이집트 지역은 들쥐들의 주요 서식지가 되었다. 이집트인들도 애써 확보한 곡식을 쥐에게 빼앗기지 않기 위한 대안을 찾아야만 했는데, 그 대안으로 이집트인은 인류 최초로 고양이를 사육하기 시작한 것이다.

이집트 카이로시 남쪽 250km 지점에서 기원전 1950년경에 그려진 석회석 무덤이 하나 발견되었다. 이 석회석 무덤 뒷벽에는 한 동물이 그려져 있었는데, 긴 앞다리에 꼿꼿이 솟은 꼬리, 그리고 삼각형 모양의 머리를 가진 동물이었다. 그리고 이 동물은 주변 들쥐를 노려보고 있었다. 고대 이집트 회화 중 고양이를 그린 최초의 작품이었다. 이후 고양이는 이집트인 회화와 조각의 중요한 소재가 됐고 서열도 높아졌다. 쥐를 잡아먹는 동물에서 신을 위한 기복

이집트 무덤에서 나온 고양이 미라. 영국박물관에서 보관하고 있다.

동물로 인식이 바뀌면서 미라로 보존되기도 했다.

벨기에 왕립 자연과학연구소의 동물고고학자 윔 반 니어Wim Ban Neer 박사는 2008년 나일강 서쪽 둑에 조성된 고대 묘지 터에서 여섯 구의 고양이 유골을 발견했다. 여기에는 새끼 고양이 유골 네 구가 포함돼 있었는데 니어 박사는 이들 유골을 수습해 유전자를 분석했고 약 6,000년 전에 매장된 유골임을 확인했다. 이는 당시 이집트인들이 고양이를 애완동물로 키웠다는 사실을 말해주고 있다. 니어 박사는 이후 아프리카는 물론 유럽, 중동 지역 등에서 기원전 700년 전부터 기원후 19세기에 이르기까지 2,600년 동안 살았던 수백 마리의 고양이 뼈와 치아, 미라 표본을 수집했다.

나일강의 비옥함이 가져다준 문화적 발전

나일강이 가져다 주는 풍요로움은 먹고 사는 문제를 해결하는 수준을 넘어 학문과 문화 예술을 꽃피우는 토양이 됐다. 고대 이집트에서 다양한 측량 기술과 수학이 발달한 이유는 나일강이 범람해 토지를 명확하게 구분할 수 없을 때가 잦았기 때문이다. 고대 이집트 문명을 두고 흔히 외계인이 만든 것이 아닐까 하고 의구심을 제시하는 사람이 많은 이유는 고대 이집트가 당시에는 상상하기 힘든 고도의 천문학적 지식을 갖고 있었기 때문이다. 하지만 이 역시 나일강의 정확한 범람 시점을 예측하기 위해 천문학에 관심을 두어 이루어낸 성과라는 것이 정설이다.

나일강의 비옥함과 그로 인한 학문적 성과는 고대에만 국한되지 않는다. 970년 설립된 알아즈하르 대학교Al-Azhar University는 오늘날에도 이슬람 학문의 중심 역할을 수행하는 일류 대학으로 꼽힌다. 파티마 왕조에 의해 설립된 이 대학은 "배우고 싶은 것을 이해할 수 있을 때까지 공부하라"는 신조로도 유명하다. 설립 당시부터 입학과 출석이 자유로웠고, 원하는 만큼 얼마든지 계속 다닐 수 있도록 충분하게 재정을 지원했다. 유럽의 대표적인 최고最古 대학인 옥스퍼드 대학교(1294년)와 케임브리지 대학교(1284년)의 설립이 13세기 말이라는 사실과 비교할 때 당시 카이로를 중심으로 한 이집트의 학문적·문화적 수준이 어느 정도인지를 가늠해 볼 수 있다. 조금 과장하자면 적어도 10세기에는 이집트에 비해 유럽 문화는 야만적인 수준이었다.

당시 이집트가 크게 번성할 수 있었던 데에는 다른 이유도 있다. 국제적 교역의 중심축을 담당할 수 있는 지리적 이점을 갖고 있기 때문이다. 중국과 인도, 유럽을 이어주는 교역 루트는 크게 초원길과 바닷길로 나뉜다. 그중 바닷길은 크게 두 갈래로 나뉘는데, 하나는 아라비아반도 북쪽 경로로 호르무즈 해협에서 페르시아만을 통해 쿠웨이트에 상륙해 바그다드로 가는 경로다. 또 다른 하나는 아라비아반도 남쪽 경로로 지금의 예멘에서 홍해 북쪽으로 올라가 이집트 수에즈에 상륙하는 경로다. 당시 이 두 가지 경로 중 아라비아 북쪽 경로는 교역을 하기에는 치안이 좋지 않아 상인들이 선호하지 않았다. 이런 이유로 유럽과 아시아 상인들은 이집트를 거쳐 교역을 했다. 동방의 교역품은 알렉산드리아항에서 유럽 각지로 전파된 것이다.

당시 국가들이 이집트를 새로운 항로로 찾은 데에는 중동과 지중해 지역을 장악한 오스만 제국을 피하기 위한 목적도 컸다. 굳이 아프리카 최남단까지 내려가지 않고도 오스만 제국을 피해 교역할 수 있는 대안, 그것이 바로 이집트였던 것이다.

페스트 유행 이후 쇠락의 길로 들어서다

이처럼 강성했던 이집트가 역사적인 변곡점을 맞이하게 된 것은 14세기 들어서다. 결정적인 변수는 1347년부터 전 세계적으로 창궐하기 시작한 급성 전염병인 페스트(흑사병)였다. 교역의 중심지였던 이집트 카이로도 페스트의 안전지대는 아니었다. 당시 카이로 인구 50만 명 중 3분의 1 이상이 페스트로 인해 사망했으며, 2년 뒤인 1349년에는 카이로 인구가 20만 명 수준까지 떨어졌다.

급격하게 인구가 감소하면서 이집트의 국력은 빠르게 쇠퇴했다. 먼저 북쪽 알렉산드리아를 중심으로 번성했던 직물 산업이 붕괴되었고 농업 역시 급격히 위축되었다. 나일강 주변 경작지 대부분은 노동력을 기반으로 물을 끌어들여 농사를 지었기 때문에 노동력 감소가 농업을 붕괴시키는 핵심 요인으로 작용한 것이다. 기초 산업이 붕괴하자 카이로 등 이집트 대표 도시에도 기근이 닥쳐왔고, 결국 유럽 여러 왕조와 상인들은 자신들에게 필요한 물품을 공급해줄 보다 안정적인 교역로를 찾아 나섰다.

이 과정에서 부상한 나라가 포르투갈이다. 이집트를 거치는 경로에서 전염병이라는 위험 요인이 발생하자 좀 더 먼거리임에도 불구하고 포르투갈이라는 새로운 해양 항로를 개척한 것이다.

급기야 이집트는 동방과 유럽을 잇는 교역의 중심 역할을 되찾기 위해 포르투갈과 인도양, 홍해, 지중해를 잇는 해로의 주도권을 두고 전쟁을 벌인다. 1509년 이집트를 포함한 이슬람 연합과 포르투갈 사이에 벌어진 디우 해전Battle of Diu이 바로 그것이다. 이 전쟁에서 포르투갈이 승리하며 인도양의 주도권은 포르투갈로 넘어가게 되었고, 이집트는 급속히 쇠락의 길을 걷게 된다. 디우 해전이 있은지 불과 8년 후인 1517년 이집트는 오스만 제국의 식민지로 전락한다. 거기서 그치는 것이 아니라 18세기 후반에는 나폴레옹의 프랑스군에 침략을 받고, 19세기에는 영국의 식민지가 되는 수모가 이어진다. 1952년 완전한 독립을 이룰 때까지 수세기 동안 이민족의 지배 아래 지냈던 것이다.

전염병 대처가 가른 이탈리아의 성세와 이집트의 쇠락

역사에 가정은 없다지만, 만약 당시 이집트가 전염병(페스트)에 잘 대처했더라면 어땠을까. 이집트의 운명이 지금과는 크게 달라졌을지 모른다. 이는 이탈리아 베네치아의 사례와 견줘 보면 예상이 가능하다. 이집트가 동방과 유럽 교역로의 중심 역할을 하며 가장 번성했던 시절, 유럽에서 교역의 파트너로 함께 번성했던 곳이 베네치아였다. 당시 페스트로부터 자유롭지 못한 것은 이탈리아 역시 마찬가지였다. 하지만 베네치아와 이집트는 전염병을 대하는 태도가 사뭇 달랐다. 이탈리아는 육로와 해로에 검역소를 설치하고 상인들은 위생청의 검사를 받도록 해 이탈리아 내부로 전염병이 퍼지지 못하도록 조치를 취했다.

이에 반해 이집트 지도층은 전염병을 막기 위한 어떠한 노력도 하지 않았다. 오히려 검역소를 상거래를 저해하는 장애물로 치부하는 우를 범했다. 여기에는 이집트만의 특수한 상황이 깔려 있었다. 검역소를 거쳐야 하는 금속 노동자 길드와 요리 종사자 길드, 직물 노동자 길드 등은 이집트 경제의 '돈줄'이었다. 이들로부터 거두어들인 세금이 이집트 경제의 주요 원천이었던 것이다. 이런 조건에서 국가에 가장 큰 수입을 안겨주는 상인들에게 '전염병을 옮기는 자들'이라는 오명을 씌우기가 쉽지 않았을 것이다.

전염병에 대처하는 이집트와 이탈리아의 태도 차이는 결과에도 극명한 차이를 불러왔다. 1450년경부터 이탈리아의 사망률과 이집트를 포함한 중동 지역의 사망률에 현격한 차이를 보였는데, 이집트는 1800년대 초반까지 계속해서 전염병이 번졌지만, 베네치아를 포함한 이탈리아 지역에서는 15세기 중반 이후 특정 지역에서만 간헐적으로 발병했다. 결국 이탈리아는 다시 국제 교역의 중심지로 거듭날 수 있었지만 이집트에는 이후에도 좀처럼 기회가 찾아오지 않았다.

이집트의 경제적 번영을 지원하는 대한민국

현재 이집트 경제는 만성적 무역수지 적자에 허덕이고 있다. 이집트는 무역 적자로 부족한 외화를 만회하기 위해 수에즈 운하 통행료, 해외 자국인 노동자 송금, 관광 수입, 해외 원조 등에 의존하는 실정이다. 동시에 이집트가 만성적인 무역 적자 구조를 탈피하고 제조 강국으로 거듭나기 위해 주목하고 있는 나라가 바로 '대한민국'이다.

이집트가 경제 발전 과정에서 우리나라를 주목한 이유는 이집트 시장에서 우리나라 기업들이 보이는 남다른 성과를 직접 눈으로 목격해왔기 때문이다. 이집트에 진출한 우리 기업들은 생각보다 다양한데 삼성전자, LG전자, 금호타이어, 한국타이어, 현대모비스, 포스코, 대우, 삼성물산, GS건설, 두산중공업 등이 있다. 단순히 진출하는 기업의 숫자만 많은 것이 아니라 이들 기업들이 보이는 성과 또한 남달랐다.

일례로 이집트 내 자동차 시장에서 현대·기아자동차는 지금 시장점유율 1~2위를 다투고 있다. 현대·기아차는 2019년 기준으로 이집트 내 자동차 시장 점유율이 38.1%를 기록했으며, 2위 닛산 (8.9%), 3위 푸조(8.1%) 등과 확연한 차이를 보였다. 이뿐 아니라 에어컨, TV 등 가전제품 분야, 건설 분야, 석유화학 분야 등에서도 우리 기업은 이집트에서 큰 성과를 내고 있다.

현재 이집트는 EME Egypt Makes Electronics라는 국가 전략 아래 전자제품 제조 역량을 높여 수출량을 늘리고 수입 의존성을 낮추고자 노력 중이다. 또한 이집트의 최대 역점 사업인 신행정수도 건설 부지를 확정하고, 해당 지역을 육성하기 위한 해외 기업의 투자를 적극 유치하고 있다. 특히 신행정수도와 주요 거점 생산 도시는 모두 스마트시티 형태로 조성할 계획을 가지고 있다. 이 사업에 우리 기업의 참여도 활발한데 GS그룹은 이집트 석유화학 공장 건설에 참여하고, LG전자와 삼성전자도 현지 투자를 지속적으로 확대하는 추세다.

이처럼 이집트는 우리나라의 경제 발전 노하우를 배우는 데 관심이 많고, 우리나라 역시 아프리카라는 새로운 시장에 진출하기 위해 이집트라는 전략적 요충지가 필요한 상황이다. 우리 기업들은 아프리카 대륙의 그 어느 나라보다 이집트와 일찍부터 다양한 방식으로 경제적인 교류 협력을 이어왔다. 한국 기업들이 12억 인구의 아프리카 시장에 진출하는 교두보로 이집트를 선택한 이유는, 여타 아프리카 국가들에 비해 상대적으로 이집트의 제조업이 발달했기 때문이다. 이집트의 제조업 인프라를 바탕으로 서아프리카, 중앙아프리카 시장으로 영역을 넓혀갈 수 있는 최적지로 본 것이다.

그뿐만 아니라 이집트 인구수는 1억 1,271만 명으로 아프리카 기준 3위(1위 나이지리아, 2위 에티오피아)의 인구 대국이다. 특히 4년마다 1,000만 명씩 인구가 증가할 정도로 젊고 역동적인 인구 구성을 갖고 있다. 그뿐만 아니라 이집트는 여타 아프리카 국가와 자유무역협정을 체결하고 있는데, 2019년 기본 협정이 발휘된 아프리카대륙자유무역지대는 55개국의 아프리카 국가들이 참여하는 FTA다. 즉, 이집트에서 생산해 다른 아프리카 국가로 수출할 경우 관세 우대 혜택을 받을 수 있는 것이다.

이집트는 2019년 기준으로 전체 GDP에서 제조업이 차지하는 비중이 17%다. 제조업을 뒷받침해주는 도소매업 또한 14%에 이른다. 이러한 수치는 다른 아프리카 국가들의 산업 구조가 농업에 치중한 것과는 확연히 구분되는 지점이다. 수치가 확인해주듯이, 이집트는 내수에 필요한 일부 제품을 직접 생산할 수 있는 역량을 갖추고 있을 뿐만 아니라, 일부 제품들은 인근 국가들에 수출할 정도로 경쟁력을 보유하고 있어서 생산 거점 국가로 삼기 적합하다. 또한 이집트는 유럽, 아프리카, 아시아를 연결하는 교통의 요충지에 위치하며, 풍부하고 저렴한 노동력을 확보하고 있어, 아프리카뿐만 아니라 유럽 등에도 진출할 수 있는 최적지라고 할 수 있다.

다만 이집트가 아프리카로 진출하는 데 있어 장점만 갖는 것은 아니다. 이집트의 행정 처리는 아직까지 선진화되어 있다고 보긴 어렵다. 사업을 수행하는 데 필요한 여러 인허가는 원칙대로 처리되기보다는 부패와 관료주의에 휘둘려 지연되기 일쑤다. 통상적인 행정 처리 역시 전산화되지 못한 부분이 많아 '이럴 줄 알았으면 이집트에 진출하지 말걸 그랬다'라고 생각하게 만드는 경우가 허다하다. 더구나 이집트 국민 중 20세 미만 인구가 절반 이상을 차지하고 있어 젊고 역동적인 인구임은 분명하지만 이들 청년층 대부분이 제대로 된 교육을 받지 못한 상태다. 문맹률은 성인 인구중 약 30%, 여성 문맹률은 35%에 이른다. 약속 시간에 대한 인식도 부족한 편인데 보통 30분에서 1시간 정도 늦는 일도 허다하며, 중요한 미팅임에도 아예 오지 않는 경우도 많다. 반드시 진행해야할 미팅이라면 약속 전에 전화, 팩스 등을 활용해 수시로 미팅 날짜와 시간을 주지시켜야 한다. 이집트에서 비즈니스를 한다는 것은 이처럼 어려움이 따름에도 우리나라 주요 기업들이 이집트 진출에 그 무엇보다 적극적인 이유는 단점보다 장점이 더 크기 때문이다.

지금 세계 각국은 저마다의 방식으로 코로나19 이후를 맞이하고 있다. 이 과정에서 어떤 국가는 빠르게 정상적인 상황으로 회복하고 있고, 어떤 국가는 코로나19 여파에 여전히 허우적거리고 있다. 중요한 것은 이런 과정을 겪으면서 코로나19 이후 글로벌 밸류체인Value Chain 내지 공급체인Supply Chain의 판이 새로 짜이고 있다는 점이다. 기존 거래처로부터 부품, 소재 등을 조달받기 어려워진 기업들은 이미 새로운 대안을 찾아나섰고, 새로운 부품과 소재에 맞추어 제품 생산 라인을 변경하며, 한 번 변경된 생산 라인은 좀처럼 바뀌지 않을 수도 있다. 이 과정에서 어떤 국가는 코로나 이전의 상황으로 돌아가지 못한 채 장기 불황에 직면할지도 모른다.

전염병이 가져다주는 해악이 특정 국가 경제에 얼마나 오래 악영향을 미칠 수 있는지 이집트만큼 정확히 알고 있는 국가도 없을 것이다. 이집트도 우리도 양국의 경제 협력에 더욱 적극적일 수밖에 없는 이유가 여기에 있다.

거대한 이슬람 경제의 시작점, 인도네시아

- ◆ 인구 ‖ 2억 7,753만 4,122명(4위)
- ◆ 화폐 단위 ‖ 인도네시아 루피아(IDR, Rp)
- ◆ GDP(2023) ‖ 1조 3,917억 7,800만 달러(16위)
- ◆ GDP 성장률(2022) ‖ 5.3%
- ◆ 실업률(2022) ‖ 3.6%
- ◆ 물가상승률(2022) ‖ 4.2%
- ◆ 인터넷 사용 비율(인구 대비) ‖ 62%

한국 경제가 1998년 외환위기를 빠르게 회복한 배경에는 당시 급격히 성장하던 중국 시장이 있었다. 거대 소비 시장으로 급부상한 중국이 국내 기업들에 수많은 기회를 제공한 것이다. 그렇다면 코로나19 이후 다시 어려움을 겪고 있는 우리 기업들이 시선을 돌릴 수 있는 새로운 소비 시장은 없을까. 이 질문에 대한 답으로 '인도네시아'를 꼽고 싶다.

세계 4위 인구와 GDP 1조 달러

인도네시아는 잠재력이 큰 미래지향적인 소비 시장으로 거론되고 있다. 우선 2억 7,753만 명의 세계 4위 규모 인구 대국이기 때문이다. 단일 국가로는 이슬람교 인구를 가장 많이 보유한 나라라는 점도 특기할 만하다. 그만큼 국제 사회에서의 위상도 높다. 2018년에 유엔 안전보장이사회의 비상임 회원국으로 선출되는가 하면, 제2차 세계대전 이후 어떤 해외 열강과도 연대하지 않는 비동맹운동의 창립 회원으로, 신흥국들의 리딩 국가로 활동하고 있다.

경제 규모도 상당한데 GDP 규모가 1조 달러가 넘는다. 아세안 10개국의 모든 GDP를 합한 금액의 40%에 달하는 세계 16위 경제 대국이다. 세계적인 자원 강국이자 농산물 수출 국가이기도 하다. 주요 채굴 자원은 석탄과 동, 금, 주석, 니켈 등이며 원유 매장량은 세계 28위다. 농산물 중에는 팜오일이 세계 1위, 고무는 세계 2위, 카카오는 세계 3위, 커피는 세계 4위 생산국이다.

자원이나 농산물이 부족한 우리나라에서는 오래전부터 인도네시아와 상호 보완적인 교역을 이어왔다. 1970년대부터 인도네시아 원목을 재료로 가구를 생산한 '보루네오' 사가 대표적이다. 식품회사들 역시 인도네시아 원료를 바탕으로 제품을 생산하기 위해 일찍부터 현지에 진출했다. 인도네시아의 값싼 노동력도 빼놓을 수 없는 장점인데, 일례로 노동집약 산업인 섬유 분야는 인도네시아에 진출한 대표적인 업종이다.

인도네시아 경제의 또 다른 특징은 경제 전반을 화교가 장악하고 있다는 사실이다. 인도네시아 화교 인구는 280만 명 수준으로 전체 인구의 1% 수준에 불과하지만 화교가 인도네시아 경제에서 차지하는 비중은 절대적이다. 인도네시아 재계 서열 30위 중 20여 개가 화교 기업으로 분류된다.

인도네시아로 진출한다는 건 이슬람 국가로 뻗어나가는 교두보를 마련한다는 의미도 있다. 이슬람 국가 대부분

할랄 인증 마크.

은 종교적 율법을 엄수해 만든 물건인 할랄 표시를 받은 제품만을 소비한다. 인도네시아는 할랄 산업을 전략적으로 육성하기 위해 2014년에 신新할랄 인증법(할랄제품보장법)을 통과시킨 바 있다. 이후 이슬람 국가들을 대상으로 수출하려는 기업이 있다면 인도네시아 현지 공장에서 생산해 할랄 인증을 받으면 이전보다 훨씬 수월하게 이슬람 국가에 진출할 수 있다.

섬나라의 문제를 극복하려는 수도 이전 프로젝트

이처럼 높은 잠재력을 보유하고 있는 나라지만, 문제점도 산재한다. 인도네시아는 1만 7,500개의 섬으로 구성된 나라로, 이 중 사람이 거주하고 있는 섬은 6,000개 정도다. 가장 큰 섬으로는 자바와 칼리만탄, 수마트라, 파푸아, 술라웨시 등을 꼽을 수 있는데, 국민 절반 가까이가 자바섬에 거주한다.

이 때문에 효과적으로 모든 국토를 균등하게 발전시키는 게 쉽지 않다 보니, 섬마다 정주 여건뿐 아니라 경제 활동 기회에서도 큰 차이가 난다. 이로 인한 사회적 문제도 적지 않은데, 예를 들면 수도 자카르타는 전 세계에서 노숙자가 가장 많은 도시 중 하나다. 인도네시아 군소 섬에 거주하던 많은 사람이 새로운 기회를 찾아 수도 자카르타로 무작정 이주한 것이다. 인도네시아의 날씨는 연중 열대기후이기 때문에 노숙이 용이하다는 점도 노숙자가 많은 요인일 것이다.

2023년 5월 14일, 차량과 오토바이가 뒤엉켜 극도로 혼잡한 자카르타의 도로.

이처럼 사람이 몰리다 보니 자카르타는 세계에서 가장 교통체증이 심각한 도시라는 오명도 갖고 있다. 인도네시아로 출장을 가본 사람들이라면 모두 공감하는 것 중 하나가 웬만한 거리는 차로 이동하는 것보다 걸어가는 것이 더 빠르다는 점이다. 도보로 10여 분이면 도착하는데 자동차로는 1시간 가까이 걸리는 경우가 많다. 귀국하는 비행기를 타기 위해 공항으로 갈 때 마음을 졸였다는 경험담도 흔히 접할 수 있다.

인도네시아 정부도 수도 이전 프로젝트를 내놓을 만큼 문제의 심각성을 인지하고 있다. 실제로 2024년을 목표로 보르네오 섬의 동부 칼리만탄 지방에 건설 중인 계획도시 누산타라로 수도 이전을 추진 중이다. 코로나19 시기를 거치며 잠시 계획이 연기되기도 했지만 자카르타의 지반이 점점 가라앉고 있는 데다 수질 오염을 비롯한 환경 오염이 심각해 이전이 불가피하다는 게 중론이다. 이런 상황에서 앞서 행정수도를 세종시로 이전한 우리 정부가 이 경험과 노하우를 바탕으로 인도네시아와 다양한 협업 기회를 만들어내는 마중물 역할을 할 수 있을 것이란 기대도 커지고 있다.

다양한 문화가 뒤엉킨 용광로 같은 나라

인도네시아를 알기 위해서는 그들만의 문화와 특성을 이해하는 것이 무척 중요하다. 많은 사람이 인도네시아를 이슬람이 국교인 나라로 생각하지만, 사실 인도네시아는 별도의 국교를 두고 있지 않다. 인도네시아는 수많은 소수 민족으로 구성되어 있고, 이 소수 민족들과의 융합을 무엇보다 중요시 여기기 때문에 각 소수 민족이 신봉하는 종교들을 모두 존중한다. 자카르타 시내에서는 이색적인 장면들을 종종 목격할 수 있는데, 이슬람 사원과 가톨릭 성당이 나란히 서 있고 심지어 주차장을 공유하는 경우도 볼 수 있다.

종교를 차별하지 않는 문화는 현지 호텔에서도 느낄 수 있다. 인도네시아 호텔 엘리베이터에는 4층과 13층이 표기되어 있지 않다. 동양 문화권에서 부정적으로 인식하는 숫자 4와 서양에서 부정적으로 생각하는 숫자 13을 모두 지운 것이다. 이처럼 인도네시아는 특정 문화권에만 기대서는 해석할 수 없고, 다양한 문화가 뒤엉켜 있는 용광로 같은 나라로 봐야 한다.

산따이Santai라 불리는 인도네시아 특유의 일처리 문화도 반드시 숙지해야 할 요소다. 아세안 대부분 국가에서 행정 처리가 원활하지 않은 것으로 알려져 있지만 인도네시아는 그중에서도 가장 '느긋한' 나라로 꼽힌다. 인도네시아에 진출하려는 기업이라면 충분한 시간적 여유를 두고 사업을 진행해야 한다.

인도네시아 소비자에 대한 편견도 점검해봐야 한다. 인도네시아는 아세안 최대의 시장 규모와 소비 인구를 지닌 국가로 다수의 글로벌 기업이 현지에서 생산 거점을 운영하고 있다. 이 때문에 인도네시아 국민은 개별 구매력에 비해 제품 품질에 대한 '눈높이'가 매우 높은 편이다. 인도네시아 시장을 쉽게 보고 진출했다가는 큰 낭패를 볼 수 있다는 얘기다.

"시장경제는 부의 창출에 매우 뛰어나지만,
부의 분배에는 전혀 뛰어나지 않다."

- 조너선 색스, 영국 철학자

남다른 삶의 방식을 선택한 나라

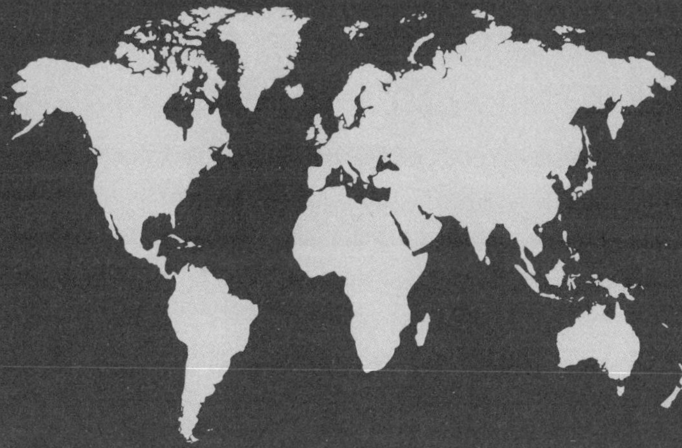

스웨덴은 어떻게 '복지의 천국'이 되었을까

- ◆ 인구 ‖ 1,061만 2,086명(87위)
- ◆ 화폐 단위 ‖ 스웨덴 크로나(SEK, kr)
- ◆ GDP(2023) ‖ 5,990억 5,200만 달러(25위)
- ◆ GDP 성장률(2022) ‖ 2.6%
- ◆ 실업률(2022) ‖ 7.4%
- ◆ 물가상승률(2022) ‖ 8.4%
- ◆ 인터넷 사용 비율(인구 대비) ‖ 88%

해방 이후 우리나라에서 국가가 국민에게 제공한 복지는 '야경국가(국가는 시장에 대한 개입을 최소화하고 국방과 외교, 치안 등의 질서 유지 임무만 맡아야 한다고 보았던 자유방임주의 국가관)' 수준이었다. 빈곤 탈피 등 기초적인 경제적 욕구를 채우기 위해 경제 발전에 역점을 두던 시절이었다. 하지만 이제는 국민의 의식 수준이 높아지면서 국가에 요구하는 사회복지 시스템의 수준도 다양화·고도화되고 있다. 이에 따라 자연스럽게 주목 받는 나라가 바로 '스웨덴'이다.

스웨덴은 흔히 '복지의 천국'으로 불린다. 국민이 세금만 납부하면 국가가 직접 생활에 필요한 대부분의 것들을 직접 제공한다. 물론 국민이 납부하는 세금은 그만큼 많다. 하지만 스웨덴이 '복지의 천국'이 되기까지에는 세금보다 더 중요한 배경이 있다. 스웨덴은 단순히 사회 제도로만 복지를 추구하는 것이 아니라 '평등 의식'과 '공동체적인 사고'가 가장 공고히 구축된 나라다. 사회 문제를 개개인의 시각에서 접근하고 해결하는 것이 아니라, 공동체적인 관점에서 해결하기 위해 노력해왔고, 이러한 노력의 결실이 복지 국가 건설로 이어진 것이다.

<h2 style="text-align:center">복지 국가의 비결, '공동체주의'</h2>

스웨덴을 대표하는 기업인 이케아나 H&M의 제품에서 이를 엿볼 수 있다. 두 회사 제품은 프랑스, 스페인, 이탈리아 등 다른 유럽 국가 제품과는 지향점이 전혀 다르다. 다른 유럽 국가의 가구나 의류 회사들은 자신만의 독특한 감성과 개성을 표출하는 것을 중시한다. 멀리서도 어느 회사 제품인지 확연하게 알아볼 수 있게 회사마다 독자적인 색감과 디자인이 돋보인다.

하지만 스웨덴 기업들은 다르다. 이케아의 가구는 다소 무난하고 밋밋해 보인다. 어느 곳에 놓아도 튀지 않지만 다른 물건들과 쉽게 어울린다. H&M 의류도 마찬가지다. 디자인을 강조한 프랑스나 이탈리아 의류와 달리 일상에서 다른 옷들과 매치해 편하게 입을 수 있는 스타일이다.

이는 스웨덴 특유의 공동체 의식과 무관하지 않다. 스웨덴 사람들은 구성원의 개성을 존중하기보다는 집단 구성원의 일원으로서 사고하는 경향이 높다. 따라서 자신의 개성을 돋보이게 해주는 제품보다는 공동체 일원으로서 무난하게 사용할 수 있는 제품을 더 선호하는 것이다.

스웨덴을 대표하는 또 다른 회사인 볼보는 이 같은 사실을 좀 더 극명하게 보여준다. 과거 자동차 안전벨트는 허리만 두르는 형태였다. 이 때문에 급제동을 하면 고개가 앞으로 숙여져 탑승자가 다치는 경우가 많았다. 당시 많은 자동차 회사가 이를 보완하기 위해 새로운 형태의 안전벨트를 구상했다. 그 과정에서 비행기 파일럿을 보호하는, 가슴을 중심으로 엑스(X)자 형태의 안전벨트가 대안으로 부상했다. 하지만 이러한 형태로 된 안전벨트는 착용이 불편해 사람들이 선호하지 않았다. 이때 볼보가 지금과 같은 허리와 가슴 부위를 대각선으로 가로지르는 안전벨트를 세계 최초로 고안했다.

더욱 놀라운 것은 볼보의 이후 정책이었다. 당시 볼보는 자신들이 고안해낸 안전벨트 특허를 전 세계가 무료로 사용할 수 있도록 허락했다. 많은 사람의 안전을 위해 자신들의 이익을 희생한 것이다. 스웨덴 문화가 그렇듯 개인의 이익보다 공동체를 먼저 고려했다. 이처럼 스웨덴의 제도와 제품, 문화 곳곳에는 공동체 중심의 사고가 숨어 있다.

스웨덴이 상속세를 폐지한 이유

하지만 공동체를 유지하는 것은 단순히 철학이나 의식 구조만으로 구현되는 것은 아니다. 개인의 자율에 많은 희생이 요구된다. 스웨덴의 국세청 시스템이 단적인 사례다. 스웨덴은 국세청을 통해 국민의 개인 소득을 모두 공개하고 있다. 국세청 사이트에서 모든 국민의 연봉을 누구나 조회할 수 있는 것이다. 한때 스웨덴 국세청 슬로건은 '연봉 협상에 사용하세요'였다.

이처럼 개개인의 정보를 공유하는 이유도 공동체와 무관하지 않다. 공동체를 유지하려면 개별 구성원들의 상황을 서로 공유하고, 구성원 중 결핍이 있는 사람에게는 부족분을 보충해주어야 하며, 반대의 경우엔 여유분을 내놔야 한다. 이러한 사회 체계를 원활히 유지하기 위해서는 개개인의 상황을 서로 정확히 파악해야 하는 것이다.

스웨덴이 전 세계에서 남녀 평등 지수가 가장 높은 이유도 여기에 있다. 여성도 남성과 동일한 공동체의 일원이며 따라서 사회적 책임을 다하는 데 누구도 예외일 수 없다. 여성도 일정 나이까지는 사회생활에 적극 참여해야 하는 것이다. 이 때문에 스웨덴은 여성이 사회생활을 원활히 참여할 수 있는 환경을 조성하는 데 어느 나라보다도 적극적이다.

반면 공동체주의가 문제가 되는 사례도 있다. 스웨덴은 지난 2004년 의회의 만장일치로 상속세와 증여세를 폐지했다. 과거 스웨덴의 상속세는 최고세율 70%에 이르렀다. 부의 세습과 집중에 따른 폐단을 막고, 필요 재원을 확보하기 위해 높은 세금을 부여한 것이다. 하지만 이내 적지 않은 폐단이 드러났다. 한 예로 1984년 스웨덴 제약회사 애스트라의 설립자 부인이 사망하자, 자식들이 재산을 상속받게 된다. 상속 재산 대부분은 주식이었고, 이들은 세금을 납부하기 위해 상속받은 회사 주식을 대부분 매각했다. 회사 주식이 대량으로 매도되자 주가가 크게 폭락했고, 결국 상속자들은 주식을 전부 매각했는데도 주가 폭락으로 상속세를 다 내지 못하는 상황에 처했다. 아무것도 상속을 받지 못하게 된 동시에 회사도 위험에 빠진 것이다.

이 일은 다른 기업들에게도 커다란 고민을 안겨주었다. 이케아 설립자 잉바르 캄프라드Ingvar Kamprad가 세금을 피해 스웨덴을 수십 년 동안 떠나 해외에 장기간 체류한 것도 그런 이유였다. 스웨덴을 떠났던 기업과 기업가들은 2004년 상속세가 폐지되자 스웨덴으로 돌아왔다.

사실 스웨덴 정부는 '복지의 천국'이란 명성을 그리 달가워하지 않는다. 난민들이 스웨덴으로 몰리고 있기 때문이다. 스웨덴에서는 난민도 공동체 일원이 된 만큼 일정 수준 이상의 복지 혜택을 받을 수 있다. 스웨덴에 유입된 난민은 2015년에 16만 3,000명, 2016년에 3만 명, 2017년에 2만 6,000명, 2018년에는 2만 2,000명에 달한다. 이는 스웨덴 정부에 고스란히 부담감으로 작용하고 있으며 스웨덴 생활에 적응하지 못한 난민들이 총기 사고 내지 범죄를 일으키는 경우도 늘고 있어 골치를 아프게 하고 있다.

부패 없는 국가를 만든 스웨덴의 비결

전 세계적으로 북유럽 국가들이 조명받을 때가 종종 있다. 그중 하나가 부패가 없는 국가 시스템을 소개할 때다. 스웨덴, 노르웨이, 핀란드 등 북유럽 국가들은 국제투명성기구Transparency International가 매년 발표하는 전 세계 부패인식지수Corruption Perceptions Index, CPI 순위에서 꾸준히 최상위권을 차지한다.

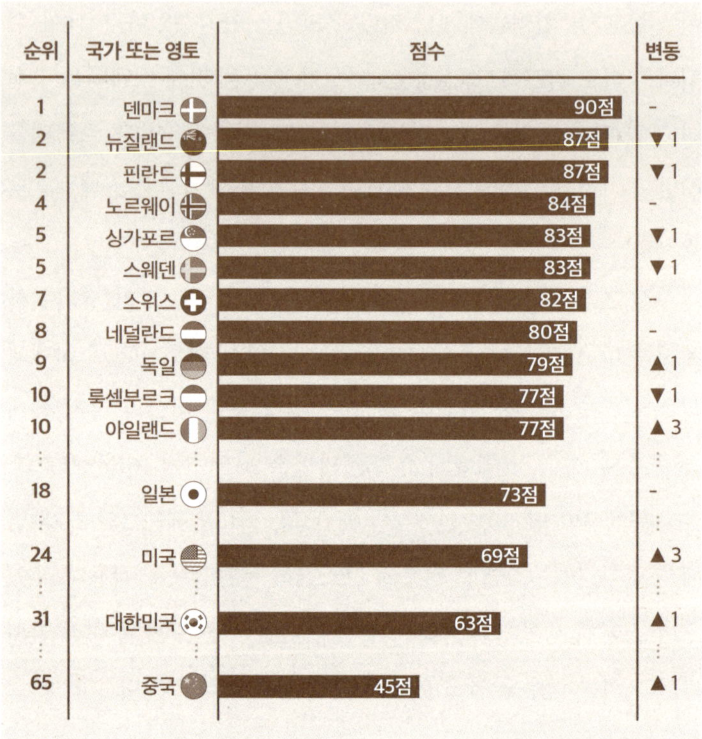

하지만 북유럽 국가들 역시 처음부터 부패가 없었던 것은 아니다. 한때는 부패 수준이 상당히 높았으나, 전쟁, 경제적 궁핍 등 국가가 직면한 역사적 위기 상황 앞에서 투명성을 강화하고 부패를 근절하기 위해 끊임없는 노력을 거쳐 지금의 모습을 갖추게 된 것이다.

스웨덴의 경우를 살펴보자. 스웨덴은 구스타브 3세Gustavus Ⅲ

시대인 1789년에 러시아와의 전쟁에서 패배한다. 이로 인해 당시 자국 영토였던 핀란드를 잃게 되면서 커다란 위기를 맞는다. 또한 당시에는 스웨덴 공직자의 불법 행위도 극에 달했다. 결국 스웨덴 군부는 쿠데타를 일으켜 당시 왕인 구스타브 4세 아돌프Gustav Ⅳ Adolf를 폐위하고, 신헌법을 제정하면서 근대 입헌군주제의 기틀을 마련한다. 오늘날 스웨덴이 현재와 같은 투명한 나라가 될 수 있었던 가장 커다란 계기는 1820년에서 1850년 사이에 이루어진 일련의 변화들이었다.

물론 군사 쿠데타와 특정 시점의 경제 위기만으로 부패가 척결된 것은 아니다. 스웨덴은 그 이전부터 그리고 그 이후에도 지속적으로 부패 척결을 위한 다양한 시도들을 지속해왔다. 1766년에는 전 세계 최초로 정보 공개 관련 법률인 출판언론자유법Freedom of Press Act을 성문화했다. 이러한 시도들은 이전부터 민주화된 국가를 지향하고자 하는 국가적 에너지가 상당한 수준이었음을 방증한다.

스웨덴 정부의 성찰은 이후에도 정기적으로 발현되었다. 제2차 세계대전 이후에는 전쟁의 혼란을 틈타 다양한 비리가 생겨날 것을 우려해 국가 차원에서 선도적으로 공공 공개법Freedom of Information Act을 제정한다. 공공 공개법은 쉽게 말해 정부의 거의 모든 것을 공개해야 한다는 원칙으로, 오늘날의 정보 제공 청구권의 효시가 되었던 법률이다.

스웨덴 국민은 오랜 성찰 끝에 부패 없는 나라를 구축하기 위해

서는 빅뱅 수준의 과감한 개혁 조치를 단행하고, 공직 사회의 부패
나 비리에 대한 엄격한 처벌을 적용하는 무관용이 필요하다고 생
각한 듯하다. 일례로 전 스웨덴 부총리 모나 살린Mona Sahlin이 조
카에게 줄 생필품을 공공 카드로 구입한 사실이 밝혀져 여론의 강
한 질타를 받고 부총리직에서 낙마했는데, 당시 모나 살린이 조카
에게 주기 위해 구입한 생필품은 기저귀와 초콜릿 등이며, 금액으
로는 약 34만 원 수준이었다고 한다.

피카, "우리 함께 차 한잔 할까요?"

부패 척결은 단순히 법이나 제도적인 차원의 체계가 갖추어져 있
다고 해서 달성되는 것은 아니다. 더 정확히 말해 부패는 관련 법
규가 없어서 발생하는 것이 아니라, 국민의 성숙한 시민 의식이 뒷
받침되지 않아 발생하는 것이다. 특히 앞서 언급한 것처럼 일종의
문화 내지 관행으로 오랫동안 스웨덴 국민 사이에 퍼져 있는 습관
을 한 번에 없애기 위해서는 상당히 과감한 수준의 제도 개혁이 필
요하며, 이러한 제도 개혁을 국민이 받아들일 수 있는 수용성도 함
께 요구된다.

이러한 제도적 수용성 차원에서도 스웨덴은 문화적으로 상당
히 준비되어 있었다. 스웨덴에는 '피카fika 문화'가 있다. 피카란 커
피 한 잔에 빵이나 과자를 곁들여 먹으며 잠시 휴식을 취하는 시간
을 말한다. 피카는 커피를 뜻하는 오래된 스웨덴어 '카페kaffe'에서

유래되었다. 스웨덴 사람들이 일상 속에서 가장 즐겨 하는 표현이 "스카 비 피카Ska vi fika?"일 것이다. 우리말로는 "우리 차 한잔 할래요?" 정도의 의미다. 스웨덴 사람들은 하루에 두 번은 꼭 이 말을 한다고 한다.

더욱 중요한 것은 누구에게나 피카를 갖자고 청할 수 있다는 점이다. 피카 문화는 직장 등의 조직 내에서 지위 고하를 막론하고 사람들이 차와 빵을 함께 나누며 다양한 이야기를 나눌 수 있는 기회들을 제공했다. 피카는 모든 직원이 함께하는 어울림의 문화다. 친한 이들 사이의 끼리끼리 문화가 아닌, 모든 사람이 어울리는 '우리'의 개념에 기반한 것이다.

상사와 직원, 동료들은 이러한 문화 덕분에 업무나 사적인 문제에 대해 자유롭게 대화를 나눌 수 있다. 그것도 엄격한 분위기의 회의가 아니라 지극히 자유로운 티타임의 형식 속에서 나누는 대화이기 때문에 감정이 격해질 일도 없고, 곧바로 결론을 낼 필요도 없다. 따라서 대화가 갈등으로 번지는 일도 거의 없다. 또한 수시로 이루어지는 피카 문화는 조직 차원에서 중요한 어젠다가 생겼을 때 열리는 회의와 달리, 항상 여러 사람과 담론을 나눌 기회를 제공해주기 때문에 주요 구성원 간의 화법을 사전에 상당히 이해할 수 있는 기회를 제공해준다.

예를 들어 어떤 사람에게는 "조금 더 생각해 봅시다"라는 표현이 "저는 관심이 없는데요"라는 의미의 표현이기도 하다. 또 다른 사람은 "저도 그 의견이 좋네요"라는 표현을 정말 그 의견이 마음에 들어서 한 말이 아니라 상대방을 배려하기 위한 차원에서 언급하는 경우도 있다. 우리는 실제 누군가와 대화를 나누다 보면, 이러한 개개인의 화법을 파악하지 못해 오해가 발생하고, 문제가 오히려 불거지는 경우를 종종 접한다. 스웨덴 사람들은 피카 문화를 통해서 상대의 의견을 들을 수 있는 훈련과 나의 의견을 상대에게 오해 없이 전달할 수 있는 훈련이 되어 있다.

상대를 배려하는 마음이 담긴 '라곰' 문화

피카 문화와 함께 주목해야 할 것이 '라곰lagom' 문화다. 라곰은 우리식으로 표현하면 너무 많지도 너무 적지도 않은 상태를 의미한다. 쉽게 말해 합리적 '중도' 혹은 '중용' 등으로 해석될 수 있다.

이는 스웨덴 사람들의 중요한 문화적 특성이며 실천 덕목이기도 하다. 라곰이 스웨덴을 대표하는 문화로 자리잡은 사연은 독특하다. 바이킹이 활동하던 시절, 바이킹들은 뿔 모양의 전통적인 술잔을 애용했는데, 이 술잔으로 함께 술을 마실 때 규칙이 하나 있었다. 커다란 뿔 술잔에 술을 가득 채우고 모닥불을 둘러싸고 앉은 전사들이 그 뿔 술잔의 술을 한 모금씩 나눠 마셨다. 처음 사람부터 맨 마지막 사람까지 뿔 술잔이 돌아야 했기 때문에 중간에 누군가가 너무 많이 마시면 맨 마지막 사람이 마실 술이 남지 않았고, 중간에서 술을 아껴 마시면 맨 마지막 사람이 혼자 많은 양의 술을 마셔야 했다. 처음 사람부터 모두가 적당한, 그리고 알맞은 양의

15세기 후반 스칸디나비아 지역에서 쓰였던 은도금 뿔잔.

술을 마셔야 했던 것이다. 라곰 문화는 여기서 출발한다. 이렇게 적당하고 알맞은 수준을 지향하는 라곰 문화의 저변에는 상대방을 배려하는 마음이 담겨 있는 것이다.

라곰 문화는 오늘날의 스웨덴에도 배어 있다. 스웨덴 사람들은 더 많은 돈을 벌기 위해 개인의 삶을 희생하지 않는다. 더 출세하기 위해 밤낮을 가리지 않고 업무에 몰두하는 것도 별로 좋아하지 않는다. 스웨덴에서는 정규직으로 일하고 있었던 사람이 임신을 하게 되면 새로 태어날 아이를 위해 일하는 시간을 줄이고자 자발적으로 비정규직으로 전환하는 경우도 많다. 정규직을 유지한 채 아이를 키우게 되면, 근무 과정에서 다른 사람들에게 피해를 줄 수 있을 뿐만 아니라, 아이에게도 좋은 엄마가 될 수 없다는 마음 때문일 것이다.

지금까지 설명한 피카 문화와 라곰 문화는 스웨덴식 합의 문화를 형성하는 데 크게 기여했다. 과감한 제도를 도입하거나 큰 폭의 개혁을 할 때는 필연적으로 여러 저항이 나타난다. 피카와 라곰 문화는 이때 저항을 최소화하고 특정 제도가 사회적으로 안착하는 데 기여한다. 다시 말해서 숙의deliberation를 통한 쌍방 간 합의를 존중하기 때문에 제도 개혁에 있어서도 성과를 거둘 수 있었고, 아울러 새로운 제도의 집행 과정에서도 마찰이 적었다.

우리 사회는 매번 국가적 리더십을 선택해야 할 순간에 놓일 때마다 특정 후보자의 자질과 잘잘못을 구분하기 위한 날카로운 시선만을 들이댄다. 하지만 이와 함께 좋은 리더들이 많이 배출되지 못하는 우리 내부의 문화적 기질은 없었는지 돌아볼 일이다.

사람보다는 시스템을 믿게 된 나라, 독일

- ◆ 인구 ‖ 8,329만 4,633명 (19위)
- ◆ 화폐 단위 ‖ 유로(EUR, €)
- ◆ GDP(2023) ‖ 4조 3,088억 5,400만 달러 (4위)
- ◆ GDP 성장률(2022) ‖ 1.8%
- ◆ 실업률(2022) ‖ 3.0%
- ◆ 물가상승률(2022) ‖ 6.9%
- ◆ 인터넷 사용 비율(인구 대비) ‖ 91%

지난 2021년 2월, 우리 사회의 가장 뜨거운 화두 중 하나를 두고 불이 붙었다. 미국 하버드 대학교 존 마크 램지어 John Mark Ramseyer 교수가 '위안부는 매춘부와 다를 게 없다'는 내용의 논문을 발표하면서다. 이 발언은 우리 국민의 엄청난 공분을 샀고, 램지어 교수가 오랫동안 일본 정부로부터 여러 지원을 받아온 학자라는 사실이 알려지면서, 해당 문제는 단순히 특정 학자 개인의 주장이 아니라, 일본 정부의 입장이 반영된 결과임이 드러나기도 했다.

이처럼 위안부 문제가 반복해서 제기될 때마다 우리는 일본이라는 나라를 독일과 비교하게 된다. 독일과 일본 모두 전범 국가지만 전쟁 이후 자신들이 저지른 만행을 대하는 태도는 달랐다.

저지른 만행을 반성하다

독일은 제1차 세계대전과 제2차 세계대전을 일으킨 전범 국가다. 제1차 세계대전으로 2,000만 명의 사망자가, 제2차 세계대전으로 5,000만 명의 사망자가 발생하면서 전 세계가 엄청난 희생을 치렀다. 독일은 자신들이 저지른 만행을 전 국민을 대상으로 한 중·고등학교 교과 과정에 담아 교육한다. 단순히 역사적 사실의 관점에서 교육하는 것이 아니라 이러한 만행이 재발하는 것을 방지하기 위해서는 어떻게 해야 하는지를 두고 윤리 교육까지 하는 것으로 유명하다.

독일의 반성은 경제적 보상으로도 드러난다. 1952년 독일-이스라엘 배상 협상을 통해 독일은 제2차 세계대전으로 피해를 입은 유대인 유가족 모두에게 피해 정도에 따라 보상금을 지불해오고 있다. 특히 피해 보상금을 1952년부터 1966년까지 연금 형태로 매달 정기적으로 받을 수 있도록 지급했다. 당시 독일 정부가 이스라엘 국민에게 배상한 금액의 총액은 34억 5,000만 달러(약 4조 4,850억 원)에 달한다. 독일 국민은 정부 차원에서 보상금을 지급했다고 해서 면죄부를 받았다고 생각하지 않았다. 독일의 대표 기업과 정치가, 자산가들은 민간 주도로 전쟁 피해자들을 지원하기 위한 기금을 조성해 160만 명의 피해자들에게 추가적으로 배상하기도 했다.

독일 국민의 이러한 노력은 현재 일종의 문화로까지 자리매김한 듯하다. 독일에서는 한 가지 특이한 장면을 볼 수 있는데, 수업이나 세미나 중 객석에서 질문을 하고 싶은 사람이 자신이 질문이 있음을 표시할 때, 손을 들지 않는다. 손을 드는 행위가 과거 나치 정부의 인사법을 연상할 수 있기 때문이다. 이 때문에 독일인들은 질문이 있을 때 손가락만 위로 올리며 자신의 의사를 표시한다.

시스템의 나라가 되다

독일은 세계대전 이후 폐허 속에서도 단기간에 세계 최고의 경제 대국으로 올라선 것으로도 유명하다. 독일의 이러한 저력을 설명하는 가장 적합한 표현 중 하나가 '시스템의 나라'다.

독일은 국민 개개인의 자질도 우수한 편이지만, 이러한 개개인의 자질에만 의존하지 않고 철저히 시스템에 따라 나라를 운영해 왔다. 대표적으로 정치 제도가 그렇다. 독일은 특정 국왕이 통치해온 국가가 아니라 다수의 영주 국가가 합쳐서 형성된 나라다. 1871년 비스마르크Otto von Bismarck가 독일 제국을 통일하지만 1933년부터 1945년까지 나치 정권에 의해 전체주의 체제로 지내온 기간을 제외하고는 독일의 정치 제도는 연방주의에 기반하고 있다. 제2차 세계대전 이후에도 이러한 역사적 전통을 되살렸고, 독일의 정확한 국가 명칭 역시 '독일연방공화국'이다.

독일의 각 지역들은 자치권을 일정 수준 이상으로 유지하기 위한 권한을 갖고 있다. 하지만 중앙 정부 차원에서 추진해야 할 일들에 대해서는 그 권한을 확실히 인정하고, 중앙 정부의 결정을 철저히 수용하는 수직적 구조 또한 동시에 갖고 있다. 이러한 정치 구조는 특정인 내지 소수의 사람들을 중심으로 국가 전반의 사안이 결정되는 일반적인 국가들과는 달리, 국가의 모든 의사결정이 각 지역 정부의 의견 수렴을 거쳐 이를 취합한 뒤 중앙 정부 아래서 머리를 맞대고 논의해 최종적으로 결정하는 방식으로 진행되게

한다.

　독일의 정당들도 연립 정부를 구축해 시스템 안에서 함께 나라를 운영해왔다. 1969년부터 1974년까지 재임한 빌리 브란트Willy Brandt 총리 정부는 사민당과 자민당의 연정으로 수립된 정부였으며, 1974년부터 1982년까지 재임한 헬무트 슈미트Helmut Schmidt 정부 역시 사민당과 자민당 연정으로 유지됐다. 헬무트 콜Helmut Kahl(1982~1998) 정부는 기민·기사연합, 자민당이 연정, 게르하르트 슈뢰더Gerhard Schröder(1998~2005) 정부는 사민당과 녹색당의 연정 정부였다. 2005년부터 16년간 재임한 메르켈Angela Merkel 정부 역시 2005년부터 2009년까지는 기민·기사연합과 자민당의 대연정으로 수립되어 운영되었고, 2013년 이후부터는 기민·기사연합과 사민당의 연정으로 출범했다.

위기에 대응하는 유연한 시스템

독일에는 국민이 안정적으로 거주하고 생활할 수 있는 시스템을 구축하기 위해 전 세계 최초로 도입한 사회 제도들이 많다. 지금은 많은 국가가 국가 운영의 기본 틀로 삼고 있는 국민연금, 의료보험, 무상 교육 등의 제도를 최초로 시행한 국가가 바로 독일이다.

　현재 독일은 초등학교부터 대학교까지 모든 교육이 무상이다. 또한 앞에서도 이야기했듯이 독일은 전 세계 최초로 실용신안 제도를 법제화했는데 이 제도를 통해 국민들의 소소한 아이디어를

폭스바겐 비틀은 1900년대 중후반 독일 경제의 폭발적인 성장을 상징했다.

존중하고 이러한 아이디어를 통해 경제적 이익을 실현할 수 있는 환경을 구축했다. 이 덕분에 독일은 영국 다음으로 산업혁명을 초기에 완성한 국가가 되었고, 오늘날 전 세계 최고의 제조 강국의 위상을 유지할 수 있는 것이다.

다만 시스템이라는 것이 한 번 구축되었다고 해서 반영구적으로 활용할 수 있는 것은 아니다. 대내외적인 환경이 변화하면, 이에 부합하는 형태로 시스템을 변경해야 한다. 독일도 대대적으로 시스템을 손본 경험이 있다. 독일이 구축한 경제 시스템은 1950~1973년에 연평균 5.9%의 높은 성장률을 기록하며 경제 대국을 건설하는 데 크게 기여했다. 하지만 1970년대 오일 쇼크 이후 성장이 서서히 둔화하기 시작하면서 독일인 스스로도 독일이 만든 시스템에 피로감을 느끼기 시작했다.

그러다 1990년대 들어 막대한 통일 비용을 부담하고, 2000년대 초반 IT 산업이 붐을 일으키면서 전통적인 제조 강국인 독일 경제는 크게 위축되기 시작했다. 2000년대 초반에는 실업률이 12% 수준까지 치솟았다. 이때 독일은 유럽의 약자라는 비아냥까지 듣는다. 독일은 장기간의 경제 침체 속에서 그동안 자신들이 구축해 온 경제 시스템을 대폭 수정해야 한다는 사실을 인지하게 된다. 독일이 '4차 산업혁명'이라는 단어의 발생지가 된 이유도 바로 여기에 있다.

독일은 먼저 자신들이 강점으로 여겼던 산업 경제 시스템을 대폭 수정한다. 2003년 게르하르트 슈뢰더 총리는 전후 최대의 개혁 정책으로 평가되는 '아겐다Agenda 2010'을 발표하면서, 산업 육성 전략뿐만 아니라 노동 제도, 교육 제도 등 사회정책 제도 전반의 개혁을 수립한다. 개혁의 결과, 현재 독일은 국내총생산 기준 미국, 중국, 일본에 이어 세계 4위 경제 대국이자 세계 주요 상품 수출국으로서 세계 경제에서 가장 경쟁력 있는 위상을 차지하고 있다.

최근 독일은 또다시 시스템을 수정하고 보완할 준비를 하고 있다. 2003년 이후 변경된 시스템들이 원활히 작동하지 않는 상황을 자주 겪고 있기 때문이다. 특히 코로나19 여파로 독일 경제가 크게 위축되었고, 브렉시트 등으로 유럽연합 체제마저 수정이 불가피한 상황이다.

특히 코로나19 유행으로 유럽 전역이 경제적인 면에서 반영구적인 피해를 입은 터라 유럽연합의 맏형 역할을 해온 독일의 리더십이 더더욱 요구되는 상황이다. 반세기 전까지 유럽의 전범 국가로 지탄을 받아온 독일이 반세기 뒤에 또다시 불어닥친 유럽의 위기에 어떤 리더십으로 마지막 속죄를 이룰지 지켜볼 대목이다.

유럽과 아시아의 가교, 튀르키예

- ◆ 인구 ‖ 8,581만 6,199명(18위)
- ◆ 화폐 단위 ‖ 튀르키예 리라(TRY, ₺)
- ◆ GDP(2023) ‖ 1조 293억 300만 달러(19위)
- ◆ GDP 성장률(2022) ‖ 5.6%
- ◆ 실업률(2022) ‖ 10.0%
- ◆ 물가상승률(2022) ‖ 72.3%
- ◆ 인터넷 사용 비율(인구 대비) ‖ 81%

국가의 발전사를 살펴보면 그 나라의 지정학적 위치가 결정적인 영향을 미친다는 사실을 알게 될 때가 많다. 그리고 대다수 국가의 국민은 자신들의 지정학적 위치에 적응하거나 때로는 체념하면서 살아가는 게 보통이다. 하지만 튀르키예 사람들은 살기 적합한 장소를 찾아 수천 km를 이동한 보기 드문 민족이다.

돌궐족이자 오스만 제국이었던 나라

오늘날 튀르키예는 아시아와 유럽을 잇는 지점에 위치해 있다. 그 이점을 활용해 튀르키예는 때로는 유럽의 일원으로 활동해왔는데, 일례로 유럽회의는 1949년 런던 조약이 발효되고 몇 달 후 튀르키예를 정회원으로 받아들이기도 했다.

하지만 튀르키예가 처음부터 다른 유럽 국가와 유사한 국가 경제 시스템을 지향한 것은 아니다. 국영 기업과 공공 기업으로 경제를 주도하다가 방향을 튼 게 1980년대다. 경제 정책 입안자들이 보호주의 정책 대신 경제 개방과 투자 유치에 나서면서 이때부터 튀르키예의 경제 정책 방향은 수입 대체 전략에서 수출 주도 전략으로 바뀌었다. 이후 튀르키예는 1996년부터 유럽연합과 돈독한 관계를 유지하고 있으며 북대서양조약기구NATO의 설립 회원국이기도 하다.

지금은 유럽과 더 가까운 나라이지만, 튀르키예는 한때 우리나라의 이웃이었다. 튀르키예 민족의 발원지는 한민족과 같은 알타이산맥으로, 원래 이들은 지금의 울란바토르 지역으로 이주해 우리 민족의 인근에서 함께 살았다. 튀르키예 민족의 조상은 중국 고전에 나오는 '훈'족 내지 '돌궐'족으로, 중국 진한 시대에 흉노족으로 불리던 민족이 지금의 튀르키예 민족이다. 수나라·당나라 시절의 돌궐 역시 튀르키예 민족을 지칭하는 용어이고 위구르 제국, 셀주크 제국 등도 튀르키예에 뿌리를 두고 있다. 고조선과 삼국시대 때만 해도 우리와 자주 어울리던 나라였던 것이다. 하지만 이후 튀르키예 민족은 서쪽으로 이동해 오늘날 위구르, 카자흐스탄, 우즈베키스탄, 투르크메니스탄 등을 거쳐 지금의 튀르키예 지역에 정착했다. 참고로 튀르키예어는 한국어와 같은 알타이어계에 속하여 문장 구조 순서, 모음 조화, 어미 활용 등에 있어서 동일한 원칙을 따르고 있다.

이처럼 우리에게 튀르키예는 흉노, 돌궐, 위구르 등으로 불렸던 나라이지만, 유럽에서 바라보는 튀르키예는 또 전혀 다르다. 유럽의 역사 교과서에서는 튀르키예를 보통 오스만 제국으로 기술한다. 오스만 제국은 1354년 유럽에 진출해 본격적으로 정복 활동을 시작했고 1453년에 오스만의 술탄 메흐메드Mehmed가 콘스탄티노플을 정복함으로써 유럽 전역에 오스만이란 이름을 알리게 되었다. 16세기에는 에게해와 흑해가 오스만 제국의 내해가 되었고, 에티오피아, 예멘, 크리미아를 국경으로 삼았으며, 비엔나까지 그 영토를 확장했다. 하지만 17세기부터 기세가 꺾이면서 1912~1913년 발칸 전쟁으로 불가리아의 마리차강까지 밀렸고, 제1차 세계대전 당시 패전국인 독일측에 가담한 탓에 연합군에게 많은 것을 양보하면서 결정적으로 쇠퇴의 길을 걸었다. 1920년에는 연합국과 세브르Sèvre 강화 조약을 체결함으로써 오스만은 콘스탄티노플의 배후지와 튀르키예의 발생지인 아나톨리아 고원만을 보유하게 된다.

이처럼 튀르키예는 유럽의 역사에도 아시아의 역사에도 동시에 적지 않은 영향을 미친 보기 드문 국가다. 다시 말하면 유럽과 아시아의 징검다리 역할을 수행했던 국가가 바로 튀르키예다. 튀르키예가 유럽과 아시아의 다리 역할을 했음을 상징하는 장소가 바로 '아야 소피아'이다. 아야 소피아는 532년에 건축되었는데 그리스 정교회 성당으로 사용되다가 라틴 제국에 점령당한 1204~1261년에는 로마 가톨릭교회의 성당으로 개조됐는데, 이후 다시 정교회 성당으로 복귀했다. 그러다 오스만 제국 시절인 1453년 5월 29일부터 1931년까지는 또 이슬람 사원인 모스크로 쓰였으며 튀르키예를 대표하는 박물관으로 사용되었다가 지금은 다시 모스크로 바뀌었다. 하나의 성당이 세 가지 종교에 사용되었던 사례는 아야 소피아가 유일하다.

아야 소피아는 비잔티움 건축의 대표작으로 세계에서 손꼽히는 건축물이다.

원래 이슬람 국가들은 타종교에 배타적인 태도를 취하는 것으로 유명하다. 이 때문에 많은 이슬람 국가들은 이전에 다른 종교에서 사용한 사원이나 상징물을 없애기도 한다. 하지만 튀르키예인들은 유럽과 아시아의 가운데 위치해 다양한 문화를 접한 덕분인지 문화적 상대성을 인정하는 남다른 문화를 갖고 있다. 세계적인 문화유산이라 할 수 있는 아야 소피아가 파괴되지 않고 오늘날까지 유지될 수 있었던 이유도 이 때문일 것이다. 튀르키예에서는 이슬람교인이 전체의 99%에 달할 정도로 절대적인 비중을 차지하지만 종교의 자유가 있는 보기 드문 이슬람 국가이기도 하다.

튀르키예와 강대국들의 줄다리기

냉전이 종식된 이후 NATO 최전방 회원국으로서 튀르키예의 전략적 가치가 줄고 있는 것은 사실이다. 하지만 발칸·코카서스·중앙아시아·중동 지역과 유럽 지역의 교차점에 위치한 튀르키예의 지정학적 중요성은 더욱 주목받고 있다. 이 때문에 미국은 제2차 세계대전 이후 튀르키예와 긍정적인 관계를 유지하기 위해 노력해왔고, 튀르키예 역시 1947년 미국의 트루만 독트린을 지지함으로서 미국과 우호적인 관계를 설정한다. 하지만 1974년 튀르키예의 사이프러스 군사 개입으로 1975~1978년 미국이 무기 금수 조치를 취한 이래 한동안 냉담한 관계를 지속하다가 1980년 미국과 '국방 및 경제협력협정DECA'을 맺은 이후부터는 다시 '전략적 관계'로 회복했다. 이는 미 행정부가 튀르키예의 지정학적 중요성을 기초로 과거의 안보 위주 협력에서 다차원적 우호 협력 관계로 끌어올리기 위해 노력했기 때문이기도 하다.

튀르키예의 지정학적 위치가 미국에만 중요한 것은 아니다. 러시아 역시 튀르키예와의 우호적인 관계를 표방하고 있다. 푸틴 총리 역시 정례적으로 튀르키예를 방문해 원전을 포함한 에너지 분야 협력, 비자 면제 협정 등 양국 간의 교류 협력을 위해서 긴밀하게 노력하는 중이다. 구소련 연방이 해체한 이후 양국 관계는 우호적으로 발전하고 있으며, 러시아산 천연가스의 도입 및 송유관 건설, 튀르키예 건설 업체의 러시아 진출 등 실질적인 이해에 기초한 경제 협력 관계를 도모하고 있다.

이러한 미국과 러시아의 노력과는 달리 튀르키예 스스로는 유럽 편입을 위한 노력을 지속하고 있다 해도 과언이 아니다. 튀르키예는 유럽연합의 전신인 유럽경제공동체가 형성된 1987년부터 유럽공동체 편입을 요구했다. 2005년에서야 정식으로 튀르키예의 가입 논의가 시작됐으나 일부 회원국이 반대하면서 절차는 나아가지 않았다. 게다가 2019년에는 유럽의회에서 튀르키예의 유럽연합 가입 논의를 중단해야 한다는 결의안이 가결되며 사실상 모든 절차가 멈췄다.

튀르키예는 1987년 초기에 유럽공동체 정회원국으로 가입했고, 그 이전인 1960년에도 유럽경제공동체 준회원국이었다. 유럽연합 집행위원회는 유럽연합 회원국 확대 대상국별 보고서를 통해 튀르키예에 대해서는 일단 유럽연합 가입 자격은 부여하되, 유럽연합 가입 협상은 가입을 위한 정치·경제적 기준Copenhagen Criteria을 충족한 후 개시한다는 조건을 제시했다. 아울러 민주화, 인권 등 분야에서 튀르키예와의 정치 대화 강화, 튀르키예 법령의 유럽연합 법령과의 조화 등 개혁 사항을 권고했다. 튀르키예 역시 유럽연합의 이러한 요구사항을 적극 반영해 인권 보호 및 민주 개혁 요청 사항을 충족하기 위한 소위 'EU 개혁 법안'을 통과시키는 등 노력 중이다.

유럽과 중동 진출의 거점으로 삼다

우리나라는 지난 2012년에 튀르키예와 FTA 협상을 타결했다. FTA로 양측 모두 수입액 기준 거의 전 품목(약 100%)의 관세를 단계적으로 철폐했다. 무역 구제에 있어서도 세계무역기구 수준 이상의 절차적·실질적 요건을 강화했으며 통상에 관련한 행정 처리 역시 한-EU FTA 또는 WTO와 유사한 수준으로 합의했다.

이처럼 통상이 유리해졌음에도 튀르키예와 비즈니스를 할 때 신중을 기해야 할 이유가 있다. 튀르키예는 회사 설립, 금융 거래, 수출입 통관 절차 등이 복잡하고 까다로운 것으로 유명하다. 튀르키예가 중동과 유럽 사이에 위치한 만큼 테러의 위험에 노출돼 있기 때문이다. 테러 위험을 줄이기 위해 까다롭게 행정을 처리하는 것이다.

튀르키예의 사업가와 비즈니스를 시작할 때 참고할 만한 팁이 있다. 튀르키예 사람들은 비즈니스를 할 때 선물을 주고받는 걸 즐긴다. 돈이나 상품권과 같은 뇌물 성격의 선물이 아니라, 마음을 전하는 다과 또는 찻잎 등을 주고받는다. 우리나라는 불필요한 선물을 주고받는 걸 금기시해 어색할 수 있지만 튀르키예 비즈니스에서는 선물을 주고받는 게 거래의 첫 단추라 할 수 있다.

튀르키예 사람들은 우리나라처럼 실내에서 신발을 벗고 생활한다. 그래서 실내에서 신발을 벗는 장소가 많다. 이 때문에 튀르키예 방문이 처음인 사람들은 종종 신발을 신고 실내로 들어가는 실수를 하기도 한다. 튀르키예인들은 또 동아시아 사람들처럼 지인과의 관계를 중시한다. 따라서 튀르키예에서 비즈니스를 이어갈 때는 특히 현지 업체와의 파트너십 구축이 필수적이다. 국제 입찰의 경우에도 현지 유력 업체가 포함된 컨소시엄이 수주하는 게 일반적이다.

지금 우리나라 기업 중 상당수가 저렴한 인건비와 유럽과의 원활한 통상 환경에 주목해 튀르키예를 유럽 진출의 제조 거점으로 삼고 있다. 튀르키예의 현대자동차 공장에서 만든 자동차는 유럽과 중동에 수출된다. 현대로템도 튀르키예에 철도 공장을 두고 있고, 효성 공장 역시 해당 분야의 세계 1위를 자랑하는 설비를 튀르키예에 갖추고 있다.

이처럼 우리나라의 여러 기업이 튀르키예에 제조 설비를 두는 건 튀르키예 인접 국가로의 진출이 용이하기 때문이다. 중동의 이집트, 요르단을 비롯한 6개국이나 북아프리카 지역에는 FTA를 체결하지 않은 국가가 많다. 튀르키예에 법인을 설립해 운영하는 건 이들 국가에 제품을 수출하기 위해서이기도 하다.

튀르키예는 중앙아시아의 카자흐스탄, 우즈베키스탄, 투르크메니스탄 등에 진출하는 데도 최적지라고 할 수 있다. 이들 국가는 튀르키예의 형제국으로 볼 수 있다. 튀르키예 민족이 서쪽으로 이동하는 와중에 일부가 중앙아시아에 정착, 오늘날까지 살아왔기 때문이다. 튀르키예어와 이들 국가의 언어도 상당히 유사해 30~40% 정도는 서로 알아들을 수 있는 수준이다. 현재 중앙아시아에 위치한 국가들은 제조 능력이 취약해 튀르키예에서 수많은 생필품과 공산품을 조달하고 있다. 이러한 관계를 생각해보면 튀르키예에 진출하는 건 단순히 튀르키예 한 나라에만 진출하는 것이 결코 아니다.

지금 우리나라 기업들은 튀르키예 내수 시장에도 관심을 드러내고 있다. SK플래닛은 튀르키예 현지 업체인 더그스 그룹Dogus Group과 손잡고 전자상거래를 전문으로 하는 합작회사를 설립했는데, 2013년에 공동으로 출범한 'n11.com'은 튀르키예의 최대 온라인 소매업체로 자리매김했다. CJ CGV 역시 튀르키예 현지법인을 인수해 영화관 시장에 진출했다. 이 밖에도 튀르키예에는 삼성전자, LG전자를 비롯해 현대건설, SK건설 등의 건설회사, 포스코와 같은 철강회사, 한국남동발전과 한화큐셀 같은 에너지 관련 회사, 대한항공 등의 항공운송 회사 등 다양한 분야의 회사가 진출해 있다.

한때 이웃 나라이자 형제 국가였던 튀르키예였지만 지금은 물리적으로 먼 국가인 것이 사실이다. 하지만 우리가 튀르키예와 여전히 좋은 관계를 유지해야 할 이유는 어쩌면 오늘날 더 많아진 게 아닌가 싶다.

인종 차별의 역사를 딛고 도약하는 남아프리카공화국

- ◆ 인구 ‖ 6,041만 4,495명(24위)
- ◆ 화폐 단위 ‖ 남아프리카공화국 랜드(ZAR, R)
- ◆ GDP(2023) ‖ 3,990억 1,500만 달러(39위)
- ◆ GDP 성장률(2022) ‖ 2.0%
- ◆ 실업률(2022) ‖ 29.8%
- ◆ 물가상승률(2022) ‖ 7.0%
- ◆ 인터넷 사용 비율(인구 대비) ‖ 72%

2021년 여름, 국내외 언론에 가장 많이 등장했던 국가를 하나 꼽으라면 남아프리카공화국이 아닐까 싶다. 제이컵 주마Jacob Zuma 전 대통령의 체포에 반대하기 위한 시위가 남아공 전역에서 벌어져 주요 뉴스로 다뤄졌다. 시위는 폭동으로 이어져 전국 곳곳에서 대규모 약탈 사태가 일어났고, 이 과정에서 남아공 현지에 진출한 우리 기업의 공장이나 매장 등도 피해를 입었다. 사실 사하라 이남 아프리카의 전문가들과 남아공 현지 상황을 익히 알고 있는 사람들 사이에서는 이러한 폭동을 어느 정도 예견된 일로 받아들였다. 남아공 사회에 겹겹이 쌓인 오랜 불평등의 앙금이 코로나19 유행을 계기로 수면 위로 올라왔다는 게 그들의 설명이다.

온화한 기후와 풍부한 지하자원

유럽인이 남아공에 가장 먼저 정착한 이유는 남아공의 기후 환경이 무척 쾌적하기 때문이다. 우리가 떠올리는 아프리카의 이미지는 무더운 날씨와 드넓은 초원, 그리고 다양한 야생 동물의 서식지

정도인 경우가 많다. 하지만 남아공에 가면 이러한 이미지와는 전혀 다른 풍광이 펼쳐진다. 남아공을 대표하는 도시인 케이프타운과 요하네스버그는 과거 유럽인이 이주하기 시작한 즈음에는 최고기온이 30℃를 넘지 않는 온화한 기후가 연중 이어졌다. 폭우나 가뭄, 태풍과 같은 별다른 자연재해도 겪지 않았다.

온화한 기후 덕에 케이프타운 근처는 와인 애호가들이 선호하는 와인 산지이기도 하다. 이러한 자연환경 때문에 남아공을 지구 남반구에 있는 유럽 혹은 지중해라고 부르기도 한다. 일찍이 영국 국영 방송 BBC와 〈뉴욕타임스〉 같은 매체들은 죽기 전에 꼭 가봐야 할 관광지 중 하나로 남아공을 꼽기도 했다.

하지만 유럽인이 아프리카의 거점 지역으로 남아공을 선택한 이유가 날씨 하나만은 아니다. 남아공의 풍부한 지하자원도 매력적이었다. 남아공에는 세계 크롬 매장량의 35.7%, 망간의 30.3%, 형석의 13.2%, 금의 11.1%가 매장되어 있다. 세계 5위 다이아몬드 생산국이기도 하다. 철광석도 풍부하게 매장되어 있다. 철강 산업은 남아공 정부가 꾸준하게 집행하고 있는 인프라 확충 프로젝트를 기반으로 전체 제조업 생산량의 약 20%를 차지하고 있다. 최근에는 남아공 모셀베이Mossel Bay 인근에서 석유 10억 배럴과 대규모 가스전이 발견되어, 향후 에너지 산업의 발전마저 기대되는 상황이다.

지독한 인종차별 정책의 후유증

남아공의 쾌적한 기후 환경과 풍부한 지하자원은 남아공의 보물이었지만 이는 유럽계 백인들을 대거 유입시켜 남아공이 비운의 역사를 맞는 원인이 되기도 했다. 유럽계 백인들은 최근까지도 아프리카계 원주민과 자신들을 철저히 차별하는 인종 분리 정책을 펼쳐왔다.

아파르트헤이트Apartheid. 남아공의 인종 차별 정책을 칭하는 이름이다. 아파르트헤이트의 본래 의미는 '격리'로 1948년부터 법률로 공식화된 인종 차별 제도다. 이 제도는 모든 사람을 백인, 흑인, 컬러드(유색인), 인도인 등 네 가지로 구분한다. 이렇게 구분한 인종을 출입금지 구역을 지정하고 거주지를 구분하는 법적 근거로 사용했다. 특히 통행증이 없으면 흑인은 자신의 거주지 외 다른 지역을 방문할 수조차 없었고, 곧바로 법원에 넘겨져 구속됐다. 공공시설물도 철저하게 구분해 사용했는데, 우체국 등 공공 건물이나 해변 등 공공장소에서 백인과 흑인의 이용 공간, 출입구 등이 모두 달랐다. 심지어 공중 화장실도 서로 다른 출입구를 사용해야 했다.

아파르트헤이트 관련 법률 중 가장 악명 높은 법률은 1959년 제정된 반투스탄법Bantustan Self-Government Act이다. 남아공 흑인들은 여러 부족으로 나뉘는데 이 때문에 남아공의 공식 언어는 11개나 된다. 반투스탄법은 이러한 남아공 현지의 상황을 악용해 줄루, 코사족 등 약 10개에 달하는 흑인 부족들에게 명목상의 자치정권

남아공 더반의 조례에 따라 백인만 쓸 수 있는
해변임을 알리는 표지판.

을 부여하겠다며, 각각의 부족이 특정한 영토 내에서만 살도록 강제했다. 하지만 이들에게 부여한 영토는 원래 해당 부족민이 살고 있는 영토의 10분의 1 수준이었으며, 여기에 더해 가장 척박한 땅을 배정했다. 반투스탄법으로 1960년부터 1994년까지 약 350만 명이 한순간에 생활 터전을 잃고 극빈층으로 떨어져야만 했다. 극빈층으로 전락한 계층에는 심지어 남아공 국민이 아닌 외국인 체류자 신분이 부여되었고, 최저 임금 이하의 저임금으로 노동력을 착취당해야 했다.

반투스탄법으로 극도로 열악해진 남아공 흑인들은 결국 자신들의 권익을 보호해줄 단체, 정당을 만든다. 하지만 남아공 백인들이 이 정당을 공산주의 정당으로 몰아세우며 지속적으로 탄압한다. 아파르트헤이트의 거대한 벽이 무너지는 건 남아프리카공화국 대통령으로 당선된 넬슨 만델라Nelson Mandela가 1994년 4월 27일에 완전 폐지를 선언하고서다. 남아공의 실질적인 독립은 이때 달성된 것으로 볼 수 있다. 유럽에서 이주해온 백인들이 쾌적한 기후 환경과 풍부한 지하자원을 보유한 남아공만큼은 아프리카인들에게 돌려주고 싶어하지 않았지만 말이다.

어려운 경제 상황에서 재도약을 노리다

남아공은 억압으로부터 벗어난 지 30년밖에 되지 않는 신생 독립 국가다. 그 사실을 쉽게 확인할 수 있는 방법이 있다. 남아공에서는 아침에 출근하거나 복도에서 누군가를 마주쳤을 때, 아랫사람이 윗사람에게 먼저 인사를 건네지 않는다. 이러한 문화 때문에 처음 남아공에 진출한 기업 내지 주재원들은 당혹스러워할 때가 많다.

하지만 이는 최근까지 남아공을 지배했던 인종 차별 정책 때문이다. 과거 흑인이 억압받던 시절, 흑인이 먼저 백인에게 말을 걸거나 하면 버릇없다거나 주제넘게 군다는 지적을 받는 경우가 흔했다. 이러한 경험을 가진 남아공 사람들은 지금도 먼저 인사를 건네는 경우가 드물다. 20세기형 노예제이자 신분 제도인 아파르트헤이트가 철폐된 지 불과 30년 정도밖에 지나지 않았기에 이처럼 아직까지도 남아공 곳곳에서는 그 잔재가 남아 있다. 남아공의 주요 도시마다 핵심 도심부에는 부유한 백인과 아시아인이 거주하고 있고, 외곽 지역은 흑인 빈민가로 채워져 있는 실정이다.

남아공은 1970년대까지만 하더라도 전 세계적으로 손꼽히는 높은 경제성장률을 기록해왔던 나라다. 사실 이러한 경제적 성과는 철저히 흑인의 억압과 희생으로 달성한 것이다. 하지만 이후 흑인의 인권과 권익을 본격적으로 보호한 시기와 맞물려 경제성장률은 점차 떨어진다. 2014년 이후부터는 연속 1%대의 낮은 성장률을 기록하고 있으며, 급기야 2018년 0.8%, 2019년 0.2%로 2년 연속 0%대 수준의 성장률을 기록하고 있는 중이다. 실업률의 경우에도 남아공 통계청이 발표한 자료에 따르면, 2021년 1분기 실업률은 32.6%에 달했는데 특히 청년 실업률이 46.3% 수준이다. 이 때문에 남아공의 인구 6,000만 명 중 절반 가까이가 절대 빈곤 상태에 놓여 있는 실정이다. 최근 남아공 경제의 어려움의 원인으로는 인종 차별 정책의 후유증뿐만 아니라 남아공 광산 노조의 임금 인상 요구 및 파업, 남아공 통화인 랜드화 가치 하락, 정부 부채 증가 등이 꼽힌다.

지도를 보면 우리나라에서 가장 먼 거리에 놓인 국가지만 남아공은 우리와 각별한 관계가 있다. 남아공은 일찍이 한국전쟁에 참전해 공군대대 826명을 파견한 바 있다. 이러한 인연이 이어져 코로나19 유행으로 어려워진 남아공 국민을 돕기 위해 한국전쟁 참전용사들이 남아공에 구호품을 전달해주기도 했다.

국내에 체류 중인 남아공 국민의 숫자도 적지 않다. 현재 우리나라에서 실질적으로 영어 강사용 비자를 받을 수 있는 나라는 남아공을 포함해 미국, 캐나다, 영국, 호주, 뉴질랜드, 아일랜드 등 7개 국가에 한정되어 있다. 그렇기 때문에 국내 체류 중인 남아공인은 2021년 기준 2,600명에 달한다. 이는 아프리카 국가 중 가장 높은 수준이다.

남아공은 아프리카 국가 중 우리 교민이 가장 많이 체류하고 있는 국가이기도 하다. 아프리카 진출의 관문 역할을 수행하기 때문이다. 남아공은 다른 아프리카 국가와 달리 산업적 인프라를 가장 잘 갖췄을 뿐만 아니라 제철, 기계, 화학, 섬유, 자동차 등 다양한 산업이 발달해 있다.

실질적인 독립을 달성한 지 얼마 안 된 남아공은 코로나19 유행을 지나며 커다란 어려움에 직면해 있는 듯하다. 과거 우리를 도와준 남아공 국민들에게 우리는 어떠한 도움을 줄 수 있을지 고민해볼 필요도 있지 않을까.

이들은 왜
영세중립국이 되었을까

요즘 러시아-우크라이나 전쟁 때문에 다시금 주목받는 개념이 하나 있다. 바로 '영세중립국'이다. 우크라이나가 러시아와 종전 협상을 하는 과정에서 나토 가입을 포기하는 대신 향후 영세중립국화하겠다고 제안했기 때문이다.

영세중립국은 특정 국가가 스스로를 영세중립국으로 선포한다고 해서 인정되는 것이 아니다. 중립의 국제적 지위는 해당 중립국과 그 지위를 인정하는 관련 국가들 간의 명시적 혹은 묵시적 합의에 의해 성립되는 상대적 지위다. 따라서 특정 국가가 영세중립국이 되기 위해서는 국제법에 따라 '중립'을 보장받아야 한다.

현재 국제적으로 영세중립국의 법적 지위를 갖고 있는 국가는 스위스, 오스트리아, 트루크메니스탄, 바티칸 등이다. 하지만 이들 국가들이 국제법상 영세중립국의 지위를 갖게 된 배경과 절차는 각각 다르다.

1815년 빈 회의 통해 중립국이 된 스위스

스위스는 1499년 독립 이후로 영세중립국을 지속적으로 표방해왔다. 스위스는 지정학적으로 4~5개의 국가에 인접해 있으며, 그것도 독일, 프랑스, 오스트리아, 이탈리아 등 전부 강대국으로 둘러싸여 있기 때문이다. 이러한 환경에서 스위스는 자국을 보호하기 위해서는 주변 국가의 분쟁에 휘말리기보다는 분쟁에서 벗어나는 것이 더 적절하다고 판단했다. 스위스가 국제 사회에서 영세중립국으로 인정받은 것은, 1815년 프랑스 혁명과 나폴레옹 전쟁 후 유럽의 질서를 바로잡고자 각 나라가 영토를 분할하기 위해 모인 빈 회의를 통해서다.

스위스는 역사적으로 15~16세기부터 영세중립국을 표방해왔기 때문에 오늘날 영세중립국의 대명사처럼 여겨지고 있으며, 그뿐만 아니라 영세중립국이 가질 수 있는 다양한 경제적 혜택도 독차지하다시피 하고 있다. 스위스는 영세중립국이 된 덕분에 제1, 2차 세계대전도 피할 수 있었으며, 냉전 시기에도 중립을 유지할 수 있었다.

영세중립국으로서 스위스가 취한 이득은 단순히 손실을 피하는 데 그치지 않는다. 스위스는 현재 국제 정치의 중심 무대 역할을 하고 있다. 세계무역기구, 국제적십자사Red Cross, 국제보건기구WHO, 국제노동기구ILO, 세계지식재산기구WIPO 등 30여 개의 주요 국제 기구가 스위스에 있고, 250개에 달하는 국제 NGO 단체의 본사가 위치해 있다. 국제올림픽위원회IOC, 국제축구연맹FIFA 본부 역시 각각 로잔과 취리히에 있다.

하지만 스위스가 아무 대가 없이 이득만 취한 것은 아니다. 국제법상 중립의 의무를 저버리고 교전국을 지원하거나 교전국에 편의를 제공할 경우 해당 국가의 중립국 지위는 소멸된다. 이 때문에 영세중립국을 표방해온 스위스는 유럽의 강력한 군사동맹인 NATO 회원도 아니며, 유럽연합에도 가입하지 않고 있다. 심지어 스위스는 유엔에도 한동안 가입하지 않다가 국민투표 결과에 따라 2002년에서야 정회원 국가로 공식 가입했다.

소련이 마음을 바꿔 중립국이 된 오스트리아

스위스가 오래전부터 스스로 영세중립을 표방하다 근 2세기 뒤에나 이를 달성했다면, 오스트리아는 전혀 다른 경로로 영세중립국이 되었다. 오스트리아는 제2차 세계대전 당시 히틀러의 강압에 의해 독일 나치와의 동맹을 수용한다. 결국 패전국이 되어 1945년 7월 4일 모스크바 선언에 따라 미국, 영국, 프랑스, 소련 4개국이 오스트리아를 각각 분할 통치한다.

오스트리아 국민들은 이러한 분할 통치에서 벗어나기 위해 4개 국가 어디에도 포함되지 않는 영세중립 정책을 추진하기 시작했다. 하지만 오스트리아의 영세중립 추진 과정은 스위스의 경우와 상당히 다른 양상으로 전개된다. 먼저 오스트리아의 영세중립 추진에 미국은 호의적이었다. 미국 입장에서는 오스트리아가 소련 쪽으로 넘어가지만 않는다면 중립국이 되어도 상관이 없었기에 오스트리아를 마셜 플랜을 통해 적극 지원했다. 반면 스탈린Joseph Stalin의 소련은 오스트리아의 중립화를 못마땅해했다. 소련은 오스트리아가 공산화하길 원했기 때문이다. 소련이 오스트리아의 초기 임시 총리로 당시 명망 있는 사회주의자 카를 레너Karl Renner를 추천한 이유도 그 때문이다. 하지만 레너는 소련의 기대와 달리 사회주의 국가 건설이 아니라 강력한 독자 노선을 견지했다. 레너는 임시 정부를 구성할 때에도 공산당뿐만 아니라 사회당과 국민당 등 좌우 세력을 고루 안배한 중도 정부를 수립했다.

상황이 이렇다 보니 오스트리아는 소련의 반대로 인해 영세중립국의 지위를 이루지 못하고 있었다. 그러다 1953년 스탈린이 세상을 떠나고, 뒤이어 흐루쇼프Nikita Khrushchev가 권력을 잡았다. 당시 흐루쇼프는 서방 국가와 소련이 상호 평화적으로 공존하길 희망했고, 그것이 서유럽과 동유럽의 중간쯤 위치한 오스트리아의 영세중립국을 허용하는 계기가 되었다. 결국 세계 55개국이 오스트리아의 영세중립국을 승인함으로서 오스트리아는 영세중립국이 될 수 있었다.

암묵적 합의로 중립국이 된 코스타리카

코스타리카는 우리에겐 잘 알려지지 않은 영세중립국이다. 중남미 남부 지역에 위치한 코스타리카는 여느 중남미 국가와는 다른 경로로 발달한 국가다. 코스타리카는 1890년 중남미에서 최초로 자유 선거를 실시한 후 1948년 독립국이 되었다.

코스타리카는 1948년 대통령 선거 결과로 정부와 군부가 대립하는 내전이 6주간 벌어졌다. 이 내전으로 인해 국민 2,000여 명이 사망했으며, 이후 코스타리카는 군부 쿠데타를 제압한 뒤 또다시 군부 세력이 등장하는 일을 막기 위해 1949년 11월 평화헌법을 채택하고, 군대를 해산했다. 국방비 예산은 교육 예산으로 전용해 국가 예산의 30%를 교육비로 사용했다.

이후 코스타리카는 자신들의 이러한 전통을 유지함과 동시에 국가 안보를 보장받기 위해 1980년 유엔평화대학을 설립했으며, 인근 국가와의 갈등이나 무력 대립을 피하기 위해 1983년 11월 17일에 비무장 영세중립 정책을 선언한다. 그리고 이러한 코스타리카의 선언을 두고 주변 국가가 묵시적 승인을 함으로써 국제적 영세중립국의 지위를 갖게 되었다. 코스타리카는 국제 사회에서 그리 큰 비중을 차지하는 국가도 아니며, 다른 국가들과 경제적·안보적으로 크게 얽힌 것도 아니었다. 그렇기 때문에 앞선 스위스나 오스트리아와 달리 인근 국가들의 암묵적 승인만으로도 영세중립국의 지위를 얻을 수 있었다.

중립국 지위를 포기한 나라들과 한국

한 번 영세중립국이 되었다고 해서 그 지위가 영원히 지속되는 것은 아니다. 대표적으로 벨기에가 그렇다. 1914년 발생한 제1차 세계대전 중 벨기에는 독일에 의해 침범되었으며, 유럽 열강들은 벨기에의 영세중립을 지키지 못했다. 결국 벨기에는 연합국의 일원으로 전쟁에 참전했고, 승전국이 되었으며, 1919년 6월 제1차 세계대전을 종결하는 베르사유 조약에서 영세중립국 지위를 포기했다.

룩셈부르크 역시 1867년 12월 인근 유럽 국가들로 하여금 영세중립국의 지위를 승인받았다. 하지만 1940년 5월 독일의 침공을 당했을 때, 스스로 영세중립 정책을 포기하겠다고 선언했고, 영국에 망명 정부를 세워 연합국의 일원으로 전쟁에 참가했다. 전쟁 후에는 NATO에 가입했다.

과거 우리나라도 영세중립국이 되고자 한 때가 있다. 대한제국 시절 주변 강대국의 영향에서 벗어나 독립국을 유지하기 위해 영세중립국 논의를 전개한 바가 있다. 당시에는 논의에 그쳤지만 앞으로 통일 이후의 국가 체제를 논의할 때 또다시 영세중립국 이슈가 대두될지도 모를 일이다. 이러한 논의를 앞두고 기억해야 할 점은 영세중립국이라고 해서 모두 같은 것은 아니며, 시대적 요구와 주변 국가와의 이해관계 속에서 그 내용과 진행 과정이 전혀 다를 수 있다는 것이다.

‖ 중립을 선언한 국가들 ‖

중립국	선언 시기
스위스	1815년
리히텐슈타인	1868년
스웨덴	1919년
바티칸 시국	1929년
아일랜드	1939년
멕시코	1945년
모나코	1945년
산 마리노	1945년
일본	1947년
코스타리카	1949년
오스트리아	1955년
핀란드	1956년
싱가포르	1965년
몰타	1980년
파나마	1989년
몰도바	1994년
투르크메니스탄	1995년
세르비아	2007년
르완다	2009년
우즈베키스탄	2012년
몽골	2015년

Darién Gap

인류의 손이 닿지 않은 미지의 영역, 다리엔 갭

- ◆ 위치 ‖ 파나마-콜롬비아 국경 지대
- ◆ 면적 ‖ 약 5,790km^2(다리엔 국립공원)
- ◆ 지대 ‖ 열대우림, 늪

자동차로 전 세계를 여행하면 얼마나 좋을까 하는 생각을 한번쯤 해본 적이 있을지 모른다. 아메리카 대륙에서 유럽으로 넘어올 때만 배를 이용하면 충분히 가능할 것처럼 보인다. 하지만 자동차 세계 일주의 부푼 꿈을 몽상으로 바꿔버리는 곳이 있으니 다름 아닌 '다리엔 갭darien-gap'이다.

다리엔 갭은 파나마의 야비사Yaviza와 콜롬비아의 투르보Turbo 사이에 존재하는, 길이 160km, 폭 50km의 정글과 늪지대로 지구에서 가장 우거진 오지 중 하나다. 다리엔 갭은 미국 알래스카부터 아르헨티나 남단까지 이어지는 팬아메리카 고속도로(총 연장 4만 8,000km)가 유일하게 끊기는 구간이기도 하다. 오지 탐험을 좋아하는 여행객들은 보통 여행 전에 보험에 가입하는 경우가 많은데 다리엔 갭은 보험조차 가입이 안 되는 지역으로도 유명하다.

그렇다면 다리엔 갭에는 왜 이처럼 인류의 손길이 닿기 힘들었을까? 독충과 악어, 재규어와 아나콘다가 있는 정글이기 때문일까? 물론 과거에는 이러한 자연 조건 때문에 다리엔 갭을 지나기가 어려웠던 적도 있다. 17세기 스코틀랜드에서 다리엔 갭 인근에

도시를 건설하려고 했지만, 정글과 늪지대 환경과 전염병으로 공사가 중단된 바 있다. 이후 미국의 건설사들이 다시금 도전했지만 역시나 도시를 완성하지는 못했다.

하지만 자연을 개척할 기술을 충분히 가진 지금까지도 다리엔 갭에 접근하기 힘든 이유는 다른 데에 있다. 중남미 마약 조직과 콜롬비아무장혁명군FARC이라고 불리는 반군이 해당 지역을 장악하고 있기 때문이다. 원시림 자체가 온전히 보존된 다리엔 갭은 숨어 지낼 수 있는 요새로 안성맞춤이기도 하다. 이 때문에 정부군에 밀린 콜롬비아 반군이 이곳에 숨어든 것이다. 마약 조직원들 역시 다리엔 갭을 이동 루트로 삼았고, 자연히 여행객을 노리는 범죄도 끊이지 않았다.

다리엔 갭 개발을 원하지 않는 주변 국가들

다리엔 갭의 위험성을 확인할 수 있는 사례가 하나 있다. 〈내셔널 지오그래픽〉의 에디터인 로버트 펠턴Robert Felton은 2003년에 이 지역을 여행하던 중 콜롬비아무장혁명군에 납치됐다가 열흘 만에 풀려난 적이 있다. 그는 훗날 출간한 자신의 저서에 당시의 상황과 기술했다.

"다리엔 갭은 (지구상에서) 아직 탐사되지 않은 마지막 지역일 뿐 아니라, 사람들이 진심으로 가기를 꺼리는 마지막 지역이다. 완전히 원시 정글인 데다 가시덤불, 말벌, 뱀, 도적떼, 범죄자, 그밖에 위험한 모든 것이 다 있다."

다리엔 갭이 여전히 개발되지 않는 이유를 다른 관점으로 해석하는 이들도 있다. 경제성만을 생각한다면 조속히 개발해 남미와 북미 지역의 연결고리로 삼는 것이 훨씬 유리할 수도 있다. 도로가 생겨 트럭으로 중남미를 오갈 수 있게 된다면 경제적 파급력이 클 것이고, 중남미의 어려운 상황에도 도움이 될 것이기 때문이다. 하지만 원활하게 다닐 수 있는 이동 통로는 부정적인 요인들도 그만큼 수월하게 이동할 수 있는 기회를 제공한다. 이러한 우려가 개발을 꺼리는 이유라고 보는 것이다.

특히 미국 입장에서는 이전보다 더 많은 양의 마약이 들어올 가능성이 높다고 판단할 수 있다. 중남미 국가들은 자신의 땅을 경유해 미국으로 가려는 이주자들에게 개방적인 국경 정책을 제공하고 있는데, 미국은 중남미 국가들의 정책이 미국에 위협이 될 수 있음을 지적하고 있다. 게다가 다리엔 갭이 개발되어도 콜롬비아의 마약 카르텔은 또 다른 인근 원시림으로 숨어들 가능성이 크다.

콜롬비아 입장에서도 다리엔 갭 개발은 적지 않은 부담을 준다. 지금도 상존하는 반군 세력들이 다리엔 갭이 개발되어 도로, 철도 등을 이용하면 더욱 빈번히 공격을 감행할 수 있다고 보기 때문이다. 파나마와 콜롬비아의 사이가 좋지 않은 것도 개발을 가로막는 요인이다. 콜롬비아로부터 독립한 파나마는 여전히 콜롬비아와 좋은 관계가 아니다. 그나마 양국을 오가던 페리 역시 정치적 문제로 중단되는 경우가 많다. 바닷길이 막히면 당장 건너가야 하는 사람

2022년 11월 20일, 다리엔 갭의 거칠고 위험한 진흙 길을 건너는 사람들.
지금도 이들은 아메리칸 드림을 향해 목숨을 걸고 다리엔 갭을 건넌다.

들은 목숨 걸고 다리엔 갭을 통과할 수밖에 없다.

또한 파나마는 남미에서 올라오는 불법 이민자들을 막기 위해 국경을 봉쇄하거나 이들을 감독하는 데 소극적이다. 남미에서 미국으로 가기 위해서는 파나마를 거쳐 코스타리카와 니카라과, 온두라스, 과테말라를 지나, 멕시코 북부 소노라 사막을 건너야 미국 국경 지대에 도달할 수 있다. 파나마 입장에서는 불법 이민자가 미국으로 들어가는 문제는 자신들만의 책임이 아니라 이민자가 경유하는 모든 국가가 함께 책임져야 할 문제라는 것이다. 이러한 핑계로 파나마는 막대한 자금이 필요한 국경 관리에 손을 놓고 있다.

이처럼 인류의 손길이 닿지 않던 다리엔 갭이 최근 국제 사회에 주목을 받고 있다. 극심한 경제난에 빠진 남미의 국민들이 미국으로 불법 이민을 가기 위해 다리엔 갭을 건너고 있기 때문이다. 다리엔 갭이 위험천만한 밀림임에도 불구하고 수많은 남미 사람들이 다리엔 갭을 건너는 이유는, 그나마 배나 비행기를 타고 가야 하는 유럽보다는 이주가 수월해서다. 게다가 미국은 지금도 세계 1위의 이주자 수용 국가다. 다시 말해 어떻게든 미국에 도착하기만 하면 새로운 기회를 얻을 수 있다고 보는 것이다.

파나마 이민 당국의 집계에 따르면 2013년에 다리엔 갭을 거쳐 파나마에 들어온 불법 이주자는 3,078명이었으나, 2022년에는 25만 명으로 급증했다. 콜롬비아와 접경국인 브라질과 에콰도르의 출입국 문턱이 낮아진 것도 콜롬비아-파나마 국경 지대를 거쳐 미국으로 가려는 밀입국자가 늘어난 것에 한몫했다. 두 나라는 2008년부터 모든 관광객에게 무비자 입국을 허용하고 있다.

인권 보호의 사각지대, 다리엔 갭

다리엔 갭을 지나 미국으로 가고자 하는 사람들은 엄청나게 늘고 있지만 다리엔 갭을 지나는 이들은 여전히 성폭력, 인신매매, 범죄 조직의 강탈을 비롯한 수많은 폭력에 무방비로 노출되어 있다. 정확히 말하면 다리엔 갭을 지나기 위해서는 콜롬비아 마약 조직원들의 도움과 보호를 받아야 한다. 그뿐만 아니라 다리엔 갭을 건너는 동안 이주 가족들은 설사, 호흡기 질환, 탈수 및 기타 심각한 질병에 걸릴 위험도 높은 상황이다.

더 큰 문제는 아이들이다. 최근 유엔아동기금UNICEF에 따르면, 불법 이민이 급증하기 시작한 2021년에만 약 1만 9,000명의 어린이가 다리엔 갭을 통과했다. 콜롬비아와 파나마 국경을 넘는 이민자 다섯 명 중 한 명 이상이 어린아이고 그들 중 절반은 5세 미만으로, 이는 이전 5년 동안의 수를 합친 것보다 약 세 배나 많다. 힘들게 다리엔 갭을 통과한다 해도 중간에 부모를 잃고 고아가 되는 아이들도 많은 상황이다.

가족이 모두 미국에 도착했다 하더라도 여전히 문제는 남는다. 마약 조직원들에게 다리엔 갭을 지나면서 비용을 지불해야 했기에 수중에 남는 돈이 없거나 빚을 지기 때문이다. 육상 교통비, 정글 수로를 이용한 뱃삯, 중남미 나라들의 국경을 통과할 때 줘야 할 뇌물, 브로커 비용까지 한 사람당 수천 달러의 돈이 필요하다. 이 때문에 이민자들은 수중의 모든 현금과 패물을 긁어모으고 주변에서 돈을 빌릴 수밖에 없다.

이민자 대부분의 법적 지위가 인권 보호의 사각지대에 놓이는 것도 문제다. 남미 대륙에서 몇 달씩 체류하면서 여권과 비자를 폐기해버리기 때문이다. 보호받을 능력을 상실한 일부 이민자들은 인신매매를 당하거나, 범죄에 휘말리기도 한다. 마약 조직원들이 불법 이민자들에게 "비자가 만료돼 출입국 당국에 적발되면 추방당할 수도 있다"고 위협하면서 그들을 범죄 행위에 끌어들이는 것이다.

100층이 넘는 빌딩을 짓고, 에베레스트와 심해까지 우리 인류가 도달하지 못하는 지역이 없는 오늘날, 아직도 인류의 손길이 닿지 않는 지역이 있다는 것은 참으로 놀라운 일이다. 더군다나 그 이유가 자연적인 요인이 아니라 철저히 우리 인간들이 유발한 요인 때문이라는 사실이 더욱 그렇다. 언젠가 다리엔 갭이 개발되는 시점이 우리 인류가 지금보다 성숙한 단계로 나아가는 시기가 될 것이다.

사진 출처

12쪽 무역투자빅데이터 https://www.kotra.or.kr/bigdata/visualization/korea#search/ALL/ALL/2023/7/exp

13쪽(상) 무역투자빅데이터 https://www.kotra.or.kr/bigdata/visualization/korea#search/ALL/ALL/2023/7/exp

13쪽(하) KOSIS 통계놀이터 https://kosis.kr/edu/visualStats/detail.do?ixId=901&ctgryId=&menuId=M_05

14쪽 Worldometer https://www.worldometers.info/world-population/population-by-country/

15쪽 IMF, <World Economic Outlook Database, April 2023>

24쪽 Morris Chang at the Office of President, Taiwan 20181112 by 總統府, CC BY https://commons.wikimedia.org/wiki/File:Morris_Chang_at_the_Office_of_President,_Taiwan_20181112.jpg

36쪽 Dimitrios Karamitros / Shutterstock

40쪽 Elgin Marbles east pediment by Andrew Dunn, CC BY-SA https://commons.wikimedia.org/wiki/File:Elgin_Marbles_east_pediment.jpg

54쪽 Burj Khalifa by Donaldytong, CC BY-SA https://en.wikipedia.org/wiki/File:Burj_Khalifa.jpg

58쪽 Muammar al-Gaddafi at the AU summit by U.S. Navy photo https://commons.wikimedia.org/wiki/File:Muammar_al-Gaddafi_at_the_AU_summit.jpg

66쪽 South China Morning Post / Gettyimageskorea

69쪽 Sean Hsu / Shutterstock

93쪽 https://snbchf.com/chf/chf-history/long-term-view/

96쪽 Gornergrat in Wallis, Switzerland, 2012 August by Ximonic, CC BY-SA https://commons.wikimedia.org/wiki/File:Gornergrat_in_Wallis,_Switzerland,_2012_

August.jpg

109쪽 Northern Sea Route vs Southern Sea Route by Kazakhstan_(orthographic_projection), CC BY https://commons.wikimedia.org/wiki/File:Northern_Sea_Route_vs_Southern_Sea_Route.svg

116쪽 본 저작물은 '솔향강릉'에서 작성하여 공공누리 4유형으로 개방한 '유라시아 철도 주요 노선'을 이용하였으며 해당 저작물은 'https://www.gn.go.kr/www/contents.do?key=4639'에서 무료로 다운받으실 수 있습니다.

123쪽 Hong kong bruce lee statue by Johnson Lau, CC BY-SA https://en.wikipedia.org/wiki/Cinema_of_Hong_Kong#/media/File:Hong_kong_bruce_lee_statue.jpg

132쪽 Montane Mansion (Hong Kong) Pixel 2 Nightsight by Studio Incendo, CC BY https://commons.wikimedia.org/wiki/File:Montane_Mansion_%28Hong_Kong%29_Pixel_2_Nightsight_-_Flickr_-_Studio_Incendo.jpg

140쪽 Israel Defense Forces Female Soldiers Practice Shooting by Israel Defense Forces, CC BY https://commons.wikimedia.org/wiki/File:Flickr_-_Israel_Defense_Forces_-_Female_Soldiers_Practice_Shooting.jpg

154쪽 JewelSingaporeVortex1 by Matteo Morando, CC BY-SA https://en.wikipedia.org/wiki/File:JewelSingaporeVortex1.jpg

160쪽 10 Bisonte Magdaleniense by Museo de Altamira y D. Rodríguez, CC BY-SA https://commons.wikimedia.org/wiki/File:10_Bisonte_Magdaleniense.jpg

164쪽 Museo Guggenheim, Bilbao by Naotake Murayama, CC BY https://commons.wikimedia.org/wiki/File:Museo_Guggenheim,_Bilbao_%2831273245344%29.jpg

174쪽 Great Mosque of Mecca1 by Saudipics.com, CC BY-SA https://commons.wikimedia.org/wiki/File:Great_Mosque_of_Mecca1.jpg

180쪽 https://www.neom.com/en-us/newsroom/gallery

190쪽 Bundesarchiv Bild 183-R09876, Ruhrbesetzung, CC BY-SA https://commons.wikimedia.org/wiki/File:Bundesarchiv_Bild_183-R09876,_Ruhrbesetzung.jpg

194쪽 Statista, CC BY-ND https://www.statista.com/chart/20750/number-of-operational-reactor-units-by-country/

200쪽 Wikimedia Commons https://commons.wikimedia.org/wiki/File:Whale_

hunting_of_Greenland_1780.jpg

203쪽 Susie Harder / Wikimedia Commons https://commons.wikimedia.org/wiki/
File:Map_of_the_Arctic_region_showing_the_Northeast_Passage,_the_Northern_
Sea_Route_and_Northwest_Passage,_and_bathymetry.png

210쪽 Edwin Stockqueler / Wikimedia Commons https://commons.wikimedia.
org/wiki/File:An_Australian_Gold_Diggings.jpg

220쪽 Pedro Américo / Wikimedia Commons https://commons.wikimedia.org/
wiki/File:Pedro_Am%C3%A9rico_-_Independ%C3%AAncia_ou_Morte_-_cores_
ajustadas.jpg

226쪽 Pete Souza / Wikimedia Commons https://commons.wikimedia.org/wiki/
File:Barack_Obama_and_Aung_San_Suu_Kyi_September_2012.jpg

241쪽 BokoHaram deaths by state by FrankvEck, CC BY-SA https://commons.
wikimedia.org/wiki/File:BokoHaram_deaths_by_state.jpg

244쪽 mundissima / Shutterstock

251쪽 Vietnam population pyramid 01.04.2019 by sdgedfegw, CC BY-SA https://
commons.wikimedia.org/wiki/File:Vietnam_population_pyramid_01.04.2019.png

260쪽 Wikimedia Commons https://en.wikipedia.org/wiki/File:Waterboarding_a_
captured_North_Vietnamese_soldier_near_Da_Nang.jpeg

282쪽 Columnist of Daily Herald / Wikimedia Commons https://en.wikipedia.
org/wiki/Radcliffe_Line#/media/File:How_India_be_split_up_(1947).jpg

288쪽 Statista, CC BY-ND https://www.statista.com/chart/26371/african-countries-
with-the-highest-gdp-over-time/

294쪽 River Nile map by Hel-hama CC BY-SA https://en.wikipedia.org/wiki/
Grand_Ethiopian_Renaissance_Dam

303쪽 A guide to the third and fourth Egyptian rooms by Internet Archive Book
Images, CC0 https://commons.wikimedia.org/wiki/File:A_guide_to_the_third_
and_fourth_Egyptian_rooms_-_predynastic_antiquites,_mummied_birds_and_
animals,_portrait_statues,_figures_of_gods,_tools,_implements_and_weapons,_
scarabs,_amulets,_jewellery._and_(14771092033).jpg

316쪽 Halllal by Touch sreynich, CC BY-SA https://commons.wikimedia.org/wiki/

File:Halllal.jpg

318쪽 Saelanlerez / Shutterstock

335쪽 Drinking Horn with Silver-gilt mounts by The Hunt Museum, CC0 https://commons.wikimedia.org/wiki/File:Drinking_Horn_with_Silver-gilt_mounts.jpg

343쪽 VW Käfer Baujahr 1966 by Vwexport1300, CC BY-SA https://commons.wikimedia.org/wiki/File:VW_K%C3%A4fer_Baujahr_1966.jpg

350쪽 AlexAnton / Shutterstock

360쪽 DurbanSign1989 by Guinnog, CC BY-SA https://en.wikipedia.org/wiki/File:DurbanSign1989.jpg

371쪽 World Population Review https://worldpopulationreview.com/country-rankings/neutral-countries

376쪽 Jan Sochor / Gettyimageskorea

세계지도를 펼치면
돈의 흐름이 보인다

—

1판 1쇄 인쇄 2026년 1월 5일
1판 1쇄 발행 2026년 1월 30일

—

지은이 박정호

—

펴낸이 백성빈
펴낸곳 반니출판
주소 서울 서초구 서초중앙로 69 806호
전화 02-6204-0491
전자우편 banni@banni.co.kr
출판등록 2025년 10월 13일 (제2025-000266호)

—

ISBN 979-11-24280-02-7 03300

—

책값은 뒤표지에 있습니다.
잘못된 책은 구입하신 곳에서 교환해드립니다.